공부를 정복하라

서웅찬

공부를 정복하라

초판 1쇄 발행 2019년 12월 10일

지 은 이 서웅찬
삽   화 채정호
발 행 인 권선복
편   집 오동희
디 자 인 서보미
전 자 책 서보미
발 행 처 도서출판 행복에너지
출판등록 제315-2011-000035호
주   소 (07679) 서울특별시 강서구 화곡로 232
전   화 0505-613-6133
팩   스 0303-0799-1560
홈페이지 www.happybook.or.kr
이 메 일 ksbdata@daum.net

값 20,000원
ISBN 979-11-5602-756-0 (43370)

공부
보감

필독
도서

서웅찬 지음

공부를

공부의 달인, 시험의 달인이 되는
수험생의 필독서

정복
하라

학문에 왕도는 없지만
지름길은 있다!

도서
출판 행복에너지

젊은이여 네 꿈을 펼쳐라

대학은 우리에게 어떤 의미를 부여하는가?

처절한 입시지옥 속에서 살아남기 위하여 투쟁하는 우리 청소년들을 보면서 자꾸만 옥죄어 오는 가슴의 답답함을 떨쳐버릴 수가 없다. 물론 대학진학의 의미가 개인의 발전을 위하여 얼마나 중요한 것인가를 우리는 다 알고 있다. 문제는, 자신의 적성과 소질 등을 검토해 보기도 전에 강요된 입시 분위기 속에서 참공부의 즐거움을 상실한 채 기계적으로 문제풀이에만 얽매어 있는 메마른 학생들의 모습인 것이다.

그런 이유로 이 땅의 수많은 청소년은 진정한 자아를 잃어가고 있고, 공부 또한 스스로의 의지와 관계없이 타율에 의하여 아무 흥미없이 이어지고 있는 실정이 아닌가?

무릇, 학습의 질을 높이고 성적을 올려 자신이 목표하는 대학에 진학하기 위해서는 타당한 꿈의 설정과 그 꿈을 이루려는 불타는 의지가 앞서야 한다. "정신일도(精神一到)면 하사불성(何事不成)"이라는 말과 같이 강인한 정신력 없이는 바람직한 학업의 성취를 이룰 수 없는 것이다.

여기에 덧붙여 중요한 또 한 가지는, 학습 효과를 극대화하는 방법의 터득이다. 학문에는 노력 이외에 왕도가 따로 없다고 하지만, 체계적인 학습이 이루어지지 않으면 학문의 전체가 보이지 않는 법이다. 그리고 그 체계를 세우기 위한 적절한 방법론은 항상 있는 것이며, 그 방법론의 터득이 곧 학업의 성패, 진학의 성패를 좌우하게 되는 것이다. 더구나 새로운 입시 제도에 성공적으로 적응하기 위해서는 이 점이 가장 중요하다 할 것이다.

그런데, 우리 학부모들은 그저 막연하게 "공부하라, 공부하라!" 하고 자녀들을 독려만 했을 뿐, 공부의 효율적인 방법에 대해서는 미처 생각하지 못하였다. 그러나 방법을 모르는 공부는 당연히 효과를 거둘 수 없다. 저자가 강조하듯이 대부분의 학생들은 방법을 모르기 때문에 자기 능력의 50%를 낭비하고 있는 것이다.

올바른 학습방법을 터득하지 않고서는 학습을 통하여 얻어야 할 것의 절반밖에 얻을 수 없으며, 올바른 기억방법을 터득하지 않고서는 이해한 것의 절반밖에는 기억해 낼 수가 없고, 올바른 수험방법을 터득하지 않고서는 자기 실력의 절반밖에 발휘할 수 없는 것이다. 우등생과 열등생의 차이는 재능의 차이가 아니라 공부하는 기술의 차이이며, 이 기술은 배울 수 있다. 올바른 학습방법을 터득한 학생은 하루하루가 다르게 성적의 향상을 나타낼 것이다.

그럼에도 불구하고 아직까지 우리 주변에서 우리나라의 교육실정에 맞는 방법론을 구사한 본격적인 학습지침서를 발견할 수 없다는 것은 매우 안타까운 일이다. 수많은 참고서와 문제집들이 눈을 어지럽히고 있지만, 정작 공부의 초석이 되는 기본요령과 효과적인 학습을 위한 올바른 방법을 제시한 책은 볼 수 없는 것이 현실이다.

법학을 전공한 저자가 전공 분야에서 벗어나 이런 책에 손을 대게된 이유는 바로 우리의 이런 현실이 너무나 안타까웠기 때문이다.

이 책의 저자인 서웅찬 선생은 나와는 사제(師弟)지간으로 개인적으로 잘 알게 된 사이에 있다. 그는 이 책의 서문에서 스스로 재수 아닌 장수(長修)를 하였노라고 토로하고 있으나, 그것은 오히려 인생의 참목표를 찾기 위해 고민하고 방황했던 신실한 젊은이의 방랑이었다고 보인다. 젊음의 고뇌로 인한 제물포고교 중퇴-검정고시 합격-연세대 입학-다시 휴학-군입대와 제대-이윽고 분발하여 서울대 법대 입학. 참으로 희한한 방랑의 기록이지만, 그는 모든 청소년들의 고뇌의 대행자로서, 그러한 번민을 대학입학 이후로 미룬 뒤참자아를 탐구하는 길로 나아갈 것을 뭇 후배들에게 충고하고 있다.

군대까지 갔다 와서 참으로 열심히 공부하면서 스스로 체득한 풍부한 체험과 오랫동안 준비한 자료를 바탕으로, 수험생과 학부모의 효과적인 입시준비와 중고등학생들의 능률적인 학습을 위하여 『공부를 정복하라』라는 획기적인 책을 저술하였다. 사법고시를 통하여 판검사의 명예로운 길을 갈 수 있음에도 불구하고 전공과는 거리가 있는 이러한 책을 저술한 것은, 우리나라 중고등학생들을 위하여 매우 고마운 일이라 아니할 수 없다.

본인이 모든 수험생에게 적극 추천하고 싶은 『공부를 정복하라』의 두드러진 장점은 다음과 같다.

첫째, 앞으로 입학시험을 비롯한 여러 시험을 치러야 하는 수험생들과 학부모들이 반드시 알아야 할 입시준비 및 학습의 올바른 길과 그 구체적인 실천요령을 제시하고 있다.

둘째, 능률적인 학습방법에 대하여 구체적으로 기술하였을 뿐만 아니라, 자신의 적성과 능력에 맞는 진로를 선택할 수 있는 기회와 자신의 인생을 다시 한번 성찰할 수 있는 기회를 제공하고 있다.

셋째, 우리가 거의 신경을 쓰지 않는 공부환경에 대하여 매우 상세하고 설득력 있게 서술하고 있다.

넷째, 시험에서의 1점은 수험생의 운명을 좌우할 수 있기 때문에, 실전상황에 최고의 성적을 올릴 수 있는 구체적인 전략을 소개하고 있다.

이 책은 먼저 자기 방식의 공부법이 비능률적인 것을 깨닫고 능률이 오르는 과학적인 공부방법이란 어떤 것인가를 자세하게 지도하기 위해 쓰여진 것이다. 이 책이 수험생의 노력에 상응하는 능률적인 입시준비와 학습성과를 거두는 데 조금이나마 도움이 되고, 아울러 수험생의 노력에 더욱 박차를 가해주고, 그 노력의 결실이 알차게 맺어지는 데 이바지할 것을 믿어 의심치 않는 바이다.

　여러분의 책상에 이 책 한 권을 더하여, 교과서와 참고서를 읽기 전에 시간을 내어서 이 책을 읽어주길 바란다. 그렇게 하면 여러분의 학습능률은 대단히 올라서 승리의 월계관이 여러분의 머리 위에 빛날 것이다.

문학박사

서 한 샘

서한샘 박사는 80~90년대 EBS 과외방송에서 "밑줄 쫙~"의 선풍적 인기를 몰아온 전설적인 대강사로 유명하다. 서울대학교 사범대학을 졸업 후, 문학박사 학위를 취득하였으며, 고교 교사를 거쳐 '한샘학원'을 설립하여 학원교육을 리드해 왔다. 서울특별시 초대 및 2대 교육위원, 제15대 국회의원, 고려대 교육대학원 강사, 경원대학교 겸임교수, 잎새방송 회장 등을 역임하였다.

성공한 시람이 되기 위한 **학습방향**을 제시하는 **종합 지침서**

대한민국은 세계 어느 국가보다 교육열이 높은 나라로 알려져 있고, 이러한 교육열이 지금의 대한민국을 일군 원동력이라고 할 수 있습니다.

4차 산업시대를 대비해야 하는 현재, 새로운 기술이 개발되는 시대에 공부하지 않으면 바로 도태되고 낙오자가 되기 십상입니다. 어렸을 때부터 공부하는 습관이 몸에 배어있지 않으면 그 격차는 점점 넓어질 것입니다.

자신에게 맞는 학습방법을 알고 있어야 시간을 절약하고 효과적으로 실천할 수 있습니다.

공부 방법을 알고 전략적으로 학습하면 공부가 재미있어지고 누가 시키지 않아도 스스로 공부하게 되고 결국 성공의 길을 찾게 됩니다.

공부를 정복하라

제가 서한샘 박사님과 대학입시 강의를 함께한 인연이 30년이 되고, 그 인연으로 만난 서웅찬 대표는 25년간 교육에 관한 많은 정보와 뜻을 함께한 소중한 동지입니다. 그가 대한민국교육의 방향을 제시하는 데 큰 도움이 되리라 확신합니다.

이 책은 서웅찬 대표가 수십 년간 연구한 수백 종의 자료와 학습법을 집대성한 귀한 자료들이 넘치도록 채워져 있습니다. 특히, 서 대표는 기자로서의 경력과 많은 책의 집필을 통해 터득한 특기를 발휘하여 중요한 내용들을 꼼꼼하고 빠짐없이 서술하고 있습니다.

학부모와 학생들에게 적극 추천하고 싶은 이 책의 장점을 소개하자면 다음과 같습니다.

첫째, 이 책은 학습의 지침서로 효과적인 학습방법이 제시되어 이대로만 실천하면 수능은 물론 어떤 공부도 해결할 수 있는 귀한 자료가 됩니다.

둘째, 이 책은 저자 서웅찬이 26세의 늦은 나이에도 불구하고 대한민국 최고의 학습전당인 서울대학교 법과대학에 당당히 합격한 학습비결이 고스란히 스며들어 있고, 이를 통해 어떠한 어려움도 이겨낼 수 있는 불멸의 의지를 함께 익힐 수 있습니다.

셋째, 이 책은 급변하는 4차 산업혁명시대를 어떠한 자세로 살아가야 하는지 구체적 방법이 제시되어 있습니다. 적성에 맞는 학교 선택에 도움을 주고, 진로 방향을 모색할 수 있는 알찬 정보가 풍성합니다.

넷째, 이 책은 저자의 독실한 믿음을 바탕으로 성경에서 우리에게 주시는 귀한 말씀들이 적절히 새겨져 있습니다. 이 말씀을 통해 학생은 물론 함께하는 학부모들도 깊은 감동이 넘치리라 확신합니다.

다섯째, 이 책은 학부모가 학생들에게 강조해야 할 내용들이 빠짐없이 제시되어 있으므로 지혜롭게 활용할 수 있다면 성공의 길을 함께할 축복을 기대할 수 있을 것입니다.

이 한 권의 책을 통하여 모든 학생이 꿈을 이루고, 그들 가정에 행복이 꽃피우게 하며, 우리나라가 강하고 힘찬 부강한 나라가 되는 데 이바지하기를, 그래서 자신의 인생을 책임지고 어려운 이웃을 배려하는 섬김의 사회를 이루어 나가기를 바라봅니다.

방용찬 교수

『공부의 모든 것』 도서출판 행복에너지
『자녀를 180도 바꾸는 맞춤형 공부법』 맥스 미디어
전). 한샘닷컴(한샘학원 본사) 대표이사
전). 목동대학학원(본원) 원장 전)G1230 원장
현). 이화여자대학교 평생교육원 창의수학 지도자 주임교수
현). 위니드교육(주) 상임고문

"오늘은 나머지 삶의 시작이다."

"당신의 인생은 당신의 생각 그대로 만들어진다."
- 폴 마이어

"항구에 정박한 배는 안전하다.
그러나 배는 항구에 묶어놓으려고 만든 것은 아니다."

"인간은 어둠을 뚫고 빛을 찾으며,
희망의 빛으로 절망을 넘어서고,
신념의 힘으로 비극을 극복할 수 있는 존재다.
인간은 모든 고뇌를 이길 수 있을 만큼 굳세다."

"너는 하나님과 화목(和睦)하고 평안(平安)하라
그리하면 복(福)이 네게 임하리라"
- (욥기 22:21)

"복 있는 사람은 악인의 꾀를 좇지 아니하며
죄인의 길에 서지 아니하며 오만한 자의 자리에 앉지 아니하고
오직 여호와의 율법을 즐거워하여
그 율법을 주야로 묵상하는 자로다"
- (시편 1:1-2).

꿈을 찾아주는 안내서

자기 자신에 대해서 가장 잘 아는 것은 자신이다. 그러기에 자신이 나아갈 길을 가장 잘 아는 것도 자신이다. 그러나, 할 것 많고 볼 것 많고, 갈 곳 많은 복잡한 오늘날 이 사회에서 하고 싶은 것도 많은 우리가 쉽게 그 길을 찾아나가는 것은 결코 쉬운 일이 아니다.

우리 모두에게는 꿈이 있다.

하지만, 그 꿈을 실현해 나가는 것 또한 쉬운 일이 아니고…

누구에게나 똑같이 주어진 시간을 얼마나 효율적으로 활용하느냐가 그 사람의 꿈을 이룰 수 있는가를 결정짓는 것이라면, 결코 평범한 시간을 보내지 않았던 저자의 생생한 경험을 바탕으로 정리된 『공부를 정복하라』는 아마도 이 책을 읽는 수험생들 모두에게 공감이 되고 가깝게 다가갈 수 있을 것이다.

공부를 잘 할 수 있다면 얼마나 좋을까 하는 열망은 누구에게나 다 있을 것이다. 하지만, 모두가 공부를 잘하기 위한 시도는 해 보지만 무작정 덤빈 탓에 집중하지 못하고 금방 지쳐서 흥미를 잃고 포기해 버리고 만다. 나 또한 그 길을 못 찾고 방황했던 시간이 있었고, 많은 학생들이 열심히 노력은 하지만 오르지 않는 성적에 안타까워하는 모습들을 많이 보았다. 그러기에 더 이상의 시간 낭비와 방황을 하지 않기를 바라는 마음으로 이 책을 권해 본다.

저자는 『공부를 정복하라』를 통해서 우리가 알면서도 실천하지 못했던 부분들에 대해 쉽고 구체적으로 설명하여 주고 있다.

일단 공부를 하기 위한 환경 조성에서부터 학습 준비 과정, 구체적인 기술적 공부방법은 물론 효율적인 극복 방법, 성공적인 결과를 얻기 위한 실진 테크닉까지 소개하고 있다.

본인이 장기간에 걸쳐 직접 경험하고 고민한 내용들을 다양한 삽화와 쉬운 용어로 풀어서 정리한 매우 훌륭한 책임을 알 수 있다.

단순한 수험 지침서가 아닌 인생 지침서가 될 수 있고, 모든 수험생들이 자신의 꿈을 찾아가는 길에 진정한 안내서가 될 것을 믿어 의심치 않기에 적극 추천하는 바이다.

서웅찬의 친구

김 윤

김윤 선생은 저자와 제물포고등학교 입학 동기로 인천 지역의 고등학교에서 30여 년간 학생들을 지도하였다. 모교인 제물포고등학교에서 고3 담임 및 교무부장으로 10여 년 근무한 것을 비롯하여 인제고, 동인천고, 연수여고, 연수고 등에서 근무하였다.

한 송이 국화꽃을 피우기 위해
봄부터 소쩍새는
그렇게 울었나 보다
한 송이 국화꽃을 피우기 위해
천둥은 먹구름 속에서
또 그렇게 울었나 보다
그립고 아쉬움에 가슴 조이던
머언 먼 젊음의 뒤안길에서
인제는 돌아와 거울 앞에 선
내 누님같이 생긴 꽃이여
노오란 네 꽃잎이 피려고
간밤엔 무서리가 저리 내리고
내겐 잠도 오지 않았나 보다

국화 옆에서
서정주

공부를 정복하라

이 책을 쓰게 된 동기

고등학생이라면 누구나 접하게 되는 이 시는 제가 대학입시를 위해 애쓰던 수험생활 중 항상 가슴속에 품고 다녔던 시(詩)였습니다. '한 송이의 국화꽃'이 의미하는 바는 여러 가지일 수 있겠지만, 대학입시를 목전에 둔 수험생들에게는 간절히 원하는 '대학 합격의 영광'일 것입니다.

정말 한 송이의 탐스러운 국화꽃을 피우기가 그렇게도 힘이 들었습니다. 군대생활 3년을 포함한 7년간의 처절한 좌절과 번뇌의 시간들! 도대체 그 끝을 알 수 없는 컴컴한 먹구름 속에서 방향감각을 잃은 채 헤매었던 어둡고 침울했던 그 시절!

아무리 못생긴 사람이라 할지라도 왼쪽 가슴에 달려 찬란하게 빛을 발하는 서울대 배지를 보면 나도 모르게 마음속으로부터 무한한 존경심이 우러났던 그 시절!

"빼앗긴 들에도 봄은 오는가? 시험에 짓밟히고, 입시에 찢겨진 내 영혼과 나의 청춘은 과연 보상받을 수 있을 것인가? 대학이 뭐길래, 서울대가 뭐길래 이다지도 나의 청춘과 영혼을 무참하게 짓밟는가?"하며, 늦은 밤 서울대 운동장 한복판에서 하늘을 우러러 대성통곡을 하였던 그 처절했던 순간순간들!

그토록 힘들고 어려웠던 그 시절에 나를 끝까지 버틸 수 있게 지켜준 것이 있었으니, 그것은 다름 아닌 '확고한 신념(信念)'과 '피나는 노력(努力)'이었습니다. 그 신념이란, 내게 드리운 먹구름 위에도 찬란한 태양이 빛나고 있으리라는 확고한 믿음이었습니다.

신념(信念)과 노력(努力)!

이것은 입시지옥을 성공적으로 탈출할 수 있는 필수 불가결의 무기인 것입니다. 그런데, 세계 어느 나라에서도 그 유례를 찾아볼 수 없는 치열한 입시경쟁 속에서 승리하기 위해서는 신념과 노력 외에 또 한 가지 꼭 필요한 것이 있으니, 그것은 바로 '좋은 의미에서의 요령(要領)'인 것입니다.

여러분의 두뇌는 거의 비슷합니다. 또한 명문대학에 가야겠다는 뜨거운 마음을 갖고 있는 것도 비슷하며, 다른 사람보다 더 많은 시간을 공부하기 위해 애쓰는 것도 마찬가지일 것입니다. 어느 누구가 열등생이 되고 싶어 할 것이며, 일류대학 배지를 가슴에 달고 싶지 않겠습니까! 그러나 학교에는 우등생보다는 열등생이 더 많으며, (명문)대학에 들어가는 학생보다 못 들어가는 학생이 훨씬 더 많은 것이 현실입니다. 또 자신이 원하는 대학에 기필코 들어가야겠다는 결심으로 재수, 삼수, 저와 같이 장수의 길을 걸으며 인생의 황금기인 20대 초반을 잿빛으로 물들이는 사람이 이 땅 위에 얼마나 많겠습니까?

만일 제가 이 책에서 제시한 요령과 방법으로 생활을 하고 공부를 했다면 지겹고 끔찍한 수험기간을 훨씬 단축시키고 더욱더 값진 일을 성취했을 것이라는 생각을 해봅니다. 대학입학은 인생의 종착역이 아니라 인생의 출발점입니다. 남보다 좀 더 유리한 위치에서 인생을 설계하기 위해 대학에 가고 또 명문대학에 가고자 하는 것입니다. 따라서 대학입시 준비기간은 짧으면 짧을수록 좋습니다. 그만큼 먼저 인생을 설계할 수 있기 때문입니다.

　성공적인 수험생활을 위해서는 흔들리지 않는 신념(信念)과 끊임없는 노력(努力)이 전제되어야 하며, 그것이 꽃을 피우기 위해서는 '좋은 의미에서의 요령(要領)'이 절대적으로 필요한 것입니다. 잘못된 학습방법으로는 결코 좋은 결과를 얻을 수 없으며, 노력이 헛수고가 되기 쉽습니다.

　흔히 "학문에는 왕도(王道)가 없다."고 합니다. 물론 왕도는 없으나 지름길-첩경(捷徑)은 있는 법입니다. 미련스럽게 10시간을 공부하는 것보다 현명하고 요령 있게 1시간을 공부하는 것이 더 나을 수도 있습니다. 나머지 9시간은 폭넓은 교양을 쌓거나 인격수양·체력단련·취미생활 등에 활용한다면 지겹고 괴로운 수험생활이 아니라 매우 즐겁고 보람 있는 수험생활이 되지 않겠습니까?

　여러분들 가운데는 굳은 신념을 갖고 열심히 공부하려고 하지만 공부는 뜻대로 잘 되지 않고, 그 결과 성적은 오르지 않고 제자리를 맴돌거나 떨어져 시험은 항상 두려운 존재인 사람들이 많을 것입니다.

　본서는 진정으로 공부 잘하기를 원하고, 또 원하는 대학에 기필코 가기를 염원하는 학생들을 위해서 쓰여진, 필자의 분신과도 같은 책입니다. 필자가 오랜 기간 동안의 수험생활을 통하여 많은 시행착오를 거치면서 느끼고 경험했던 것들 중에서, 우리나라의 학생들이 해결해야만 하는 진실로 중요한 문제들을 깊고 폭넓게 다루어 확실한 해결책을 제시하였습니다.

　저의 어둡고 침울했던 수험생활의 회고담은 여러분들에게 일시적인 자극과 격려밖에 줄 수 없지만, 오랜 기간의 자료수집과 연구검토 그리고 실질적인 체험에서 우러난 구체적인 공부방법론은 여러분의 삶의 좌표를 훨씬 더 높은 곳으로 반드시 이끌어 줄 것입니다.

이 책을 본 사람과 보지 않은 사람과는 현격한 차이가 나타날 것이며, 또 이 책을 보되 건성으로 보는 사람과 늘 책상머리맡에 놓고 믿고 그대로 실천하려고 애쓰는 사람과의 격차도 크게 나타날 것입니다.

이 책은 반드시 처음부터 볼 이유는 없습니다. 그때그때 필요하고 관심이 있는 부분을 펴보면 됩니다. 단지 보는 순서가 달라도 괜찮다는 말이지 한 부분이라도 빼놓는다든지 소홀히 해서는 안 됩니다.

그동안 이 책이 나오기까지 훌륭한 지도와 조언을 해주시고, 과분한 추천사까지 써주신 존경하는 서한샘 선생님께 충심으로 뜨거운 감사를 드립니다.

아무쪼록 이 책을 손에 쥔 복받은 대한민국의 꿈나무들이 최후의 영광스런 승리자가 되기를 바랍니다.

서웅찬

"미래는 용기와 신념으로 끊임없이 도전하는 사람의 것이다!"

공부에 더욱 박차를 가하게 만든 '꿈' 이야기

"하루를 놀고 일 년이 늦어도 좋은가?"

군 제대 후 재수시절, 내 책상 위에 있는 독서대와 과목별·날짜별 학습진도표 맨 위에 크게 써서 붙여놓고 늘 마음속에 새겨둔 경구 (警句)이다. 어떠한 대가를 치르더라도, 몇 년이 걸리더라도, 환갑 때까지라도 반드시 성취하겠다는 굳은 각오로 하루하루 최선을 다해서 공부했다. 이왕이면 1년이라도 단축되면 좋지 않겠는가!

30여 년이 지난 지금까지도 생생하게 기억되는 '꿈'에 관한 이야기를 빼놓을 수 없다.

연초부터 피를 토할 정도의 죽을 각오로 4~5개월 최선을 다해서 공부해 왔기 때문에 심신이 지쳤다. 6월, 초여름의 더워지는 계절 탓인지 긴장됐던 마음이 풀어지고 슬럼프에 빠져 공부를 소홀히 해오던 어느 날 밤, 나는 너무나 안타까운 마음에 가슴을 저리며 아파해야 했다.

〈꿈속에서〉

새벽에 일어나 달력을 보니 아 글쎄, 시험일이 바로 내일로 다가온 것이 아닌가!

"아직 부족한 과목이 많은데…. 이젠 더 이상 공부할 시간이 없구

나. 아- 나에게 딱 한 달만이라도 시간이 있다면, 다시 피를 토하는 한이 있더라도 시험준비를 좀 더 확실하게 할 텐데…. 이미 늦었구나! 너무나 안타깝고 원통하구나. 또다시 1년이라는 세월을 목을 움츠린 채 확실한 합격의 보장도 없는 장수의 길을 가기 위해 학원 뒷골목을 헤매야 할 것을 생각하니, 너무나 처량하고 끔찍하구나. 아~ 안타깝도다! 잃어버린 내 청춘을 어디에서 보상받을 수 있겠는가?"

공부를 정복하라

안타까운 마음으로 새벽녘에 잠에서 깼으나, 한동안은 꿈이라는 생각은 전혀 들지 않았고 정말 바로 내일이 시험 보는 날이라는 생각에 마음이 착잡했다.

"도대체 오늘이 며칠이지?" 하면서 달력을 보니 아직 6월이 아닌가? "내가 뭘 잘못 본 게 아닌가?" 이게 꿈일지 모른다는 생각이 들어 찬물로 세수하여 정신을 차리고 달력과 수첩을 보니 꿈이 아닌 현실이었던 것이다. 그러면 앞으로 시험공부할 시간이 5개월이나 남지 않았는가?

"오, 주여! 감사하나이다. 저에게 공부할 수 있는 시간을 주셔서…."

너무나 기쁜 나머지 감사의 기도가 절로 나왔다.

그 후 나는 1분 1초를 아껴가면서 정말 미친 듯이 공부를 하였다. 너무 무리를 한 탓인지 6월 말에 또다시 피를 토했다. 너무 힘들었다. 이러다 죽어버리는 건 아닐까?

무더운 한여름 어느 날 저녁, 학원 수업을 마친 후 청파동 집으로 가지 않고 289번 버스를 타고 신림동 종점까지 갔다. 하차한 후 서울대 정문을 지나 대운동장 한복판으로 가서 무릎 꿇고 대성통곡을 하면서 하나님께 기도드렸다.

"주여! 저를 불쌍히 여기소서!!"

26살 먹은 장수생의 눈물의 기도를 하나님께서는 모른 체하지 않으셨다. 분명히 기억하셨다. 그때 이런 영상이 떠올랐다.

'지금 비를 억수로 뿌리고 있는 저 시커먼 먹구름 위에는 분명히 찬란한 태양이 이글거리며 눈부시게 빛나고 있듯이, 내가 통과하려고 무던히도 애를 쓰고 있는, 그 끝을 알 수 없는 입시터널도 반드시 끝이 있다!'는 생각이 들었다. 이제 통과할 날이 얼마 남지 않았다는 확신이 생겼고, 끝까지 최선을 다하자는 각오를 새롭게 다지면서 귀가하였다. 설사 올해 안 된다면 또 내년이 있잖은가? 비가 올 때까지 기우제를 지낸다는 아프리카의 추장처럼, 나도 어차피 합격할 때까지 계속 도전할 것이니 무슨 걱정을 할 필요가 있겠는가? 그래도 1년이라도 앞당길 수 있다면 얼마나 좋을까!

9월 말에 또다시 피를 토했다. 세 번째다. 서울대학병원 응급실에 실려 가서 입원했다. 그런데 시험날짜가 얼마 남지 않았기 때문에 도저히 병원에 있을 수가 없었다. 의사의 만류와 경고를 무시한 채 몇 가지 서류에 서명을 하고서야 겨우 퇴원할 수 있었다. 보건소에 가서 결핵약을 받아 하루 세 번, 한 주먹씩의 약을 먹어가면서 전의 (戰意)를 다졌다.

"고지가 바로 저긴데 예서 말 수는 없잖은가?!?"*

1주일 만에 퇴원해서, 죽음을 무릅쓰고 마지막 혼신의 노력을 쏟아부어 공부한 결과, 오랜 세월 몽매에도 그리던 서울대 법대에 당당히 합격할 수 있었다. 제대 후 2년 반, 세 번째 도전에서 내 생애

----

* "고난의 운명을 지고 역사의 능선을 타고 이 밤도 허위적거리며 가야만 하는 겨레가 있다. 고지가 바로 저긴데 예서 말 수는 없다. 넘어지고 깨어지고라도 한 조각 심장만 남거들랑 부둥켜안고 가야만 하는 겨레가 있다. 새는 날 피 속에 웃는 모습 다시 한번 보고 싶다."
- 이은상, 1954년.

공부를 정복하라

최고의 선물을 움켜쥘 수 있었다(학력고사 점수 276점-302점-314점).

하나님께서 나의 간절한 기도와 노력에 응답을 주신 것이다. 그 기쁨과 환희는 극에 달했다. 무엇보다도 내 자신과의 싸움에서 이겼다는 성취감은 그 어떤 값비싼 것과도 바꿀 수 없는 소중한 보물인 것이다. 환갑 때까지 도전할 생각을 했었으니 무려 35년이나 앞당긴 셈이다. ㅎㅎㅎ

"내게 능력 주시는 자 안에서 내가 모든 것을 할 수 있느니라"
(빌립보서 4:13)

"I can do all things in Him who strengthens me."
(Philippians 4:13)

목차

제1장 공부를 잘하는 비결

제2장 머리가 좋아지는 법

제1장

공부를 잘하는 비결

學問如 逆水行舟 不進則退!
학문여 역수행주 부진즉퇴!

학문을 닦는 것은
흐르는 물을 거슬러 올라가는 배와 같으니,
앞으로 나아가지 못하면 곧 퇴보하는 것이다!

—

참으로 공부하는 자는 앉아도 앉은 것을 모르고,
서도 선 것을 모르며, 걸어도 걷는 것을 모르며,
머리를 뒤로 젖혀도 하늘이 보이지 아니하고,
고개를 숙여도 땅이 보이지 아니하며,
천만 군중 가운데 있어도
한 사람도 보이지 아니하는 것이다.
그리하여 오직 몸과 마음이
공부에 대한 열성만으로 충만하는 것이다.

"사람이 배우지 않으면
캄캄한 밤길을 걷는 것과 같으니라"

01

학습동기를 계발할 것

학습동기란 학습하려는 의욕과 학습에 대한 흥미가 생기게끔 자극하는 요소를 의미한다. 학습동기를 계발하는 방법을 소개하겠다.

공부에 대한 흥미는 시작해야 생겨난다

공부가 하기 싫다고 말하는 사람 중에는 공부의 맛을 모르고 또는 맛보지도 않고 싫다는 사람이 많다. 그러나 공부를 해보기 전부터 싫다고 단정한다면 이 세상에서 좋아하는 것은 별로 없게 된다. "식욕은 먹는 가운데 생긴다."는 말이 있듯이, 해보지 않았을 때에는 싫은 생각이 들었던 것도 일단 해보면 의외로 흥미가 솟는 경우가 많다. 더구나 그것이 습관이 되면 하지 않고서는 못 배기는 것이 인간이다. 흥미라는 것은 머리로 생각하기보다는 행동하는 가운데 간단히 발견될 수 있는 것이다. '공부에 흥미가 없다', '공부가 싫다'고 지레 머리를 흔들기보다는 싫은 대로 날마다 계속해 나가면, 뜻밖의 계기에서 공부의 재미를 발견하게 된다. 오히려 공부를 싫어하는 사람일수록 일단 시작해 보면 커다란 흥미가 솟아날지도 모른다.

크든 작든 학습동기를 둔화시키는 장애요소를 없애라

학습동기를 둔화시키는 요소에는 너무 어렵거나 지루하고 진부한 교재, 서투른 교수법, 여러 가지 걱정·근심거리, 학습자의 약한 체질 등을 들 수 있다. 학습동기를 둔화시키는 장애요소를 처리해야만 근본적으로 학습의욕을 높일 수 있고 학습효과도 향상시킬 수 있다.

구체적인 '하위목표'를 세워라

목표는 가깝고도 성취 가능한 구체적인 것이어야 하며, 막연하거나 너무 높아서는 안 된다. 심리학의 실험에 의하면, 인간은 무턱대고 높은 목표를 세우기보다는, 그 목표에 이르는 심리적인 거리가 가까울수록 의욕을 일으킨다고 한다. 특히 계획이 빗나갈 것을 알고 있으면서도 무리하게 큰 목표를 세우는 사람이 있는데, 이것은 마치 산기슭에 서있는 사람이 산이 너무 높아서 올라갈 의욕을 잃어버리는 것과 같다.

계획을 세우고 최종목표를 정한 다음에는 하루에 실현할 수 있는 목표를 세워 계획 전체에 너무 구애되지 않도록 해야지, 그렇지 않으면 의욕을 잃고 시간만 낭비하는 결과가 된다. 하루치씩 목표를 달성하여 자신감을 쌓도록 하는 것이 중요하다. '해야 할 일'이 너무 많아서 어디서부터 손을 대야 할지 모르면 '해야 할 일'을 생각나는 대로 종이에 적어본다. 그리고 나서 그중에서 어느 것이 가장 중요한가를 생각한다. 그 다음 두 번째, 세 번째로 등급을 매겨 하위에

속하는 것은 시간이 부족하면 잘라내 버린다.

즐거움을 소생시킬 수 있는 기분전환을 모색하라

사람이 항상 즐거움을 유지할 수는 없다. 시험이 임박하지 않는한, 사람이란 쉽게 공부에 대해 냉담해지고 무관심해지기 마련이다. 학습에 대한 흥미를 잃었을 때 학습동기를 소생시키려면 휴식을 취하고 기분전환을 하라. 좋아하는 음악을 듣는다든가, 친구들과 잡담을 한다든가, 땀을 흠뻑 흘리는 운동을 한다든가 하여 자극제가 될 어떤 방법을 찾아보라. 학습동기를 자극하기 위해 취하는 휴식과 행동은 결코 시간낭비라고 할 수 없다.

공부하고 싶지 않을 때는 잠시 공부를 떠나라

마음이 내킬 때는 시간이 얼마나 흘렀는지조차 모를 만큼 능률이 오르지만, 억지로 공부할 때는 오랜 시간 공부한 것 같아도 진도는 좀처럼 나가지 않고 지루하기만 하다. 아무래도 공부가 손에 잡히지 않을 때는 미련 없이 책상을 일단 떠나야 한다. 기분이 전환되어 질질 끌리는 기분이 말끔히 없어지고, 공부하고 싶은 의욕이 생길 때까지 하루든 이틀이든 공부를 중단해야 한다. 그렇게 하다가는 남에게 뒤떨어지게 될까 봐 걱정하겠지만, 전혀 공부에 손을 대지 않고 초조해질 때까지 자신을 몰아넣어 정말로 이제는 해야 하겠다고 생각될 때야말로 진짜로 공부도 할 수 있고 또한 몇 갑절의 능률도 올릴 수 있다.

되도록 빨리 자신의 진로를 정하라

여러 길 사이에서 방황하는 것보다는 하나의 진로를 미리 결정하는 것이 공부에도 도움이 된다. 어떤 학과가 자신의 적성에 맞을지에 대해 너무 걱정하지 마라. 사실, 한 개인의 적성이란 것은 그렇게 뚜렷이 나타나지는 않는다. 적성에 너무 얽매이기보다는 자신이 정말 좋아하는 것을 선택하는 것이 나중에 후회하지 않는 길이다.

먼저, 여러 학과에 대한 정확한 정보를 일찍부터 알고 진로를 정하라. 3학년이 될 독자들은 여러 학과에 대한 정보를 얻는 시간을 아깝게 생각하지 말고 빨리 지망학과를 결정했으면 한다. 결국, 주위에서 아무리 영향을 끼친다 해도 진로와 학과 선택은 자기 자신이 결정할 문제이다.

"사람이 마음으로 자기의 길을 계획할지라도
그 걸음을 인도하는 자는 여호와시니라"

- (잠언 16:9)

부진과목에 대한 학습대책

공부를 잘하는 학생이건 못하는 학생이건 상대적으로 부진한 과목이 있기 마련이다. 부진과목은 공부하는 데 있어서 상당한 심리적인 부담을 주기 때문에, 그러한 과목이 생기지 않도록 각별히 유의해야 함과 동시에 그러한 과목이 있다면 우선 그 원인을 철저히 분석하여 그 원인의 제거에 노력을 기울여야 한다.

공부를 잘하기 위해서는 부진한 과목을 어떻게 정복하느냐가 가장 중요한 과제이기 때문에 특별히 부진과목에 대한 학습대책을 다루겠다.

흥미를 유발시킨다

사람은 감정의 동물인지라 성적이 잘 나오고 좋아하는 과목은 더욱더 좋아하게 되어 더 열심히 공부하게 되지만, 성적이 부진하고 싫어하는 과목은 꼴도 보기 싫어져 점점 멀리하게 되어 급기야는 포기과목으로 놔두게 되기도 한다. 그러므로 부진과목을 정복하기 위해서는 그 과목이 좋아져야 하는데, 좋아지기 위해서는 그 과목에 대해 흥미를 갖고 재미를 느껴야 한다. 그러면 어떻게 흥미를 유발시킬 수 있을까?

방법 1) 부진한 과목의 예습을 철저히 하라

무엇이든지 알면 재미있고, 모르면 재미가 없는 것이다. 예습을 하지 않고 수업을 듣게 되면 선생님의 강의가 무미건조하고 지겹게 느껴져 빨리 수업종료 벨이 울리기를 기다리게 된다. 그러나 수업을 받기 전에 예습을 철저히 해두면 선생님의 강의내용을 알아들을 수 있어 수업시간이 즐겁게 되고, 다른 학생들이 못 알아듣는 것 같은 내용도 알고 있다는 자신감이 생겨 그 과목에 흥미를 갖게 된다.

즉, 예습을 하게 되면 수업시간이 알고 있는 내용을 선생님과 함께 복습하는 시간이 되어 강의를 능동적이고 비판적으로 바라볼 수 있어 더욱 흥미를 느끼게 된다. 이때는 부진과목이 아니라 이미 흥미과목으로 변하게 된 것이다.

방법 2) 부진과목을 담당하고 계신 선생님과 친밀해져라

학습부진의 원인 중에서 학과 선생님의 영향은 매우 크다. 때문에 부진한 과목이 있으면 우선 그 과목을 담당하신 선생님과 친근해지도록 노력한다. 스승의 날이나 선생님의 생신날에 조그만 선물과 함께 고마움과 축하의 편지를 간략하게 적어 보낸다든가 하여 선생님의 환심을 사둔다. 방과 후에도 틈이 나는 대로 선생님을 찾아뵙고 학과목에 대한 공부방법이나 의문점 또는 고민이 되는 삶의 문제 등

공부를 정복하라

에 대해 상담을 한다. 비록 학습에 직접적인 효과는 없을지라도 최소한 그 과목을 담당하신 선생님과 인간적으로 친밀하게 되어 그 과목에 흥미를 느낄 수 있게 된다.

방법 3) 수업시간에는 반드시 한 가지 이상의 질문을 하도록 하라

수업시간마다 잘 모르거나 어려운 질문을 한 가지 이상 함으로써, 능동적이고 비판적인 자세로 수업에 임한다. 그리고 수업시간에 질문한 것은 잘 잊어버리지 않는 속성이 있으므로, 매 수업시간마다 한 가지는 확실하게 이해함을 목표로 한다. 선생님도 질문을 많이 하는 학생에게 관심을 더 갖게 되는 것은 당연하다. 눈치코치 보지 말고 적극적으로 밀어붙여라.

참신하고 능률적인 교재와 공부방법을 채택한다

단조롭고 늘상 반복되는 일은 싫증이 나기 쉽다. 공부도 같은 행위의 반복이기 때문에 지루함을 느끼기 마련인데, 더군다나 싫어하는 부진한 과목을 매일 같은 방법으로 공부한다는 것은 끔찍한 일이다. 지루함을 느끼며 억지로 하는 공부가 좋은 결과를 가져올 수는 없다.

그러므로 성적이 부진하고, 흥미를 못 느끼는 과목은 학습교재부터 새롭고 참신한 것으로 바꾸고(물론 신중하게), 공부방법도 재미있고 능률적이며 신선한 방법으로 바꾸어본다.

"늦었다고 생각될 때가 가장 빠른 때이다."

자신이 부진한 과목을 잘하는 친구를 활용한다

"친구 따라 강남 간다."는 속담이 있듯이, 청소년 시절의 학업과 인격형성에 친구가 미치는 영향은 매우 크다. 친구는 선생님이나 부모님보다 더 큰 위력을 갖고 있다. 친구는 경쟁의 상대인 동시에 서로 위로하고 도와주어야 하는 동병상련(同病相憐)의 관계이다. 그런데, 대학입시에서 내신성적이 차지하는 비율이 높아, 협조의 상대는 옛말이 되어버렸고 오로지 경쟁의 상대로만 인식되고 있는 것이 요즘의 비극적인 현실이다.

그러나 아무리 현실이 각박할지라도 한 번 친구는 영원한 친구다. 인생 전체에 있어서 내신성적 때문에 (중)고교시절 3년이라는 짧은 기간 속에서 친구를 적으로 돌리지 않길 바란다. 자기의 소중한 친구를 경쟁자로만 생각하는 것은 시야가 너무 좁다. 여러분의 경쟁자는 늘 옆에 있는 친구가 아니라 전국에 퍼져있는 수십만의 동급생들이다. 친구는 협조자요, 자신의 거울로써 선의의 경쟁자이다.

그러므로, 친구가 부진한 과목을 자신이 잘한다면 조언과 협조를 아끼지 말 것이며, 자신이 부진한 과목을 친구가 잘한다면 서슴없이 도움과 협조를 구할 줄 알아야 한다. 친구는 자기와 같은 위치에서 똑같이 고민하면서 공부를 했기 때문에 오히려 늘 가르치는 입장에만 계시는 선생님보다 문제점을 더 잘 파악하고 있을 수 있어 큰 도움이 될 수 있다. 목전의 이익을 위해 친구와의 의리를 저버리는 이기적인 사람은 이 사회에서 쓸모없는 인간이 되고 만다.

03

학습능력별 학습방법

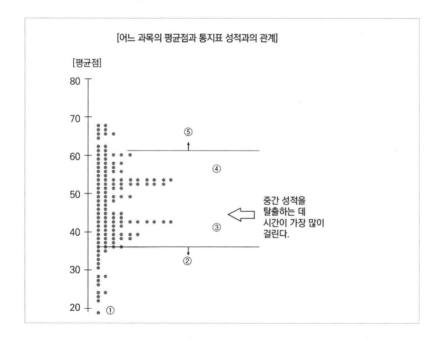

[어느 과목의 평균점과 통지표 성적과의 관계]

[평균점]

중간 성적을 탈출하는 데 시간이 가장 많이 걸린다.

나의 학력 수준은 현재 어느 정도인가?

사람은 그 얼굴모양이 다른 것처럼 능력이나 특성도 각각 다른데,

이 능력이나 특성의 차이는 공부방법에도 관계가 있다. 자기 능력이나 성격에 맞는 공부방법을 연구해서 실행하지 않으면 능률은 오르지 않는다. 학습능력(학력수준·지능·노력·건강·학습태도)에 따라 학습방법과 교재의 선택이 달라져야 하는데, 학습능력을 측정하는 가장 중요한 기준은 현재의 학력수준이라고 할 수 있다.

[능력평가 기준의 예시]

구 분	(가) 기준	(나) 기준
	학교석차(60명 기준)	수업시간 이해 정도(영어·수학의 경우)
상위권 수험생	12등(20%) 이내	선생님의 설명을 대부분 이해할 수 있다.
중위권 수험생	36등(60%) 이내	선생님의 설명 중 이해할 수 없는 부분이 제법 있다.
하위권 수험생	36등(60%) 이내	선생님의 설명을 이해하기 어렵다.

위 표에 의해서 자신의 학습능력을 평가할 때는 다음 사항에 유의해야 한다.

① 자신의 능력을 평가하는 데는 (가)기준보다는 (나)기준이 훨씬 합리적이다. 지금까지의 성적이나 석차를 알고자 하는 것이 아니라, 앞으로 자신의 수업능력을 측정하려는 데 그 목적이 있으므로 (나)기준을 주로 하고, (가)기준은 참고에 그치는 것이 좋다.

② 위의 기준으로 전 과목을 평균적으로 평가하기보다는, 국어·영어·수학 등 중점과목의 평균점을 가지고 평가하는 것이 좋다. 이 세 과목을 잘하는 수험생은 노력만 하면 다른 과목도 잘할 수 있기 때문이다.

③ 위의 기준은 절대적인 것이 아니므로 이것만 가지고 자신의 학력수준을 상위권 또는 하위권으로 단정하지 말고, 다음의 학습방법을 모두 살펴보고 자신에게 가장 알맞고 능률적인 학습방법을 택하는 것이 좋다.

상위권 수험생의 학습전략

1) 기초적인 기본 교육과정의 학습내용을 소홀히 하지 마라

상위권 학생들은,

첫째, 은연중에 자신의 능력과 두뇌를 믿고 '이것은 이미 다 알고 있는 것이다'하는 식으로 자만심에 빠지거나 방심을 하여, 공부시간에 정신집중이 잘 안 되고 잡념에 빠지기 쉬우며, 교과서 중심의 학습내용을 소홀히 하거나, 학교 수업시간에 선생님의 설명을 귀담아 듣지 않는 나쁜 습성이 몸에 배일 우려가 있다.

둘째, 시험에 임함에 있어 '이것쯤이야' 하고 시험문제를 너무 얕보는 경향이 있어, 의외로 쉬운 문제를 실수로 틀리는 수가 많다. 반면, 꼭 1등을 해야 된다는 지나친 경쟁심에서 오는 부담감으로 인하여 아는 문제도 틀리는 경우가 많다.

셋째, 쉽고 기본적인 학습내용을 소홀히 하고, 너무 어려운 응용과정의 공부에 매달리는 경향이 있어, 평이한 문제가 출제되는 시험에서 의외로 득점을 못 하는 경우가 있다.

입시의 총득점에서 기본 교육과정의 학습이 비중을 가장 많이 차지한다는 사실을 명심하고, 이를 항상 중요시하며 공부해야 한다.

2) 예습에 너무 치중하지 마라

상위권 학생들은 예습에 치중하지 않아도 수업시간에 선생님의 설명을 거의 이해할 수 있으므로, 너무 많은 시간을 소비하면서까지 예습에 치중할 필요는 없다. 특히 사회·과학 등 보통과목은 예습을 너무 많이 하면 수업시간에 선생님의 설명이 오히려 싱겁게 생각되어, 이를 소홀히 듣기 쉬우므로 보통과목은 다음 시간에 공부할 과제가 무엇이라는 정도만 알아두어도 된다. 그 대신 국·영·수 등 중점과목은 예습을 철저히 하되, 이해가 안 되는 부분은 표시를 해두었다가, 수업시간 중에 선생님의 설명을 듣고 이해하도록 하고, 그래도 미진한 것은 질문을 해서 확실히 알아두어야 한다.

중위권 수험생의 학습전략

1) 성적이 부진한 이유와 결함을 발견하여 이를 즉시 시정하라

중위권 학생은 상위권 학생에 비해 학습의 기초과정이 다소 부족하든지, 노력이 부족하든지, 학습방법이 좋지 않다는 등의 사유와 결함이 분명히 있기 때문에, 현재까지의 성적이 중위권에 머물러있는 것이다. 그러므로 중위권 학생은 우선 지금까지의 학습과정에 있어서 성적이 중위권에 머물게 된 이유와 결함을 찾아내어, 이를 시정하고 보완하도록 노력해야 한다.

2) 교과서를 기준으로 기초과정을 보완하라

중위권 학생의 학습의 결함은 대체로 기초과정이 다소 부족한 것이므로, 기초과정의 보완이 시급한 과제이다. 현재 배우고 있는 학습과정 중 다음 날 학교에서 수업할 범위를 예습해 보고, 교과서만 가지고는 그 부분을 이해할 수 없을 경우에는 자습서나 기본참고서의 해설을 참고하여 공부를 한다. 그래도 도저히 이해할 수 없는 경우에는 그 부분에 관한 기초학습이 부족한 데 원인이 있는 것이니, 그 부분의 저학년 교과서나 참고서를 이용하여 그 부분의 기초를 확실히 알 수 있을 때까지 복습한 다음에 다시 교과서의 내용을 이해하도록 하는 것이 좋다.

3) 쉽고 간결한 참고서와 기초적인 문제집을 택하라

중위권 학생은 가능한 한 내용이 복잡하지 않고, 교과서의 학습내용을 쉽고 간결하게 정리한 참고서를 기본참고서로 정하여, 이것을 몇 번이고 반복하여 학습한 후에 문제집으로 공부하여야 한다. 문제집도 기초과정과 기본과정의 문제를 주로 다루고 있는 것을 택하는 것이 학습효과에 좋다.

하위권 수험생의 학습전략
1) 한 달 만이라도 인생을 걸고 최선의 노력을 해보라

하위권 학생은 자신의 능력과 실력을 비관하거나 자포자기하기에 앞서, 우선 한 달 동안만이라도 다음에 제시하는 방법을 따라 이를 악물고 남보다 하루 1시간씩이라도 더 많이 공부하도록 하라. 지금까지의 성적이 하위권에 머물게 된 이유는 두뇌, 노력의 부족, 잘못된 학습방법 등 세 가지 요인에 있다고 볼 수 있다. 그런데 학생에 따라 두뇌의 차이가 없는 것은 아니지만, 두뇌의 차이도 이를 어떻게 갈고 닦느냐는 것이 중요하다. 석사나 박사학위 과정이면 몰라도 중·고등학교 기본 교육과정을 이수하지 못할 정도로 지능지수가 낮은 경우는 극히 드물다. 두뇌보다는 오히려 노력의 부족과 잘못된 학습방법에서 오는 요인이 더 크다고 할 수 있다. 그렇다면 단 1개월 정도라도 최선을 다하여 올바른 학습방법에 따라 남보다 더 많은 시간을 공부하도록 노력할 필요가 있다. 그런 후에 공부를 포기하든 아니면 새로운 희망을 가지고 공부를 계속하든지 해야 할 것이다.

2) 예습은 국어·영어·수학의 기초과정에 치중하라

하위권 학생은 기초실력이 부족하기 때문에, 국어·영어·수학 등의 중점과목의 경우 현재 배우고 있는 학습과정을 그대로 이해하기에는 상당히 어려움이 있을 것이다. 그러므로 먼저 그 범위의 기초과정을 보완하는 것이 중요하다. 그 요령은 다음 날 수업시간에 학습할 교과서의 내용이 무엇에 관한 것인지를 살펴보고, 앞의 중위권 학생의 기초과정의 보완요령에 따라, 우선 기초과정만이라도 이해할 수 있도록 예습을 해야 한다. 하위권 학생에게는 이 단계의 학습이 가장 어렵고 힘들지만 가장 중요하다는 것을 깨닫고 반드시 이 단계를 포기하지 말고 실천하도록 해야 한다.

3) 기본참고서는 아주 간결하고 쉬운 것을 택하여 반복해서 공부하라

하위권 학생은 현재 배우고 있는 교과서의 내용을 완전히 이해하는 데도 상당한 시간이 소요된다. 자신의 실력을 고려하지 않고, 남들이 많이 본다고 해서 어려운 책을 붙들고 있으면 실력향상은 고사하고 자신감만 잃게 된다. 그러므로 기본참고서는 교과서 내용을 더 쉽게 설명하고 정리한, 분량이 비교적 적고 쉬운 것 1권을 택하여 반복하여 공부하도록 한다.

4) 공휴일과 방학 기간을 특히 잘 활용하라

모든 수험생들에게 있어서 공휴일과 방학 기간은 자신의 학력수준에 알맞은 공부를 할 수 있는 가장 좋은 시기이지만, 특히 하위권 학생에게는 이 기간이야말로 부족한 실력을 보충하는 절호의 찬스라는 사실을 명심하고 각고의 노력이 있어야 한다. 또한 방학이라고 해서 학습범위를 너무 넓히기보다는, 지금까지 자신이 공부해오던 교과서와 기본 참고서를 중심으로 몇 번 되풀이하여 학습하는 것이 실력향상을 위한 능률적이고 확실한 학습방법임에 유의해야 한다.

능률적인 학습환경을 갖출 것

학습의 능률을 올리기 위해서는 어떤 환경이 가장 좋은가를 아는 것이 긴요하다. 우리가 학습능률을 올릴 수 있는 제반 조건을 알고, 그러한 조건을 갖추어서 공부한다면 아주 효과적일 것이기 때문이다. 그러면, 구체적으로 어떤 조건이 학습을 촉진하며 학습능률을 향상시키는가?

목표의 분위기가 늘 감돌게 한다

주의력을 집중하기 위해 목표를 상징할 만한 것 즉, 목표로 하는 대학의 사진이나 달력, 가장 존경하는 인물의 사진 등을 붙여둔다든가, 목표로 하는 점수 내지는 등수를 크게 써 붙여놓는다든지 하여 목표의 분위기가 늘 주위에서 감돌도록 하는 것도 좋은 방법이다. 평소에는 특별히 강하게 의식하지 않더라도 잠재의식 속에 강하게 남아 자신의 마음을 목표로 향하여 집중시켜가는 효과가 있다.

조명과 채광

날마다 밤늦게까지 책상 앞에 앉아있는 학생에게 공부방의 조명과 채광은 학습의 능률과 건강이란 두 가지 면에서 매우 중요하다. 적절하지 못한 조명 아래서 공부를 하게 되면 피로해질 뿐 아니라 쉽게 싫증이 나고 학습능률도 떨어진다. 조명이 너무 밝으면 마음이 안정이 안 되며, 어두우면 눈이 피로해진다. 공부에 가장 적당한 밝기는 150~300Lux라고 되어 있는데, 이것은 60~100W의 전구를 켰을 경우에 광원에서 약 1M 떨어진 장소의 밝기이다.

빛의 방향은 왼쪽 위에서 받도록 하는 것이 가장 좋은데, 광원에서 직접 빛을 받으면 눈에 피로를 가져오기 쉽다. 그래서 간접조명 내지는 반간접조명을 하면 빛이 부드러워지고 눈에도 좋지만, 빛의 이용이라는 점에서 비경제적이다. 방 전체를 은은하게 밝히는 전체등을 켜고 취향에 맞는 스탠드를 사용하는 이중조명의 방식을 쓰면 이상적이다. 왼쪽 머리 위에서 빛을 비춰주고, 방향과 높낮이 그리고 밝기를 쉽게 조절할 수 있는 제도용 스탠드를 사용하면 무난할 것이다.

책상 위에 유리를 깔아서는 안 된다. 빛이 경면을 반사해서 눈을 자극하기 때문이다. 번쩍이지 않는 무광택의 나무 본래의 색이 가장 좋으며, 푸른 색 계통의 책상보를 덮거나, 짙은 녹색의 커팅매트(Cutting Mat) 를 깔아도 좋다.

온도, 습도, 통풍

방의 온도는 몇 도쯤이 좋을까? 이것은 그 지방의 기후·계절·날씨·습도와 통풍 또 개인적인 생활습성에 따라 다르기 때문에 간단히 정할 수는 없으며, 본인이 느끼기에 쾌적한 상태면 된다. 공부방에 온도계와 습도계를 설치해 놓으면 자신이 가장 좋은 컨디션을 유지할 수 있는 온도와 습도를 계절별로 찾아내어 그 상태를 유지시킬 수 있다.

통풍도 중요한데, 통풍이 나쁘면 공기가 탁해지고 피부의 발한(發汗) 작용이 둔해져서 체열의 발산을 방해하므로 불쾌감과 권태감을 느끼게 되어 능률을 저하시킨다. 하루에 일정한 시간을 정해놓고 통풍을 시키는 것을 습관화하자.

소음에 대한 대책

조용한 환경 속에서 어떤 방해도 받지 않고 공부에 몰두하고 싶은 것은 우리 모두의 공통된 소망이다. 그러나 오늘날의 우리 환경은 그런 소망과는 반대로 소음이 나날이 늘어가고만 있다. 따라서 공부에 집중하는 데 큰 방해가 되는 소음을 어떻게 해서든 줄이도록 대책을 강구하는 수밖에 없다. 소음에 대한 대책을 몇 가지 제시하고자 한다. 어떠한 방법이든 완전할 수는 없으나 몇 가지 방법을 혼성하여 종합대책을 세운다면 훌륭한 효과를 거둘 수 있을 것이다.

1) 소리의 차단

소리의 원천에서부터 전달되어 오는 음파를 도중에서 커트하자는 것이다. 창문의 유리를 이중유리로 하고, 두꺼운 스티로폼을 대거나 이중 삼중의 덧문을 만들고 두꺼운 커튼을 침으로써 밖으로부터의 소음은 어느 정도 차단시킬 수 있다. 또 책꽂이라든가 옷장 등의 가구를 소리가 많이 나는 쪽에 놓는 것도 효과가 있다.

2) 장소의 이동

집에 일이 있어 시끄러우면 근처의 독서실에 간다든가, 독서실 근처가 공사 때문에 소음이 심하면 집으로 옮긴다든가, 집 안에서도 가장 조용한 장소를 찾아 이동하는 방법으로 소음을 피하는 방법이다.

3) 공부시간의 변경

외부의 소음에는 반드시 높낮이가 있기 마련이어서, 그다지 방해가 되지 않는 시간대도 있을 것이다. 소음이 일시적인 것이 아니라 지속적인 것이라면 소음이 심한 시간에는 잠을 잔다든지, 단순노동을 필요로 하는 일, 예컨대 공부방의 청소, 책상과 서랍의 정리, 신경을 많이 쓰지 않아도 되는 숙제 등을 하고, 소음이 적은 시간대에 - 새벽이나 밤늦게 - 공부를 한다.

4) '소리에는 소리'로 대항

소리 에너지는 거리의 제곱에 반비례하여 작아진다. 즉, 먼 곳의 큰 소리보다 가까운 곳의 작은 소리 쪽이 강하게 들린다. 이 원리를 이용하여 밖에서부터 들려오는 소리를 집 안의 소리로 어느 정도 커버하는 방법이다. BGM(Back Ground Music)이 그 좋은 예이다.

또는 자신이 소리를 내면서 공부를 하는 방법도 있다. 교과서를 큰 소리로 읽으면서 암기하거나, 입으로 중얼거리면서 공부하면 시끄러운 소리도 귀에 들려오지 않게 되고, 또한 암기에도 도움이 되므로 일석이조(一石二鳥)의 효과를 거두는 셈이 된다.

5) 귀마개나 헤드폰을 사용하는 방법

갖은 방법을 다 써봐도 소음이 없어지지 않으면 마지막 수단으로 귀를 막아버린다. 헤드폰을 끼는 방법도 있겠으나, 실리콘으로 만든 'EAR PUTTY'라는 수영할 때 쓰는 귓구멍마개를 이용하면 매우 효과적이다.

지금까지 소음에 대한 대책을 몇 가지 살펴보았지만, 가장 중요한 것은 여러분의 공부에 대한 열정이다. 전심으로 공부에 집중하고 있으면 주위의 소음은 귀에 들어오지 않는다. 소음이 마음에 걸리는 것은 공부에 주의를 집중하고 있지 않은 증거라고도 할 수 있으니, 소음에 신경이 쓰이지 않도록 공부 그 자체에 정신을 집중하여 노력하는 것이 더욱 중요하다고 하겠다.

공부를 정복하라

공부촉진제로서의 음악의 효용

소음과 달리 음악은 반드시 공부에 방해가 되는 것은 아니며, 도리어 훌륭한 공부촉진제가 될 수 있다. 첫째는 공부의 단조로움과 싫증을 해소시켜 주는 정신의 청량제로서의 역할을 하며, 둘째는 주위의 잡음을 지워주는 소음기로서의 역할도 한다. 그런데 누구에게나 어떤 음악이라도 효과가 있는 것이 아니라, 사람에 따라 또 공부의 내용이나 음악의 종류에 따라 공부에 방해가 될 수도 있다.

공부는 고도의 사고력과 집중력이 요구되는 높은 수준의 지적작업이므로, 가능한 한 조용한 분위기에서 하는 것이 바람직하지만, 지루하거나 졸음이 와서 정신집중이 안 될 경우에는 음악을 듣는 것이 학습에 도움이 된다. 공부에 도움을 주는 음악에는 서양의 클래식음악도 있겠지만, 우리나라의 전통음악도 청아하고 맑은 분위기를 만들어주어 공부하는 데 매우 효율적이다. 합주곡보다는 대금산조나 가야금산조·거문고산조 등을 추천한다.

이것만은 하지 말자

1) 밤낮으로 이부자리를 펴놓지 말자

밤낮으로 이부자리를 펴놓으면 방이 지저분해져 공부에 집중하기가 어렵고, 금방 드러눕게 될 뿐만 아니라 건강에도 좋지 않다. 침대를 쓰고 있는 사람은 늘 이부자리를 펴놓고 있는 셈인데, 깔끔하게 정돈한 후 초록색 계통의 커버를 덮어놓으면 문제가 없을 것이다.

2) 벗은 옷을 정돈도 하지 않은 채 여기저기 두지 말자

방 안이 어지러우면 정신집중도 안 되고 불쾌감마저 들어 공부할 기분이 나질 않는다. 벗은 옷은 옷걸이와 장롱 속에 가지런히 정리해 두는 습관을 들이자.

3) 방 안에 TV를 놓지 말자

TV는 마약과 같아서 한번 보게 되면 계속 보게 되는데, TV가 자기 방 안에 있으면 항상 보고 싶은 마음이 생기게 마련이다. 꼭 봐야 할 프로라면 다른 방에 가서 보고, 자기 방은 공부만 하는 방으로 해두자.

4) 특별히 필요 없는 물건은 방 안에 두지 말자

방 안에는 공부에 필요한 최소한의 물건들만 두도록 한다. 유명 가수나 탤런트의 사진, 주간잡지 등 공부에 하등의 쓸모가 없는 잡다한 물건들은 눈에 띄지 않게 하자. 이런 물건들이 많이 놓여 있으면 주의가 산만해지기 때문이다.

5) 책상 위에는 불필요한 것들을 놓아두지 않는다

책상 위에 불필요한 물건들이 이리저리 흩어져 있으면 정신이 산만해지고 집중력이 떨어진다. 학습능률을 올리고 싶다면 책상 위에는 꼭 필요한 물건 외에는 두지 않는 습관을 들이는 것이 좋다. 참고서·문제집·교과서 등은 책꽂이에 과목별로 정리해 두어 언제든지 손쉽게 사용할 수 있도록 한다.

"극기(克己)는 자유를 위한 대가이다.
진실로 자기 자신을 이겨낼 수 있는 자만이
진정한 자유인(自由人)인 것이다."

제2장

머리가
좋아지는
법

우리는 어릴 적부터 "쟤는 머리가 좋아서 공부를 잘해." 또는 "쟤는 머리가 나빠서 공부는 젬병이야."라는 말을 들으면서 자랐다. 공부를 잘하기 위해서는 정말 머리가 좋아야 할까?

"머리가 좋다, 머리가 나쁘다."는 것은 무엇을 의미하는 걸까?

'머리', '두뇌', '지능지수(IQ)', '기억력' 등은 서로 어떤 관계인가?

머리가 나쁜 사람도 공부를 잘할 수 있을까?!?

본서는 공부를 잘하기 위해 할 수 있는 거의 모든 방법을 집약시켜 놓은 책이므로, 당연히 공부를 잘하는 데 필수적 요소인 머리가 좋아지는 방법을 명쾌하게 밝혔다. 이 장에서 제시한 내용을 충분히 숙지하고 믿음으로 실천한다면 여러분의 머리는 현저히 좋아질 수 있음을 확언하는 바이다.

머리는 쓰면 쓸수록 좋아진다!

잠재의식을 이용한 지적 능력의 개발

지능(知能, intelligence)은 여러 과목들의 문제를 이해하고 응용하며 기억하고 회생하는 능력을 발휘하는 힘과 슬기라고 할 수 있다. 이러한 지능은 노력 없이는 개발될 수 없다. 공부를 잘하기 위해서는 지능을 개발하는 데 총력을 기울여야 한다.

인간의 두뇌는 약 860억 개의 뇌신경세포(neuron)로 이루어져 있으며, 뇌세포 1개가 할 수 있는 기능은 퍼스널컴퓨터 1대의 기능과 비슷하다고 한다. 별로 신통치 않게 생각했던 우리의 머리에는 상상하기 어려운 거대한 컴퓨터가 들어있는 셈이다.

두뇌는 활용할수록 더욱더 발달한다. 인간의 머리는 쓰면 쓸수록 능률이 오르고 더욱더 좋아지는 관성의 법칙과 가속도의 법칙이 적용되니, 두뇌가 유연할 때 여러 곳에 쓰는 훈련이 중요하다.

"여호와를 경외하는 것이 지혜의 근본이요
거룩하신 자를 아는 것이 명철이니라"
-(잠언 9:10)

현재의식이 왜 중요한가?

인간의 의식은 두 가지로 나누어진다. 하나는 현재의식(顯在意識)이
요, 하나는 잠재의식(潛在意識)이다. 현재의식(Consciousness)은 스스로
판단하고 선택하여 만들어지는 능동적인 의식으로서, 스스로 조정
하고 만들며 선택하고 폐기시킬 수 있는 것이다.

잠재의식(Subconsciousness)은 우리가 의식하지 못하는 가운데 어떤
일을 하게 하는 우리의 심층에 있는 무의식(Unconsciousness)으로서,
무조건 현재의식을 받아들여 실현시키려 한다. 이러한 무한능력을
갖고 있는 잠재의식의 작용기능을 활용함으로써 자신을 성공으로
이끌어 갈 수 있는 것이다. 잠재의식은 마치 논이나 밭과 같은 성질

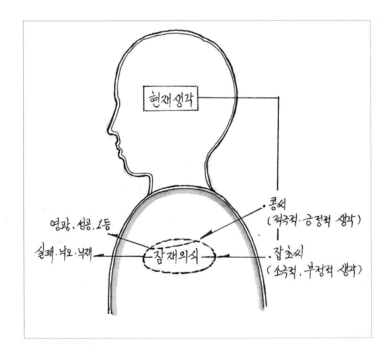

공부를 정복하라

을 갖고 있다. 논·밭은 떨어진 씨앗이 콩씨이든 잡초씨이든 모두 잘 자라게 해준다. 말하자면 콩 심은 데 콩 나고, 잡초씨 심은 데 잡초가 나듯이, 잠재의식은 현재의식과 같은 옳고 그름의 선택능력은 없고 분별 없이 성장시키는 능력만 있기 때문에 현재의식이 중요할 수밖에 없다.

만약 여러분이 '나는 공부와는 인연이 없는 별 볼 일 없는 인간이다'라는 생각을 갖는다면, 그 현재의식-부정적 생각이 씨앗이 되어 잠재의식에 심어져, 실제로 공부를 잘할 수 없도록 만들어버린다. 그러니 여러분의 현재의식이 얼마나 중요하겠는가?

긍정적인 자기암시를 반복적으로 할 것

암시는 현재의식이 잠재의식에게로 들어가기까지의 과정을 말한다. 이러한 암시는 자기 발전에 보탬이 되는 '긍정암시'와 자기를 해치는 '부정암시'로 구분되기도 한다.

암시는 스스로도 알게 모르게 여러분의 생각 속에 들어오고 있다. 특히 여러분을 에워싸고 있는 환경에서 받는 암시야말로 그 영향이 지대하다. 어떤 종류의 암시이건 간에 일단 여러분의 생각과 동화되면 중대한 영향을 미치므로, 여러분 자신의 생각에 의해 나쁜 암시, 부정암시는 받아들이지 말고, 좋은 암시, 긍정암시만을 받아들이려는 의지와 능력의 양성 훈련과 습관 그리고 자세가 중요하다.

"자, 나는 공부를 하는 목적이 뚜렷하다. 이 뚜렷한 목표를 달성하기 위해 나는 공부에 강한 의욕을 느낀다. 그래서 그동안 이성과의

교제 쪽으로 갔던 내 욕구와 추진력은 오늘부터는 공부 쪽으로 모인다. 공부에 의욕이 생기고, 그 의욕에 의해 공부를 열심히 하게 되니, 공부를 시작하면 주의집중이 잘 되고 공부에 흥미가 느껴져, 그 결과 공부를 잘하게 된다!"

이런 암시를 꼭 잠들기 전에 누워서 스스로에게 힘차게 반복적으로 준다. 굳은 신념을 가지고 계속하면 반드시 암시한 내용대로 되어 감을 발견할 것이다. 이는 암시가 강한 자극으로 잠재의식을 움직임으로써 의식이 할 수 없는 일들을 가능하게 만들어주기 때문이다.

▎신념은 목표를 성공으로 인도하는 등불이다

신념이란 자기 자신을 믿는 마음이다. "나는 서울대 의대에 들어갈 수 있는 능력과 자격을 갖고 있다. 그때가 언제일지는 몰라도 반

공부를 정복하라

드시 들어가고야 말겠다!"고 하는 자기의 능력에 대한 무한한 신뢰이다. 신념은 인간보다 훨씬 높은 곳에 있는 힘에 부탁하여, 그 힘에 의해서 행동하고 꿈이 실현되도록 한다.

"신념은 사실의 어머니"라고 한다. 신념은 굳은 의지를 만들어내는 샘이다. 신념이 있어야 성공적인 결과를 창조해 낼 수 있다. 강한 신념은 여러분이 하고자 하는 일을 달성할 수 있는 수단과 방법을 찾아내는 힘과 기술을 길러준다. 의심과 불신, 실패할지도 모른다는 여러분의 현재생각은 잠재의식에게 그대로 전달되어 실패하게 만든다. 승리만을 생각하라! 합격만을 생각하라! 그리고 계속 실천하라! 그러면 여러분의 목표는 틀림없이 이루어질 것이다.

"우리들이 마음속에 그린 것을 생생하게 상상하고,
간절히 바라며, 진심으로 믿고, 열의를 다해 행동하면,
그것이 무슨 일이든 반드시 이루어진다."
- 폴 마이어

02
집중력의 개발

세상에서 '천재'라고 불리는 사람들과 범인과의 근본적인 차이점은 '집중력'이다. 집중력이란 주의와 긴장을 어느 한 점에 지속시키는 힘을 말한다. 지능을 높이기 위해서 집중력을 개발하는 데 총력을 기울여야 할 것이다.

건강해야 한다

공부를 효율적으로 하기 위해서는 정신뿐만 아니라 육체의 건강상태가 좋아야 한다. 피로하거나 병들었을 때는 억지로 공부하려 하지 말고 먼저 건강회복에 힘써야 한다. 건강상태가 좋지 못하면 두뇌기능이 민활하지 못해 학습이 잘 안 되는 것은 물론이고, 더욱 나쁜 것은 아픈 곳에 신경이 쓰여 주의집중이 안 되고 학습능률이 오르지 않는 것이다. 또한 그에 따른 불만이 생겨 자신에 대한 회의와 실의에 빠지게 되므로 더욱 공부가 안 되는 악순환이 이루어진다.

졸음과 정신적 피로감을 해결해야 한다

공부라는 것은 조용한 활동이고 때로는 권태로울 수 있으므로 피로감과 졸음이 몰려오기도 한다. 잠깐 책상에 엎드려 10분 정도 자거나, 찬물로 세수를 하거나, 공부하는 장소나 자세를 바꿔보거나, 서서 공부를 하거나, 음악을 듣거나, 가벼운 운동을 하거나, 방 안을 왔다 갔다 하며 몸을 움직이고 밖에 나가 밤하늘을 바라보며 찬 공기를 마시는 것 등 나름대로 효과적인 방법을 찾아야 한다.

그런데 피로하다고 느껴서 휴식을 취하고 난 후 다시 공부를 시작했을 때 먼저보다 훨씬 빨리 피로를 느끼게 되는 경우가 있다. 우리가 의식하지 못하는 중에, 피로해서 쉰다기보다는 쉬기 위해 피로감을 재촉하는 결과가 되어버린 것이다. 이런 현상을 막기 위해서는 졸리거나 쉬고 싶다는 느낌이 드는 시간보다 1~2분 빨리 쉬는 것이 좋다. 며칠 동안만 계속해서 자신의 학습 습관을 세심히 살피면, 자기가 보통 언제쯤 피로를 느끼며, 거기에 대해 어떻게 대처하는지 등을 알 수 있을 것이다. 피로를 느끼는 시간보다 1~2분 빨리 쉬게 되면, 휴식을 강화하여 준 것이 되므로 결과적으로 학습능률을 향상시키게 된다.

고민을 떨쳐버리고, 편안한 심리적 조건을 갖추어야 한다

아무리 공부할 준비를 잘하고 환경적 조건이 좋은 곳에서 공부를 하겠다는 의욕으로 책상에 앉아도, 마음이 안정되어 있지 않으면 자꾸 딴 생각만 들고 공부가 잘 안 된다. 누구나 마음에 걱정거리가 있거나, 기분이 언짢고 불안하거나, 대인관계가 원만하지 못하거나,

경제적인 곤란 때문에 고민이 있으면 공부에 열중할 수가 없다. 이 럴 때에는 억지로 책상 앞에 앉아있어도 시간만 허비할 뿐이다.

이와 같이 심리적으로 고민과 불안이 있으면 쉽사리 마음의 안정을 잃고 수의집중이 안 되며 사고기능이 저하되어 학습능률이 떨어진다. 이럴 때는 불안이나 고민거리를 숨기거나 외면하려 들지 말고 그것부터 해결하도록 해야 한다. 자꾸 다른 생각이 머리를 어지럽힐 때는 그것이 구체적으로 어떤 생각이며, 어떤 문제와 관련된 것인지, 언제 그런 생각이 드는지, 또 그런 생각의 지속시간은 얼마나 되는지와 이에 내가 대처하는 반응은 어떤 것인지 잘 탐색해 보고 해결방안을 찾도록 한다. 문제 해결이 혼자 힘으로 불가능할 때에는 주위에 있는 이해성 있고 신뢰할 만한 친구나 선배 혹은 부모나 선생님에게 솔직하게 문제나 고민거리를 털어놓고 도움을 구하는 것이 좋다.

일정한 장소와 일정한 시간에 공부한다

우리가 잠을 자고 아침에 일어나고 식사를 하고 공부하고 일하는 여러 가지 생활을 살펴보면 어느 정도 주기를 가지고 있음을 알 수 있다. 어느 시각이 되면 졸음이 오고, 또 얼마가 지나면 정신이 맑고, 또 어느 때가 되면 배가 고파오는 등이 거의 자동적으로 일어나도록 우리 몸이 조건화되어 있다. 만약에 이런 생활리듬을 어기고 불규칙하게 생활하면 실제로 활동한 시간과 휴식시간의 양은 달라지지 않았더라도 피로를 더 심하게 느끼게 된다.

이와 마찬가지로, 공부하는 것도 되도록 일정한 시간에 하는 습관을 들이면 같은 시간에 더 높은 효과를 볼 수 있다. 신체와 정신이 그 시간에는 공부해야 하는 것으로 조건화되어 있기 때문에 어렵지 않게 공부에 몰두하게 되는 것이다.

또 공부는 일정한 장소에서 하는 것이 좋다. 여기저기 아무데서나 공부하면 장소가 바뀜에 따라 주의가 산만해지기 때문이다. 조명이 잘 되어 있으며, 적당한 온도가 유지되고, 편안하고 안정감을 주는 곳을 택해서 늘 그 장소에서 공부하는 습관을 들이면 비교적 쉽게 또 빨리 공부에 몰입할 수 있게 된다.

제한시간을 정해놓고 긴장감을 재생시킨다

공부가 영 하기 싫고 의욕이 나지 않을 때에는 자기 자신에게 강제적인 제한시간을 정해 본다. 내키지 않는 공부도 의도적으로 목표를 정하면 집중이 가능하다. 시간과 달성량을 정해서 분발하면 집중력이 발휘되어 평상시보다도 훨씬 짧은 시간에 공부를 끝낼 수가 있다.

또 중간에 해이해지는 것을 막기 위해 '중간 목표'를 설정하면 집중력을 지속시킬 수 있다. 집중력은 순발력과 비슷해서 지속시키기가 꽤 어렵다. 시간이 흐르면 집중력은 약해지기 마련이지만 문제는 이렇게 재빨리 다시 집중히느냐에 있다.

심리학의 실험에 따르면 동일한 작업을 반복함으로써 작업능률이 떨어진 사람도 다른 작업을 하게 되면 다시 집중력을 낸다고 한다.

03

두뇌를 좋게 하는 방법

두뇌는 노력에 의해서 얼마든지 좋아질 수 있다. 중요한 것은 두뇌가 좋아지는 방법을 아는 것뿐만이 아니라, 그 방법을 생활 속에서 끈질기게 실천할 수 있느냐는 것이다.

충분한 휴식

아무리 튼튼한 기계라도 완전가동으로 무리한 작업을 계속하다 보면 고장이 일어나게끔 되어있다. 가끔씩 기름도 쳐주고 조금은 쉬도록 해주어야 한다. 사람도 생활의 리듬을 유지하기 위해서는 충분한 휴식과 수면을 필요로 한다.

여러분의 수험공부도 결국은 장기전이므로 단시일에 성적을 올리겠다고 밤을 꼬박 새워가며 공부하려는 것은 단기적으로는 어떤 효과가 있을지는 모르나, 최후에는 기진맥진해서 불행한 결과를 맞이하게 된다. 휴식의 문제는 어떻게 제한된 시간에 몸의 피로를 풀고 맑은 정신으로 공부할 수 있는가 하는 것과 연결되며, 학습의 능률

공부를 정복하라

을 올리는 중요한 관건이 된다.

1) 자주 씻도록 할 것

몸을 자주 씻어주는 것은 근육을 주무르고 마찰해 주는 효과가 있어서 피로를 풀어주는 역할을 한다. 근육의 피로를 풀어주는 효과는 그만두고서라도 아무래도 몸이 청결하지 않으면 피로감을 더 느끼고 머리가 무거워지는 것은 당연하다. 그러므로 목욕은 자주 하는 것이 좋은데, 목욕 직후에는 몸의 긴장이 풀려 학습능률이 잘 오르지 않으므로 목욕시간은 너무 길지 않게 잘 조절해야 한다.

그리고 학교에서는 점심시간 등을 이용하여 세수를 한든지 이를 닦으면 식곤증으로 짜증나기 쉬운 오후 수업시간을 좀 더 상쾌한 기분으로 보낼 수 있다. 양치질이나 세수를 자주 하는 것은 이처럼 피로감을 덜어줄 뿐만 아니라, 그것을 행하는 것 자체가 부지런함을 길러주는 효과도 있다.

2) 휴식시간에는 적극적으로 피로를 풀 것

피로하다고 해서 그 자리에 멍하니 앉은 채 쉬고 있어서는 안 된다. 그 자리에 그냥 앉아있기보다는 가벼운 운동을 하거나, 음악을 듣거나, 밖에 나가 바람을 쐬는 등 오히려 적극적인 행동을 취하는 것이 피로를 푸는 효과적인 방법이다. 아무것도 하지 않고 쉬기보다는 몸의 각 부분을 움직임으로써 적극적으로 피로를 푸는 것이 작업능률을 훨씬 높여준다는 사실이 실험에 의해 증명되었다.

3) 하품과 기지개를 자주 크게 할 것

사람이 하품을 하는 이유는, 심신이 피로해져서 체내에 있는 이산화탄소가 몸 밖으로 빠져나가지 않고 산소 흡수율도 떨어질 때 스스로 경련을 일으켜 이산화탄소를 체외로 배출하고 산소를 체내로 공급하기 위함이다. 따라서 하품이 나올 때는 참지 말고 예의에 어긋나지 않도록 숨을 크게 들이마시고 내쉬는 것이 좋다.

기지개는 피로해진 근육을 강하게 잡아당겨 주는 작용을 한다. 이처럼 근육을 이완시키면 그 속의 감각기관을 통해 뇌세포를 자극하게 된다. 그래서 머리가 맑아지고 근육의 긴장도 풀어지게 되는 것이다. 아침에 일어나 쉽사리 잠에서 헤어나기 힘들 때는 기지개를 크게 켜보면 효과가 있다. 또 수업이 끝나면 자리에 그냥 앉아 있지 말고 다음 수업을 위해서 기지개를 켜라. 그리고 기지개를 켤 때도 하품과 마찬가지로 크게 하는 것이 효과적이다.

공부를 정복하라

4) 기분전환을 시도할 것

정신적 긴장을 이완시키기 위해서는 기분전환이 필요하다. 정기적으로 기분전환을 함으로써 정신적인 긴장을 완화시키면 학습능률을 크게 향상시킬 수 있다. 좋아하는 운동을 하면서 땀을 흘린다든지, 좋아하는 소설을 읽는다든지, TV를 시청한다든지, 친구와 잡담을 한다든지, 음악감상을 한다든지, 스포츠 경기의 관람, 친구와의 전화통화 등 기분전환거리는 많다. 하지만 기분전환을 위해 너무 오랜 시간을 들여서는 안 된다. 레크레이션에 지나치게 깊이 빠지는 것은 공부가 본업인 여러분에게 바람직하지 않다. 따라서, 공부와 놀이의 양을 균형 있게 조절하는 지혜로움이 있어야겠다.

적당한 운동
1) 운동 부족은 죽음에 이르는 병

세계 각국 성인들의 3분의 1은 운동부족이며 이로 인한 사망자는 연간 530만 명에 이른다는 연구결과가 나왔다. 운동부족으로 인한 연간 사망자 수는 흡연으로 인한 사망자와 맞먹는다고 한다. 또한 심장병, 당뇨병, 유방암, 대장암으로 인한 사망자를 합친 것의 10분의 1에 이르는 숫자다.

연구팀은 "운동부족은 너무나 심각한 문제라서 '대 유행병'으로 취급해야 한다"면서 "대중에게 운동의 좋은 점을 일깨우기보다 운동부족의 위험성을 강조하는 방향으로 보건 정책의 발상을 전환해야 한다"고 조언했다.

2) 매일 30분 규칙적·습관적으로 운동하라

건강의 5기둥은 '섭생-운동-해독-수면-마음'이라고 할 수 있다. 적당한 운동을 하면 소화와 배변, 혈액순환에 도움을 주면서 적절한 피로감을 갖게 되어 밤에 숙면을 취하게 된다. 짧은 기간 한 차례 운동하는 것만으로도 근육 강화 유전자의 스위치가 켜져서 활성화된다고 한다. 운동 후 근육 세포에 있는 유전자들에 화학적 변화가 일어나고 이들 유전자의 발현율이 높아진 것으로 나타났다. 다시 말해 운동 덕분에 이들 유전자의 스위치가 켜진 것이다. 매일 일정한 시간에 30분쯤 운동하고, 일주일에 한 번은 땀을 흠뻑 흘릴 정도로 좋아하는 운동을 하는 습관을 들이면 리듬 있고 활력이 넘치는 삶을 살게 된다.

3) 오래 앉아있지 말고 1~2시간에 한 번은 일어나 스트레칭을 하라

앉아있는 시간이 많을수록 심장을 둘러싼 이중막인 심장막에 지방이 쌓이고 심혈관질환 위험성이 커진다는 캘리포니아대학교 샌디에이고캠퍼스 연구팀의 연구결과가 있다. 심장 외의 다른 조직의 지방은 앉아있는 시간과 관계가 없었다. 특히 내장지방은 규칙적인 운동으로 줄일 수 있지만, 심장에 쌓인 지방은 운동을 해도 줄어들지 않는 것으로 나타났다. 연구팀은 "앉아 있는 시간을 줄일 필요가 있으며, 서서 공부하는 책상을 쓴다든지 앉아서 공부하다 1~2시간 간격으로 일어나 몸을 움직이는 것이 도움이 될 것"이라고 조언했다.

4) 하체를 단련하라

하체는 모든 동작의 안정감과 파워의 원천으로 스포츠에서 가장 중요한 신체 부위다. 육상선수, 축구선수는 물론이요, 농구, 야구, 양궁, 수영뿐 아니라 골프에서도 하체 단련은 매우 중요하다. LPGA에서 국위를 선양하고 있는 한국 낭자들의 하체를 눈여겨보시라. 얼마나 튼튼하고 파워풀한지.

하체를 단련하는 쉽고 간편한 방법은 평소에 많이 걷고 뛰는 것이다. 비싼 돈 들여가면서 헬스클럽의 런닝머신 위에서 땀 빼지 마시고, 평소에 하체 운동을 습관적으로 하는 것이 좋다. 엘리베이터 대신 계단을 이용하고, 승용차나 택시보다는 BMW(버스·지하철·걷기)를 이용하는 것이 바람직하다. 1~2km 정도의 거리는 빠른 걸음으로 걷거나 뛰어간다. 전철이나 버스 안에서도 가능하면 앉지 말고 서서, 목과 허리 근육을 풀어주거나, 발뒤꿈치를 들었다 놓았다 하면서 발가락 서기 운동을 하며, 횡단보도에서 신호를 기다릴 때에도 가만히 서 있지 말고 스쿼트(무릎을 기마자세로 앉았다 일어서기), 허리돌리기, 다리를 무릎을 굽히며 허리까지 들어돌리기 등 끊임없이 하체운동을 하는 것이 좋다.

머리를 나쁘게 하는 원인의 제거

1) 두뇌활동을 저해하는 고민을 해결하라

고민은 일종의 두뇌에 대한 억제행위다. 마치 배가 고프면 공부를 할 수 없다든지, 화를 내고 있을 때는 공부가 안 된다든지 하는 경우와 같아서, 작동을 하려고 하는 대뇌에 불필요한 보고가 계속해서 들어오는 것과 같은 이치다.

수험생들은 주로 진로문제, 성격의 결함, 용모에 대한 걱정 등으로 고민을 하는데, 절대 고민하지 말고 부모님과 선생님 그리고 선배나 친구들과의 진솔한 대화를 통해 해결해야 한다.

> "또 너희 중에 누가 염려함으로 그 키를 한 자라도 더할 수 있느냐
> 그런즉 가장 작은 일도 하지 못하면서 어찌 다른 일들을 염려하느냐"
>
> (누가복음 12:25-26)

2) 공복도 만복도 피하라

공복(空腹)이나 목마름은 공부에 무척 방해가 된다. 마찬가지로 만복(滿腹) 즉, 배불리 먹고 나서 머리를 쓰거나 공부를 한다는 것은 생리학적으로도 효과를 기대할 수 없다. 식사를 하면 소화를 위해 위에 혈액을 더 많이 보내야 하는데, 그러기 위해서는 몸의 다른 부분

공부를 정복하라

에서 혈액을 가져올 수밖에 없으므로, 뇌에 필요한 혈액의 양이 그만큼 적어지기 때문이다.

3) 병은 고쳐라

당연한 얘기지만 몸이 불편해서는 머리를 좋게 할 수 없다. 독감에 걸려 두통이 있고 열이 심하면 그만큼 집중력이나 기억력도 크게 감퇴된다. 그리고, 장기간 뇌의 집중력을 저해하는 것은 위장 장애이다. 만성위염이 있으면 그 불쾌감이 늘 머리의 예민도를 저하시키므로 하루빨리 고쳐야 한다. 만성적인 위장병에는 단식요법보다 더 확실한 치유법이 없다. 방학 기간을 이용하여 집이나 조용한 곳에서 3~7일 정도 (본)단식하기를 권한다. 그 후에는 생수와 무즙 그리고 차(茶)를 생활화하면 위장병은 더 이상 재발하지 않는다.

변비도 뇌의 집중력을 저하시킨다. 생수와 녹차를 많이 마시고, 섬유질이 풍부한 음식을 충분히 섭취한다. 그리고 배변을 하루에 한 번만으로 정하지 말고 두 번이고 세 번이고 변의(便意)를 느끼면 바로 화장실로 가서 배변하도록 한다.

4) 화를 내지 마라

"화를 내는 것은 자신의 뇌를 죽이는 자살행위이다."

어떤 사람이 잘못하여 나의 발등을 밟았을 경우, 우리는 불쾌하여 화를 낸다. 이때 화를 내는 것은 상대방을 질책하고자 하는 행위이지만, 자세히 따지고 보면 먼저 화를 낸 자기 자신의 뇌파가 올라가고 자기의 기분이 나빠져 자신부터 해치고 나서, 상대에게 나쁜 인상을 주게 된다는 것을 알아야 한다. 뇌파 측면에서 생각해 볼 때 화를 내면 자동적으로 뇌파가 올라가고, 뇌파가 올라가면 우리의 뇌에서는 뇌화학적 변화가 일어나서 독소가 발생한다. 이 독소는 자신의 간장에서 해독시켜야 되는데, 그 독소를 한 번 해독하는 데에는 엄청난 에너지가 소요된다.

수십만 원짜리 보약을 먹는 것보다 화를 한 번 안 내는 것이 여러분 건강에 더 이롭다는 사실을 알아야 한다. 그러므로 이제부터는 내 몸에 해를 끼치는 화를 내는 일, 다시 말해서 뇌파를 올려 독소를 만드는 어리석은 행위는 삼가야 할 것이다.

> "노하기를 더디하는 자는 용사보다 낫고
> 자기의 마음을 다스리는 자는
> 성을 빼앗는 자보다 나으니라"
> - (잠언 16:32)

5) 스트레스를 해소하라

사람들은 스트레스가 유발되는 상황에 처하게 되면 여러 가지 어려움을 겪게 된다. 목표를 효과적으로 달성하지 못하고 정신적 불안감에 빠지기도 하고, 소화불량·두통·불면증과 같은 신경성 질환에 시달리기도 한다. 어떤 학생들은 근심과 걱정 때문에 학업을 제대로 할 수 없고, 시험 준비도 잘 못하게 되어 더욱 큰 불안감과 스트레스를 유발시킨다. 스트레스가 해소되지 않은 채 쌓이고 쌓여 장기간 지속되는 경우에는 신체적·정신적 조건에 매우 심각한 영향을 미친다.

그러므로 수험기간 중에 생기기 쉬운 각종 스트레스를 해소하기 위해서는 스트레스의 원인들을 잘 분석하고 적절한 대응책을 세워야 한다. 그런데 스트레스의 강도는 스트레스를 일으키는 객관적 자극보다는 그 자극을 받아들이는 사람의 심리 상태에 달려 있다. 따라서 스트레스의 강도를 결정하는 주관적인 조건을 이용하면 보다 효과적으로 스트레스를 극복할 수 있다.

"노하기를 더디 하는 것이 사람의 슬기요
허물을 용서하는 것이 자기의 영광이니라"

- (잠언 19:11)

제3장

천재가 되는 기억법

"기억은 지혜의 어머니"
−아이스킬로스(B. C.5경의 그리스 극작가)−

알렉산더 대왕의 스승이며 위대한 사상가였던 아리스토텔레스는 기억의 힘을 높이 평가하고, 학생인 알렉산더의 기억력을 증진시키기 위하여 여러 가지 방법을 사용했다.

프랑스의 영웅인 나폴레옹은 프랑스 해안에 설치된 대포의 종류와 위치를 정확하게 기억하고 있어서, 부하가 제출한 보고서의 잘못을 고쳐 부하를 놀라게 했고, 또 체신부장관도 모르는 우편의 루트와 거리까지도 정확하게 기억하고 있었다고 한다.

성공한 사람은 남녀를 불문하고 우수한 기억력의 소유자라는 것은 잘 알려진 사실이다. 옛날부터 성공과 행복을 획득하기 위한 요건은 '우수한 기억력'으로 되어있다.

본 장에서 제시하는 방법을 정확히 숙지하고 꾸준히 실천한다면 아무리 암기력이 부족한 사람일지라도 반드시 기억력의 대가가 될 것을 의심치 않는다.

01

기억이란 무엇인가

기억은 정신의 한 기능이며 보다 뛰어난 사고력과 보다 훌륭한 기억력은 언제나 함께 생긴다. 또, 기억이라는 것은 사용되지 않거나 반복되지 않으면 차츰 쇠퇴해 버린다. 기억을 생리학적으로 설명하면, 우리가 경험했거나 학습한 모든 것은 대뇌에 무엇인가 물리적 변화를 일으키고 신경세포 안에 일종의 흔적을 남기는데, 이 흔적을 기억(記憶, Engram: 기억의 흔적)이라고 한다.

기억력은 지속적인 훈련으로 향상될 수 있는 '기능'이다.

기억력은 팔다리와 근육이 공동으로 협력해 이루어지는 보행과 같은 '기능'이지, '재능'이 아니다. 기억력은 두뇌의 기능을 작동시켜, 여러 가지 생각을 마음속에 불러일으킴으로써 작용한다. 따라서 좀 더 완전하게 배워야 할 것을 배우지 못한 사항은 기억에서 끄집어낼 수가 없다. 여러분이 기억해 낼 수 있는 것은 그 사항에 대해서 학습할 때 생각한 것, 암기한 것에 한정된다.

기억력은 거의 다른 기술과 마찬가지로 끊임없이 훈련을 함으로써 향상된다. 하루나 이틀 만에 초연의 긴 대사를 외는 연극배우, 베토벤의 소나타를 악보도 없이 치는 피아니스트, 모든 카드를 기억하고 있는 노름꾼, 많은 시합의 기보를 외는 바둑기사, 빌딩 내의 모든 사람의 이름과 얼굴과 직책을 알고 있는 수위 등을 보면 규칙적인 반복훈련이 얼마나 중요한가를 알 수 있다.

공부를 정복하라

기억력 증진을 위한 10가지 법칙

여기에 제시하는 '기억력 증진을 위한 10가지 법칙'을 마음 깊이 새기고, 그대로 실행하려고 꾸준히 노력한다면, 아무리 머리가 나쁜 사람이라도 기억력의 대가가 되어 성적이 놀라우리만큼 향상될 수 있음을 확언한다.

제1법칙 : 몸과 마음을 건강하게 할 것!

제2법칙 : 기억의 필요성에 대한 강한 동기를 작용시킬 것!

제3법칙 : 기억할 수 있다는 자신을 가질 것!

제4법칙 : 기억하고 싶은 것에 흥미를 가질 것!

제5법칙 : 기억하고자 하는 것에 주의를 집중시켜 정확히 관찰할 것!

제6법칙 : 기억해야 할 것의 의미를 분명히 이해할 것!

제7법칙 : 기억해야 할 것을 분류-정리-시각화할 것!

제8법칙 : 되도록 많은 감각기관을 사용할 것!

제9법칙 : 상상력을 최대한 발휘하여 연상을 잘할 것!

제10법칙 : 거듭 반복하여 마음속에 고정시킬 것!

제1법칙_ 몸과 마음을 건강하게 할 것

기억력을 강화하려면 우선 기억력을 악화시키는 조건을 제거해야 한다. 기억력을 악화시키는 조건이란, 질병·피로·수면부족·걱정·흥분·불안·고독·초조감 등이다. 피로감·질병·걱정거리 등이 있으면 들어오는 정보에 대한 이해력과 기억력이 둔화된다. 심신이 건강하게 유지되도록 노력하는 것이 기억력을 높이는 최대의 조건임을 잊지 말아야 한다.

기억을 위해서는 우선 깊은 수면을 취하라

기억은 두뇌의 피로가 없는 상쾌한 기분으로 할 때 효과를 높일 수 있다. 피로해진 뇌세포를 휴식시키고, 새로운 활력을 부여하기 위해서는 숙면(熟眠)이 절대 필요하다. 그러나 오래 자기만 하면 되는 것은 아니다. 중요한 것은 '수면의 질'이다. 즉, 수면이 얕으면 긴 수면시간이 필요하고, 반대로 깊은 수면을 취하면 짧은 시간으로도 충분하다. 바람직한 수면법에 관해서는 〈제11장 숙면을 취하는 방법〉에 상세하게 서술하였다.

기억한 후에는 잠들어 있는 쪽이 오래 기억한다

기억과 수면의 관계에 대하여 심리학자 젠킨스와 다렌백이 공동 연구를 했다. 이 연구에서 두 사람에게 10개의 무의미한 글자를 기억시킨 다음, 한 사람에게는 즉시 수면을 취하게 하고 다른 한 사람은 수면을 취하지 못하게 했다. 그리고 1, 2, 3, 4, 8시간 뒤에 그것

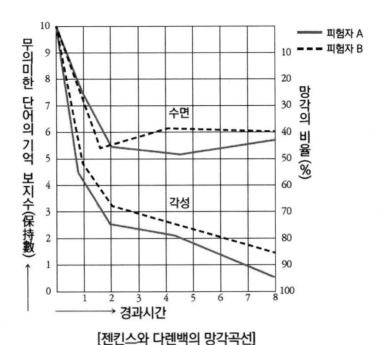

[젠킨스와 다렌백의 망각곡선]

을 재생시켜 두 사람의 경우를 비교했다.

　그 결과는 위 그래프에서 보듯이, 공부하고 나서 곧 잠들었을 경우에는 두 시간 후까지는 기억이 감소되지만 그 뒤에는 수면이라는 두꺼운 벽에 방어됨으로써 기억이 유지되어, 잠에서 깼을 때도 70% 정도의 기억이 가동 가능한 상태에 있게 된다. 반대로, 계속 깨어있으면 마치 바구니에서 물이 새어나가듯, 기억한 후 8시간이 지나면서 계속 급격한 감소를 보이고 있는 것이다.

　왜냐하면, 깨어있는 한 아무리 안정을 취해도 인간의 머리에는 여러 가지 정보(자극)가 들어오게 마련이며, 이 정보의 양이 많으면 많을수록 방금 외운 기억은 새로운 정보 속에 묻혀버리기 때문이다. 그런데, 학습한 다음 잔다는 것은 깨어있을 때의 활동으로 학습한 것을 억제하거나 말살해 버리는 일이 없으므로 그것은 가장 좋은 결과를 낳는다. 여기에는 수면이 기억흔적을 어느 정도 정리하고 정착시키는 작용을 하기 때문이기도 하다. 따라서, 어쩔 수 없이 밤을 새우면서 공부해야 할 경우라도, 적어도 '완전한 철야'보다는 '반 철야'가 시험에 플러스가 된다. 완전히 밤을 새우기보다는 조금이라도 자는 편이 기억이 더 잘되기 때문이다.

기억을 잘 하려면 '균형잡힌 영양섭취'를 하라

'영양'과 '기억' 사이에 직접적인 관계는 없다. 그러나 '건강'과 '기억'에는 깊은 관계가 있으므로 '영양'을 무시할 수 없다. 바른 영양을 섭취하지 않으면 몸에 이상이 초래되고, 나아가서는 신경과 마음에도 영향을 미치게 된다. 당연히 뇌세포의 활동은 둔화되고 기억력이 약해진다. 그렇다고 마구 먹어 위나 장에 지나친 부담을 주고 소화기관이 건강을 잃게 되면, 역시 몸의 일부인 '머리'에 나쁜 영향이 오므로 기억력을 저하시키는 원인이 된다. 그러므로 편식하지 않고 균형 잡힌 식사를 하되 먹고 싶은 양의 8할 정도를 섭취하는 것이 기억력 증진을 위한 이상적인 조건이다.

균형 잡힌 영양섭취 못지않게 중요한 것은 '술'과 '담배'의 문제이다. 술을 마시면 뇌세포의 활동이 둔해져서 기억력이 저하되고, 담배를 피우면 혈관이 수축되고 대뇌의 혈액량이 감소되어 두뇌의 작용이 나빠진다. 담배는 영원히 피우지 않는 것이 좋고, 술은 성인이 된 후에 적당히 마시는 것이 좋다.

젊은 뇌세포를 유지하기 위한 방법

지금까지 설명한 조건을 충족시켜도 막상 뇌가 잘 움직여주지 않는다면 아무 소용이 없다. 뇌의 세포가 젊어야 한다는 점이 가장 중요한 조건이다. 뇌세포를 젊게 유지하기 위해서는 항상 새로운 자극을 줌으로써 뇌세포를 경직시키지 않고 유연하게 두어야 한다. 지적 호기심을 왕성하게 하고 새로운 지식이나 연구에 관심을 갖도록 습관화해야 한다. 이렇게 뇌세포를 젊게 유지함으로써 머리회전을 빠르게 하고 사고를 유연하게 하면 기억력의 증강을 도모할 수 있게 된다.

제2법칙_기억의 필요성에 대한 강한 동기를 작용시킬 것

어떤 것을 기억하려는 '동기'가 강하면 강할수록 기억도 용이하다

[상황 ①] 갑(甲)은 한가한 시간이 충분히 있으며, 심심풀이로 『영어회화입문』을 하루에 10페이지씩 공부한다.

[상황②] 을(乙)은 한 달 후에 취직시험을 앞둔 대학 4년생으로, 목표로 하는 회사는 전 세계에 많은 지사를 갖고 있는 종합상사이다. 이번 신규 채용자는 해외근무를 할 수 있는 특권적 조건부이므로 '당연히 영어회화를 할 수 있는 자'가 우선적이다. 그래서 이 한 달 사이에 『영어회화입문』을 매일 10페이지씩 공부하지 않으면 안 된다.

위 두 사람 중에서 어느 쪽이 기억하기 쉬운 상황이라고 생각하는가?

당연히 영어회화 학습에 앞날의 운명이 달려 있는 을(乙)일 것이다. 이와 같이 기억에는 기억하는 것에 대한 동기가 중요한 역할을 한다.

동기는 여러분을 기억을 향해서 몰아대는 강한 힘이 된다. 동기가 강하면 강할수록 기억코자 하는 의도도 강해져서 잘 기억할 수 있게 된다.

'어떻게' 기억하는 것이 좋을까 하고 궁리하는 것 자체가 기억력을 증가시킨다

'어떻게 기억하는 것이 좋을까'하고 이리저리 생각해 보고 궁리하는 것은 기억에 매우 효과적이다. 왜냐하면, 적당한 기억방법을 만들어내기 위해서는 암기할 내용의 의미를 정확히 파악하고 이해해야 하므로, 이런저런 방법을 생각하는 동안에 그 의미가 저절로 파악되기 때문이다. 설령 좋은 기억방법이 생각나지 않더라도 두뇌에 강한 인상을 심어 줄 수 있다. 또, 어떠한 방법을 사용하는 것이 그 내용이나 성질에 가장 적합한 것인가도 명확해진다. 그중에서 '이 방법으로 기억하자'고 한 가지를 결정하면, 기억할 수 있다는 자신감도 생겨 그만큼 기억에 대해 적극적인 자세가 된다.

공부를 정복하라

제3법칙_기억할 수 있다는 자신감을 가질 것

　기억을 잘하기 위한 가장 중요한 요소 중의 하나는 '기억할 수 있다'는 자신감을 갖는 것이다. '나는 기억력이 나쁘다'고 단정해 버리면 모든 것이 그것으로 끝나버린다. 자신이 없으면 뇌세포 활동이 억제·저하되어 기억력이 둔해진다는 것은 생리학에서도 증명된 사실이다. 이를 심리학에서는 '억제 효과'라 부르는데, '자신이 없다 → 뇌활동이 억제된다 → 기억할 수 없다 → 자신이 더욱 없어진다'는 악순환을 되풀이하게 된다. 자극은 없어지고, 뇌는 하루하루 노화되며, 기억력은 더욱더 나빠질 뿐이다. 스스로 가능성을 없애버린다면 뇌세포가 아무리 잘하려 해도 무리이다.

　자신감을 갖는 것은 매우 중요하다. 우선 자신감을 가짐으로써 이 악순환을 '양호한 순환'으로 바꾸는 것이 기억법의 출발점이다. 남은 할 수 있는데 자기만 못 하라는 법이 있을 리 없다고 생각해야 한다. 무엇이 기억할 가치가 있는 것인가를 주의하여 결정한 다음, 기억할 필요가 있는 것은 반드시 기억할 수 있다고 하는 강한 자신감을 갖고, 전력을 기울여 바로 그것만을 기억하고자 결심하고 노력하라.

> "기억력은 무거운 짐을 짊어지게 함으로써 더욱 좋아지며,
> 신뢰하면 그것을 견딜 수 있게 된다."

제4법칙_기억하고 싶은 것에 흥미를 가질 것

인위적으로 흥미를 북돋우라

흥미가 기억의 원천이라고는 하지만, 싫은 과목에 흥미를 가진다는 것은 어려운 일이다. 그러므로 기억하고 싶은 것에 강한 흥미가 일어나지 않을 때는 흥미를 만들어내도록 힘써야 한다. 필요하다면 상상력을 빌려서라도 흥미를 만들어 내도록 애써야 한다. 그런데 흥미가 없다, 재미가 없다, 싫다는 원인은 의외로 사소한 데에 있는 경우가 적지 않다. 그런 때는 그 과목을 담당하고 계신 선생님이나, 그 과목을 특별히 잘하는 친구나 선배를 만나 의논하는 것이 가장 효과적이다. 그들과 이야기하는 가운데 지금까지 자신이 알지 못했던 뜻

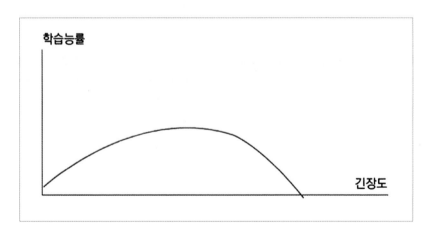

밖의 재미라든가 매력을 발견할 수도 있고, 그것이 흥미로 이어지기도 한다. 기억을 하려면 흥미를 북돋는 것이 선결 문제이다.

자기중심적이고 이기적인 사람은 자기만을 사랑하고 타인에게 흥

미를 느끼는 일 따위는 하지 않기 때문에, 다른 사람의 이름이나 얼굴 등을 기억하는 힘이 빈약하다. 이기적인 마음을 버리고, 타인도 나와 같이 아끼고 사랑할 수 있는 심성을 기르는 것이 필요하다.

제5법칙_ 기억하고자 하는 것에 주의를 집중시켜 정확히 관찰할 것

적당한 긴장감을 갖는다

공부에 있어서 지나친 긴장감은 두뇌의 활동을 저하시켜 시험장에서 어이없는 실수를 저지르게 하는 원인이 되고, 또한 평상시 공부에 대한 지나친 불안감은 노이로제와 같은 신경쇠약 증세를 일으키는 원인이 되기도 한다. 그러나 적당한 불안은 두뇌활동을 활발하게 하는 촉진제가 될 수도 있다. 여러분도 시험을 앞두고 시험공부를 할 때가 평상시보다 훨씬 더 머릿속으로 잘 들어오는 것을 경험했을 것이다.

지나친 긴장은 학습에 지장이 되지만, 그것을 적당하게 조절할 수만 있으면 자기 발전에 보탬이 된다는 것을 알기 바란다.

제한시간을 정해놓고 기억하면 집중력이 높아진다

제한시간이 있으면 뇌는 그 시간을 향해 '배수의 진'을 친다. 기억을 향해 뇌의 여러 기능이 집중적으로 활동을 개시하는 것이다. 시험을 앞두고 하룻밤 사이에 급조한 공부가 뜻밖의 멋진 결과를 맺는 것도 뇌가 배수의 진을 분명히 의식함으로써 집중력이 높아지기 때문이다. 연극배우들도 '상연일까지 이제 며칠' 하는 초읽기가 시작되면 대사를 외우는 능률이 갑자기 높아지고, '상연까지 나머지 몇 시간' 하고 아주 다급해지면 자신을 채찍질하며 힘을 쏟는다고 한다. 공부할 때도 능률이 오르지 않을 때는 일부러 시계를 앞에 놓고 '초읽기'를 시작하면 자신의 힘을 북돋는 데 크게 도움이 된다.

기억하고 싶은 것의 특징을 자세히 관찰한다

모든 학습의 경우, 충분히 관찰을 하기 즉, 기억하고자 하는 사항에 대해서 충분히 알아보고 의미와 본질을 파악하는 것은 기억을 효과적으로 하게 한다.

예컨대, 어학의 경우 어떤 새로운 단어에 부딪쳤을 경우에 다음과 같이 한다.

❶ '이것은 새로운 단어다'라는 것을 잘 유의한다.
❷ 철자에 잘 주의해서 의미를 상세히 알아본다.

공부를 정복하라

❸ 철자의 특징, 발음의 특징을 찾는다. 이때 사전을 찾아 발음기호로 정확한 발음을 파악하는 것은 특히 효과가 있는데, 원어민의 발음을 들려주는 인터넷 사전이나 전자사전 등을 잘 활용해야 한다.

❹ 이 단어의 전후관계에 주의해서 그 단어의 문장에서의 위치·역할을 안다.

❺ 그 단어는 철자나 발음이나 의미 등에 있어서 다른 단어와 관련되어 있지 않은가? 이때도 사전을 찾아 의미에 있어서 유사와 대조에 주의하면 더욱 효과적이다.

제6법칙_기억해야 할 것의 의미를 분명히 이해할 것

기억하기 전에 먼저 이해하라!

무엇인가를 '잊어버렸다'고 할 때 사실은 그 일에 대해 전혀 '알지 못했던' 때가 의외로 많다. 어중간하게 이해한 것은 뇌리 속에 정확히 자리를 잡지 못했기 때문에 기억하기 힘들다. 자신의 기억력이 정말 나쁘다고 생각할는지 모르지만 사실은 바르게 이해하지 않았기 때문에, 즉, 본래 기억하지 않았던 것과 같은 경우이기 때문인 것이다. 바르게 이해하면 그것이 곧 기억력의 증진으로 이어진다는 것은 움직일 수 없는 대원칙이다.

자기는 태어날 때부터 기억력이 나쁘다고 체념해 버리기 전에 다시 한번 더, 정말로 이해하고 있는가를 체크한 다음 이해하기 위한 노력을 계속하라. 멀리 돌아가는 길 같지만 사실은 기억력을 확실하게 향상시키는 가장 빠른 지름길이라는 사실을 잊지 말아야 한다.

제7법칙_기억해야 할 것을 분류-정리-시각화할 것

기억하고 싶은 것을 분류·정리하는 것이 기억의 첫걸음

머릿속에 구겨 넣기만 하면 된다는 식으로 기억하면 모처럼 열심히 공부해서 머리에 담은 지식도 막상 떠올리려 할 때 혼란을 일으켜 엉클어진 실처럼 되어 '에베레스트'인지 '에레베스트'인지 모르게 되어버리고 만다.

예컨대, 다음 10개의 단어, '개·모자·고양이·벽시계·테이블·장롱·안경·잉꼬·구두·반지'를 기억한다고 하자. 물론 아예 통째로 암기하는 방법도 있지만, 이를 쉽게 기억하려면 이 단어들을 분류·정리하면 된다.

ⓐ 동물 = 개·고양이·잉꼬
ⓑ 장신구 = 모자·안경·구두·반지
ⓒ 집 안에 있는 것 = 벽시계·테이블·장롱

이렇게 각 카테고리별로 기억하면 훨씬 빠르고 정확하게 외울 수 있다. 때문에 기억할 때에 처음부터 질서 있게 분류하자. 특히 비슷한 것, 파생한 것, 반대어, 관계있는 것 등을 정리해서 익히면 굉장히 기억하기 쉬울 뿐 아니라 생각을 끌어낼 때도 혼란을 일으키지 않고 정확하게 재생시킬 수 있어 좋다. 비슷한 것끼리는 그 비슷한 점과 다른 점을 명확하게 하면 기억하기 쉽다.

인간의 머리는 장롱과 마찬가지여서 몇 개의 서랍이 달려있다고 할 수 있는데, 밖에서부터 정보가 들어오면 그것을 적절한 서랍에 분류하여 넣는다. 그렇게 되면 보다 오랫동안 그리고 정확하게 기

억이 유지된다. 이 서랍을
심리학에서는 '관계 테두리
(frame of reference)'라 부른다.
어떠한 정보든 적절한 서랍
에 넣어져야만 자유롭게 다
시 꺼낼 수 있다. 즉, 다시
생각해 낼 수 있는 길이 열
리는 것이다.

　기억력이 좋은 사람이란 프레임 정리가 잘되어 있는 사람을 말하
며, 기억력이 나쁜 사람이란 서랍 하나에 잡다한 것이 멋대로 들어있
는 사람을 말한다. 그것을 잘 정리하게 되면 기억은 완료된 것이나
같다. 평소부터 잘 분류해서 기억하도록 유의하면 차츰 서랍(프레임)
이 정리되고, 따라서 넣고 꺼내기가 자유로워진다.

중요 사항만을 골라 기억하면서 축을 만들라

교과서나 노트를 글자 하나 글귀 하나 빼놓지 않고 암기하는 사람
이 있는데, 이것은 효율성 면에서 매우 비능률적인 방법이다. 복잡
하게 얽힌 내용은 먼저 큰 '흐름'을 파악하여 중요사항을 조목별로
엮어내는 것부터 해야 한다. 그렇게 함으로써 우선 머리를 정리하고
기억하기 쉬운 형태를 만들어낼 수 있다. 그렇게 해서 기억해 두면
기억을 재생할 때 조목별 형태가 떠오르고 그것들이 서로 유기적으
로 연결·상기된다. 설사 부분적으로는 잊고 있더라도 큰 줄거리는
기억하고 있으므로 '확실한 기억'을 과시할 수 있게 된다.

조목별로 만드는 시간의 손실은 '정확한 기억'이라는 결과에 의해 충분히 보상받고도 남음이 있다. 즉, 기억이란 단독으로 기억하기보다는 관련사항과 하나로 묶어서 하는 편이 기억하기도 쉽고 또 오래 기억할 수 있는 것이다.

기억할 것을 시각화하라

"백문불여일견(百聞不如一見: 백 번 듣는 것보다 한 번 보는 것이 더 낫다)"이라는 속담이 있듯이, 대개의 사람에게 있어서 본 적이 있는 것은 기억하기 쉽다. 그래서 기억하고 싶다고 생각할 때에는 그 기억하고 싶은 실제의 상을 머릿속에서 그리도록 노력하면 보다 명확히 기억할 수 있게 된다. 복잡한 통계숫자 등도 그래프로 잘 표시하면 알기 쉬울 뿐만 아니라 훨씬 잘 기억할 수 있다.

1) 도표화하면 전체를 한 묶음으로 기억할 수 있다

인간의 감각 중 성장과 함께 가장 발달하는 것은 '시각(視覺)'이다. 따라서 지도화 즉, '시각화'시킬 수 없는 사람은 감각기관의 발달이 미숙한 사람인지도 모른다. 누군가가 길을 물었을 때 말로 길게 설명하는 것보다는 종이에다 약도를 대강 그려주는 것이 훨씬 빠르고 이해하기 쉬운 방법이다. 눈으로 볼 수 있도록 정보를 처리·정리하는 것이 이해와 기억을 촉진시키는 지름길이므로, 한눈에 알아볼 수 있는 그림이나 표를 만들 수 있는 훈련을 쌓아야 한다.

2) 관련사항은 커다란 종이에 도시하면 쉽게 생각이 난다

공부를 정복하라

시험을 보다가 아무리 생각해도 떠오르지 않는 문제가, 교과서 몇 페이지의 언저리에 쓰여있었는가에 생각이 미쳤다가 '왼쪽 페이지 위쪽 사진 밑에 있었으니까, 그건…' 하고 맞춘 경험을 가진 사람이 많을 것이다. 공간적인 위치를 단서로 기억이 재생되는 것은 인간이 스페이스에 대해 날카로운 감각을 갖고 있다는 증거이다.

이것을 기억에 이용하여, 중요한 사항일 경우 전체를 한눈에 볼 수 있을 만큼 커다란 종이에 해당 사항과 관련된 정보를 시각적으로 도시(圖示)하는 방법이 있다. 필요한 사항은 수직축과 수평축을 중심으로 사선·곡선·점선 등으로 또는 색깔로 분류한다. 이 종이를 벽에 붙이거나 바닥에 펴놓고 뇌의 주름에 이미지로 직접 새겨지도록 기억하는 것이다.

다음에는 눈을 감고 그 전체 모습이 떠오르는가를 확인해 본다. 이것을 되풀이하다 보면 커다란 종이 전체가 눈을 감아도 분명하게 보이게 된다. 이로써 정보를 완벽하게 스페이스화하는 데 성공한 셈이다.

3) 기억의 난이도를 일정한 색깔로 구별하면 복습하기 쉽다

수험생의 참고서를 보면 대개 붉은 밑줄이 가득 쳐져있다. 나름대로 중요한 대목을 강조하기 위해서일 것이다. 이때 붉은 색만을 사용하지 말고, 붉은색·푸른색·노란색의 3가지를 효과적으로 사용하여 복습하기 쉬운 참고서나 노트를 만들어보는 것도 매우 효율적이다. 붉은색은 주요사항 중에서도 흔히 잘 틀리는 것, 그리고 잘 기억되지 않는 것에 사용하고, 푸른색은 비교적 잘 기억되는 것이나 기억하기 쉬운 것에 사용하며, 노란색은 애매하고 분명하지 않아 기억하기가 까다로운 것 등에 구별하여 사용한다. 또, 푸른색 펜을 붉은색 펜으로 바꾸어 쥐는 동작 그 자체에 '이 사항은 중요하다'고 스스로를 환기시키는 효과가 있음도 간과할 수 없다.

그렇게 함으로써 자신에 대한 기억의 난이도가 한눈에 나타나게 되어, 복습할 때 어떤 대목에 포인트를 두고 해야 하는가 즉, '전략'을 즉시 세울 수 있다. 시간이 많지 않을 때에는 붉은색으로 칠해진 부분만 집중적으로 공부할 수도 있고, 푸른색 부분은 한번 훑어보는 것만으로도 충분하니까 훨씬 능률적인 복습을 할 수 있다.

4) 잊어버린 것을 다시 생각해 내야 할 때는 그것이 쓰여있던 책이나 노트의 페이지를 생각하라

잊어버린 것을 생각해 낼 때 가장 중요한 것은 생각해 내기 위한 '단서를 발견'하는 데 있다. 일단 한 번이라도 외웠던 것은, 아니 모든 기억은 그것만 단독으로 기억된 것이 아니라 다른 여러 가지 사항과의 관련 위에서 기억된 것이므로 단서를 발견하게 되면 그것을 통해 잊어버린 것을 쉽게 끌어낼 수 있다.

그 유력한 단서가 되는 것이 앞에서도 설명한 책이나 노트에서의 공간적 위치관계이다. 무턱대고 잊어버린 것을 생각해 내려 하지만 말고 그 정보를 어디에서 얻었는가를 생각해 보는 것이다. 노트였는가, 교과서였는가, 아니면 참고서였는가, 그것을 알게 되면 이번에는 그것이 어느 페이지에 실려있었는가를 생각해 본다. 왼쪽 페이지에 있었는가, 오른쪽 페이지에 있었는가, 그 페이지의 오른쪽 위였는가 아래였는가, 또는 왼쪽 위였는가 아래였는가, 그 단서만 발견되면 잊어버린 것이라도 생각해 내기가 어렵지 않다.

그리고, 교과서와 참고서에는 여러 군데에 사진과 삽화 또는 도표 등이 실려있는데, 이것을 단순히 장식이나 참고자료 정도로만 생각하고 있다면 매우 안타까운 일이다. 사진·삽화·도표는 기억에 좋은 길잡이가 된다. 기억할 때 외운 내용과 함께 그 페이지의 삽화나 사진, 도표를 주목해 두는 것도 좋은 단서가 된다. 그리고 평소부터 책이나 노트의 중요한 페이지에 기억재생의 단서가 될 수 있는 기호라든가 그림을 그려두는 것도 좋은 방법이라 하겠다.

5) 눈을 감고 외우면 기억이 정착된다

암기는 '暗記(어둠 속에 섞는다)'라고 쓴다. 머릿속 어두운 부분에 지식을 새겨 넣는다는 말이다. 이 어둠을 현실적으로 만들기 위해서는 굳이 어두운 장소를 찾지 않더라도 눈을 감기만 하면 언제 어디서든

순식간에 만들어진다. 눈을 감으면 외계의 시각자극이 차단되고, 따라서 자신의 자유로운 이미지를 만들 수 있다. 이 이미지 조성이 기억을 튼튼하게 정착시키는 데 도움이 된다. 그것을 보다 더 효과적으로 하기 위해서는 눈을 감기도 하고, 눈꺼풀을 스크린 삼아 거기에 기억하고자 하는 단어의 철자를 쓰거나, 사람이라면 그 이름과 모습까지 새기면서 기억하기도 한다.

시험장에서도 외울 때와 마찬가지로 눈을 감으면 그 동작에 촉발되듯이 눈꺼풀에 어떤 상이 선명하게 떠오른다. 눈을 감고 외계를 차단시키면 정신이 집중되어 그것만으로도 충분히 기억촉진의 효과가 있다.

제8법칙_ 되도록 많은 감각기관을 사용할 것

우리 몸에는 많은 감각 수용기관이 있다. 이들 수용기관이 외부로부터 또는 내부로부터 발생되어 오는 여러 가지 자극을 받아들여

'감각'을 일으키게 된다. 감각기관은 그것을 통해서 우리들이 외계의 일을 배우는 도구로써, 이 기관은 유리하게 이용하면 할수록 많은 정보를 뇌 속으로 보내어 보다 효과적인 '기억 흔적'을 남겨준다.

기억에는 모든 감각이 전부 동원되어 이용된다. 감각은 사용하면 사용할수록, 그것도 효과적으로 사용할수록 더욱더 완전히 사물을 배울 수 있게 하며, 또 그것을 기억하는 것도 쉬워지게 한다. 그러므로 기억의 속도를 빠르게 하고 또한 확실하게 기억하기 위해서는 되도록 많은 감각기관을 의식적으로 공동 작용시키는 것이 효과적이다. 단지 눈으로만 읽을 것이 아니라 소리를 내거나 손으로 쓰는 등, 시각·청각·운동감각을 모두 활용하여 하나의 기억해야 할 대상에 관한 정보를 뇌 속으로 '밀어 넣는' 것이다.

제9법칙_ 상상력을 최대한으로 발휘하여 연상을 잘할 것

기억술의 비결은 연상(聯想)을 잘하는 것
사물을 이해하는 가장 좋은 방법은 관계를 찾는 것이다. 관계란

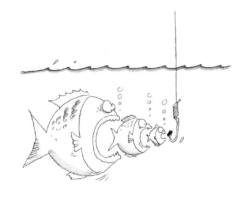

기억하고자 하는 것이 다른 것과 어디가 비슷하고 어디가 다른가, 어떻게 하면 이것을 다른 것과 논리적으로 연결시킬 수 있는가를 생각하는 것이다. 단어·관념·사물·사람에 대한 연결은 관계를 가지면 가질수록 잘 기억할 수 있게 된다. 이런저런 사실들의 상호관계를 알면 사실의 골자를 잘 기억할 수가 있다. 이것은 기억이 이해에 의존되어 있기 때문이며, 그 관계에 주목하면 그것을 잘 이해할 수 있는 것이다.

하나의 사실은 마음속에서 다른 많은 사실과 연상되면 될수록 잘 기억되고 마음에 남겨진다. 연상되는 하나하나는 낚싯바늘이며, 기억해야 할 사실이 거기에 매달려 있다. 낚싯바늘은 기억이 표면에서 가라앉아 있을 때 그것을 낚아 올리는 하나의 수단이 된다. 연상이라는 낚싯바늘로 한 마리를 끌어올리면 다음에서 다음으로 추억이 되살아난다.

모든 기억의 기초는 연상
법학전문서를 보통사람이 읽을 경우, 판사나 변호사가 읽을 때보

공부를 정복하라

다 기억하기 어려운 이유는 연상에 원인이 있다. 보통사람에게는 법서에 있는 새로운 사실을 이해하고 질서 있는 사상의 체계로 구성할 만한 기초지식이 없기 때문이다. 사실, 어학, 인물 등 모든 것에 대한 지식이 늘어나면 더욱 많은 연상을 만들 수가 있어서 기억하는 데 도움이 되고, 그래서 더 많은 내용을 기억하게 되면 새로운 사실에 대한 연상을 더 많이 강하게 할 수가 있어 더 잘 기억할 수 있게 되는 연쇄반응이 일어나는 것이다.

이와 같이 모든 기억의 기초는 연상이다. 새로운 사실을 이미 마음속에 존재하는 것과 관계 짓고 연결시키면 시킬수록 새로운 사실을 잘 기억할 수 있게 된다. 예를 들면, 이태리 반도의 형태를 기억할 때에 긴 구두를, 우리나라 한반도의 형태를 기억할 때는 호랑이를 마음에 그리는 것이 좋음도 이 이유에서이다.

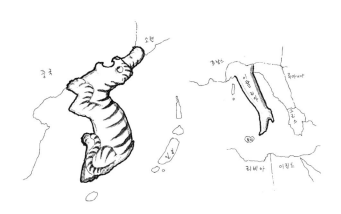

인공적인 연상을 만들라
연상은 자연스러운 것 또는 논리적인 것이 좋겠지만, 유감스럽게

도 과거에 기억한 사실과 아무런 논리적인 연상이 되지 않는 것도 기억해야만 하는 경우가 있다. 이러한 사실을 기억 속에 견실하게 연결시키려면 인공적인 연상을 만들어 낼 필요가 생긴다. 인공적인 연상은 때로는 우스꽝스럽게 보이지만 그것이 생생하게 나타나고 재미있는 것이면 기억을 돕는다고 하는 목적에 적합한 것이다.

연상을 만들려면 우선 새로운 사실에 대하여 주의 깊게 생각하지 않으면 안 된다. 그것에 대하여 깊이 생각하면 연상이 자연히 떠올라 잘 기억할 수 있게 된다. 연상이 발전하게 되면 사고는 더욱더 체계적이고 질서 있게 된다. 체계가 잡힌 지식을 갖고 그 사실을 잘 이해한 사람은 그것을 이해하지 못한 사람보다 잘 기억할 수 있다.

여러 가지 사항을 순서대로 기억해야 할 때에는 불변의 순서를 가진 것과 대비해서 기억하라

순서대로 기억할 필요가 있는 것은 다른 한쪽에 그 순서를 절대로 잊어버릴 수 없는 '쌍'을 놓고 거기에 얽어서 기억하면 순조롭게 외울 수 있다.

1) 신체의 부분과 연결시켜 기억하는 방법

자기 몸의 각 부분 즉, 〈머리-이마-눈썹-눈-귀-코-입-턱-목-가슴-배꼽-거시기-무릎-발〉 등에 각각의 사항을 순서대로 잘 결합시키면, 자기 몸은 언제 어디서나 순서대로 상기할 수 있으므로 기억을

공부를 정복하라

끄집어내는 실마리가 된다.

2) 통학하는 길과 역명의 특징과 연결시키는 방법

전철을 타고 통학을 할 경우에는 각 전철역명을, 버스로 통학할 경우에는 버스정류장명을 기억의 실마리로 삼아 그 역의 특징과 결합시켜 외우면 좀처럼 잊어버리지 않는다.

지하철 1호선~9호선, 분당선, 신분당선, 경춘선, 경강선, 경의중앙선, 인천1호선, 인천2호선, 부산지하철, 대구지하철, 광주지하철, 대전지하철 등의 역명을 그 역의 특징과 함께 눈에 선명하게 기억해 놓으면, 그 자체만으로도 기억력을 강화시키는 훈련이 됨은 물론이거니와, 순서대로 기억할 필요가 있는 내용을 기억할 때 요긴하게 써먹을 수 있다. 머리는 쓰면 쓸수록 좋아지듯이, 기억력도 자꾸 기억하려고 애쓰면 애쓸수록 강화된다는 사실을 잊지 말고 줄기차게 노력하기 바란다.

제10법칙_ 거듭 반복하여 마음속에 고정시킬 것

에빙하우스의 망각곡선

두뇌에 넣은 사실들은 두뇌에서 기억·처리된 후 얼마만큼 보존되며 유지되는가? 시간이 경과하면 할수록 잊어버리는 것이 보통이지만 대개 시간의 흐름과 함께 어떠한 비율로 잊어버려지는 것일까?

이러한 현상을 연구분석한 것이 바로 에빙하우스의 망각이론이다. '에빙하우스의 망각곡선'에서 알 수 있는 바와 같이 20분이 경과

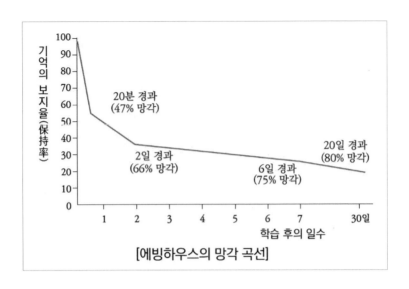

[에빙하우스의 망각 곡선]

하면 무려 47%가 사라지며, 이틀이 경과하면 66%의 망각현상이 온다. 그런데 6일이 경과한 후에는 75%가 망각되며, 30일이 지나면 89%의 기억손실이 일어나게 된다. 시간이 지나감에 따라서 망각의 비율도 작아져 가고 있음을 알 수 있다.

이와 같은 망각현상은 여러분이 이미 얻은 지식이나 상식 등과 전혀 연관이 없는 새로운 공부나 사실을 기억했을 때의 경우이지만, 만약 자기가 알고 있는 지식이나 상식 등과 관련된 것을 새로이 기억했을 때는 망각현상이 조금 느리게 온다. 그러나 이 경우에도 에빙하우스가 지적한 요점에는 변함이 없다. 즉, 망각은 학습한 그날과 다음날이 가장 심한 것이다.

학습 횟수와 기억 증강 곡선
다음의 [도표 A]에서 보다시피, 처음으로 기억한 후 급속히 잊혀

공부를 정복하라

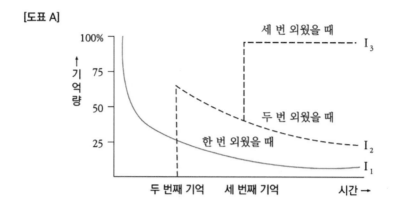

[도표 A]

세 번 외웠을 때

I_3

두 번 외웠을 때

I_2

한 번 외웠을 때

I_1

기억량

100%

75

50

25

두 번째 기억   세 번째 기억   시간 →

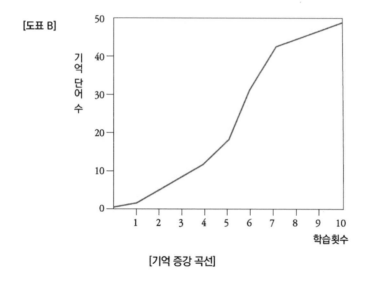

[도표 B]

기억 단어 수

50

40

30

20

10

0

1 2 3 4 5 6 7 8 9 10   학습횟수

[기억 증강 곡선]

져 가고 있을 때, 잊혀가던 것을 다시 외우면 망각곡선이 50%쯤 되는 곳에서 머무르게 되는데, 이때 다시 세 번째로 외우면 그땐 여간해서는 잊지 않게 된다. 이렇게 하면 다시 외울 때도 시간이 얼마 걸리지 않고, 기억의 양도 아주 많아져 학습의 능률을 최대한 올릴 수 있다.

10일 후의 1시간 복습보다 9시간 이내의 10분 복습이 기억정착률이 더 높다. 그러므로 잊어서는 안 되는 것, 꼭 기억하고 싶은 것은 학습한 후 가급적 빨리 복습하는 것이 좋다. 이것을 학습방법에 꿰맞춰 본다면, 우선 수업시간에 첫 번째의 기억이 집에 돌아와 잊혀질 무렵 그날의 복습으로 삼아 두 번째로 고쳐 외우고, 토·일요일쯤 해서 정리하는 셈치고 총복습을 한다. 이렇게 하면 이젠 기억이 접착제라도 바른 것처럼 뇌 속에 찰싹 달라붙어 절대로 잊을 수 없게 된다. 다만, 잊혀가는 중이라는 굿 타이밍을 노려, 정성을 다해 두 번이나 되풀이할 수 있는 끈기와 정성이 있느냐가 문제이다.

　　[도표 B]의 곡선은 무의미한 숫자나 철자를 기억할 때라도 반복 횟수를 늘리면 늘릴수록 기억이 잘 되는 것을 말해주고 있다. 그리고 반복하는 횟수가 5회 이상일 때부터 급격하게 기억이 상승됨을 알 수 있다. 이로써 학습한 사항은 5회 이상 복습하면 학습효과가 급상승함을 알 수 있다.

　　따라서, 학습한 내용을 틀림없이 기억하기 위해서는 되풀이 연습하며 마음속에 고정시키는 것이 중요하다. 한 번밖에 지나가지 않은 발자국은 이내 지워져 버리지만, 같은 장소를 여러 번 다니게 되면 흔적이 뚜렷하게 남는다. 반복은 기억의 흔적 이론으로 보아도 매우 중요한 기억술인 것이다.

"망각이란 낡은 인상이나 연상이 쇠퇴한다기보다는 새로운 것 때문에
낡은 것이 방해되고 억제되거나 또는 말살되는 것이다."

'집중법'보다 '분산법'이 더 능률적이다

새로운 학습내용을 의식하고 머릿속에 보존하기 위한 반복·복습에는 두 가지 방법이 있는데, 집중법과 분산법이 그것이다.

'집중법'은 완전히 기억될 때까지 한 시간이고 두 시간이고 계속적으로 학습을 집중해 가는 방식이다. 이에 반해 '분산법'은 기억이 완전히 될 때까지 계속 공부하지 않고 공부하는 시간과 쉬는 시간을 규칙적으로 간격을 두어 반복하는 학습법이다. 예를 들면, 30분 동안 공부한 다음 5분 정도 쉬는 것을 되풀이하는 학습이다.

그런데 여러 시험 결과, 분산법을 통한 학습이 보다 능률적이라는 사실이 확인되었다. 머리가 멍해져서 피로하고 졸릴 때까지 몇 시간이고 계속적으로 학습을 하는 집중법보다는 적당한 간격을 두고 중간 휴식을 취하면서 공부하는 분산법이 보다 효과적이라는 사실이다. 비유를 들어 말하면, 어떤 사항을 머리에 기억·처리한다는 것은 마치 찰흙으로 어떤 형체를 빚어놓은 것이나 마찬가지여서, 다 빚어놓은 다음에는 일정한 기간 가만히 놓아두어 굳어지도록 할 필요가 있다. 그런데 미처 굳어지기도 전에 계속해서 두뇌활동을 쉬지 않고 하면 그로 인해 정착될 시간이 없이 혼란을 일으켜 형체가 비뚤어지거나 부서지게 된다. 따라서 몇 시간씩 계속적으로 기억하려고 하는 것보다는 몇 번으로 나누어서 학습하는 편이 더

능률적이다.

새로운 부분을 이미 배운 부분에 이어 붙이는 '직접 반복법'은 기억을 정확하게 만든다

직접 반복법은 첫째 부분을 마치면 바로 둘째 부분을 시작하지 않고, 다시 첫째 부분부터 시작하여 둘째 부분으로 넘어가는 공부법이다. 새로운 부분을 이미 공부한 부분과 연결 지어 나가는 것이 이 방법의 특징이며, 연결 지은 부분이 많을수록 이미 공부한 부분이 확실히 자기 것으로 소화되어 가고 있는 것이다. 직접 반복법과 비슷한 것으로 점진 반복법이 있는데, 이것은 '세 걸음 나가고 두 걸음 후퇴'하는 방법이다. 이러한 것들은 반복의 효과뿐 아니라, 기억의 연결고리를 강하게 함으로써 재생을 수월하게 한다. 공부할 때에는 누구나 짧은 시간에 많은 양의 공부를 마치려고 하는 법이다. 그러나 중요한 것은 얼마나 많이 공부했느냐가 아니라 얼마나 정확히 기억하고 있느냐이다. 최후의 승리는 한 걸음 한 걸음 착실히 소화해 나가는 사람의 것이다.

공부를 정복하라

'과잉학습'은 왜 필요한가

철저하게 학습을 한 것은 대충 소홀하게 한 것보다도 오랫동안 기억·보존된다. 그러므로 이미 기억했다는 자신이 들더라도 거기서 방심하면 안 된다. 완전히 기억한 다음에도 가끔 되풀이해서 체계적인 복습을 해야 한다. 심리학자는 이것을 '과잉학습'이라고 하여 기억을 확실하게 하는 방법으로 제시한다. 그러니까 과잉학습이라는 것은 결코 지나치게 학습을 한다는 뜻이 아니다.

심리학의 연구 결과 기억된 것을 방치하는 것은 심리적으로 기억 상실을 가속시켜 준다는 사실이 확인되었다. 단지 배웠다고 하는 것만으로 후에 전혀 쓰지 않고 있으면 잊어버리고 만다. 그러나 과잉학습을 하여 기억 초기에는 되도록 자꾸 되풀이해서 익히고, 그 후에는 규칙적으로 간격을 두고 가끔 되새기면 거의 반영구적으로 기억할 수 있게 된다. 흥미 없는 일보다 재미있었던 일이 더 뚜렷이 기억에 남는 이유는 바로 이 과잉학습의 효과에 있는 것이다.

기억력 향상에 도움이 되는 조언

| 목차는 흩어져 있는 기억을 체계화시키고 정착시키는 역할을 한다

목차(目次)란 어떤 책에서 가장 중요한 전체적 흐름에 대해 필요한 최소한의 간결한 요약이라 할 수 있다. 목차야말로 자칫 단편적으로 되기 쉬운 개개의 기억을 체계화하고 정리하여 머리에 담아주며, 보다 확실하게 기억하도록 해주는 안내판인 것이다. 목차에 기록되어 있는 '제1장, 제2장, 제3장…'하는 장 나누기는 그 책에 설명되어 있는 내용의 가장 굵은 골격을 나타내며, 그 장 안에 다시 '제1절, 제2절…'식으로 그 장을 구성하는 중요한 요소가 기록되어 있다.

따라서, 극단적으로 말하면 무엇보다도 먼저 기억해야 하는 것은 세밀한 내용보다도 오히려 목차 그 자체이다. 그리고 우리 기억에 있는 세밀한 사항은 이 목차의 어디에 속하는가를 통해서 비로소 확실한 기억으로서 머릿속에 정착된다.

공부할 때는 언제나 우선 목차를 한 차례 훑어보고 나서 그날의 공부할 부분을 공부한다. 그렇게 함으로써 지금까지 배운 것, 이제

공부를 정복하라

부터 배워야 할 것과의 관계 속에서 그날 하려는 공부의 전체적인 위치 설정이 명확해진다. 목차가 잘되어 있는 책은 목차 부분만 따로 복사하여 놓고, 목차가 상세하게 되어있지 않은 책은 여러분 자신이 책의 내용을 보면서 따로 상세한 목차를 만드는 것도 좋은 방법이 될 것이다.

색인은 절호의 '기억 체크 리스트'

색인(索引)은 목차와는 달리 중요사항이 체계적으로 되어있는 것이 아니라, '가나다'순이라든가 'ABC'순으로 사전식으로 배열되어 있다. 그런데 이 사전식으로 앞뒤의 맥락 없이 놓여있는 점이야말로 색인이 목차와는 다른 의미에서 기억술의 무기가 되는 이유이다. 색인은 항목 하나하나가 앞뒤 항목과는 전혀 관계없이 독립되어 있기 때문에, 항목 하나하나에 대해 충분히 알고 있는가 아닌가를 공정하게 테스트해 볼 수가 있다. 항목 하나하나를 더듬어가며 기억의 정확성을 체크할 수 있다는 점에서 색인은 그 책에 관한 기억의 다시없는 '체크 리스트'인 것이다.

이때 놓인 순서에 따라 모조리 체크해 가는 것도 좋지만 좀 더 효율적인 방법도 생각해 볼 수 있다. 예컨대, 색인 중에 특히 중요한 항목은 굵은 글자로 인쇄하는 경우가 있다. 또한 그 항목이 등장하는 페이지 수를 「*** : 27, 58」, 「@@@ : 36, 97, 105, 185, 205」와 같이 빠짐없이 기록한다. 페이지 수의 많고 적음은 그 책에서 그 항목이 얼마나 자주 등장하는가 말해 주며, 따라서 중요도의 랭킹을 나타낸다. 지식을 확인할 때는 중요도가 높은 것부터, 굵은체로 인쇄된 것부터, ***보다는 @@@쪽을 우선적으로 복습하는 것이 효과적이다.

불필요한 기억은 불필요할 뿐 아니라 필요한 기억을 방해한다

머리를 식히려고 영화를 보러 갔다가 돌아온 뒤에 공부를 하게 되면 방금 보고 온 영화의 내용이 머리에 떠올라 좀처럼 공부가 되지 않는 경험은 누구에게나 있다. 이것은 영화의 기억이 필요한 기억의 진입 및 정착을 방해하기 때문이다.

따라서 공부를 시작할 때는 머리를 완전히 전환하여 잡념이 없는 일념의 상태로 해두어야 한다.

한 번 읽고 네 번 암송하는 것이 효율적인 기억의 시간배분이다

어떤 문장을 한두 번 읽은 다음 의미를 완전히 이해할 수 있다면,

공부를 정복하라

그 후 바로 눈을 감고 외워보는 것이 효과적이다. 암송(暗誦) 즉, 쓴 것을 보지 않고 외우는 것이 기억에 매우 유효하다는 것은 누구나 알고 있을 것이다. 기억을 위해서는 단순한 되풀이 읽기만으로는 충분하다고 할 수 없고, 끊임없이 외우려고 노력하며 스스로 자신을 채찍질하는 것이 훨씬 기억을 강화시킨다.

학습심리와 기억의 연구로 유명한 게이츠라는 학자의 실험에 의하면, 암송하는 시간이 길수록 기억량이 늘어간다. 일정한 시간 학습을 한 직후 기억하는 비율을 보면 몽땅 읽기만 했을 경우에는 그 비율이 35%였는데, 4/5를 암송에 충당했을 경우에는 74%여서 큰 차이를 보이고 있다. 그리고, 4시간 후에 조사해 보았더니 읽기만 했을 경우는 15%, 4/5를 암송했을 경우는 48%라는 차이를 보이고 있다.

이 실험으로 암송은 직후의 기억량을 증가시킬 뿐만 아니라, 기억을 오랫동안 유지하는 작용도 한다는 것을 알 수 있다. 그리고, 암송을 하면 분명히 기억했는지, 어디가 기억하기 어려운지 알 수 있다. 읽기와 암송의 효율적인 시간배정은 대체로 한 번 읽고, 네 번 암송하는 것이다. 그리고 암송할 때는 가급적 글자를 보지 않도록 해야 한다.

암기에는 트레이싱페이퍼(유선지)를 사용한다

교과서의 암기하고자 하는 페이지에 트레이싱페이퍼를 몽땅 덮고, 윗부분을 스카치테이프로 고정시킨다. 그리고는 암기할 필요가 있는 낱말 또는 문장 일부분을 검은색 색연필로 칠하여, 그 부분이

보이지 않게 한다. 트레이싱페이퍼를 통하여 다른 부분은 읽을 수 있으므로, 교과서를 읽을 때는 검게 칠해 가려진 부분을 생각해 보면서 암기하는 것이다. 검은색뿐 아니라 빨강·파랑 등 다양한 색을 사용한다. 국어라면 어려운 한자는 검정, 중요한 접속사는 파랑, 단원의 핵심어는 빨강 하는 식으로 해놓으면, 보기에도 지루하지 않고 더욱더 효과적으로 암기할 수 있다. 이 방법은 처음 만들 때 번거롭지만, 만드는 동안 충분한 이해와 분석이 이루어지고, 한번 만들어 놓으면 몇 번이고 되풀이 사용할 수 있고 가볍게 반복할 수 있어 매우 효과적이다.

기억한 것을 남에게 가르치면 기억이 한층 강화된다

남에게 가르치기 위해서는 자신이 먼저 확실하게 이해하고 있어야 한다. 즉, 완전히 암기를 하고 있는 것이나 마찬가지이다. '가르친다'는 행위는 '반복한다'는 것과 같은 의미를 갖는다. 또한 언제

공부를 정복하라

어떤 질문을 받을지 모르므로 마음의 준비도 되어있는 셈이다. '나는 서툴다', '나는 기억할 수 없다', '남에게 나의 지식을 가르쳐 주기 싫다'는 등의 약하고 이기적인 마음을 버리고, 자신이 알고 있는 것은 적극적으로 다른 사람에게 가르쳐 주도록 하라. 가르쳐 줌으로써 머릿속에 있는 지식이 정리가 되고 이해도 깊어지며 복습의 효과도 볼 수 있는 그야말로 일석삼조의 효과를 거둘 수 있다.

머리글자를 모아 리드미컬한 문장을 만들어 외운다

어떤 종류의 사실을 기억하는 데는 기억매체가 도움이 된다. 기억매체는 그 자체로 외우기가 쉬운 운율이나 단어, 또는 간단한 문장으로, 기억하고 싶은 사항들을 자연스럽게 연결해 주는 것이다. 즉, 기억매체는 형식이 없는 것에 기억을 쉽게 하기 위하여 일부러 하나의 형식을 부여하는 것이다. '손수건·컴퓨터·녹차·공부하다·농구'와 같은 무의미하게 뒤범벅이 된 사실의 집합체에 알기 쉬운 구도를 부여하고 연상을 하는 것이다. 여러분은 여러 가지 기억매체를 만들어 낼 수가 있다. 그리고, 그렇게 하려고 노력하는 것이 그 사실에 정신을 집중시키게 하며, 특별한 수단을 쓰지 않더라도 머릿속에 박혀서 잊을 수 없게 된다.

예컨대, '빨주노초파남보' 누구나 알고 있는 이 리드미컬한 글자의 배열은 무지개의 7색깔을 외우기 위한 것이며, '태종태세문단세예성연중인명선 광인효현숙경영 정순헌철고순' 4.3소의 7언절구같은 이것은 조선시대의 역대 임금을 외우기 위한 방법이다.

또, 세계지리에서 북미의 5대호의 이름을 외우려면, 'HOMES(홈즈)'

라는 단어만 기억하면 된다. 'HOMES'는 'Huron(휴런)호, Ontario(온타리오)호, Michigan(미시간)호, Erie(이리)호, Superios(슈피리어)호'등의 첫 글자만을 따서 만든 것이기 때문에, 'HOMES'만을 생각하면 5대호의 이름을 모두 생각해 낼 수 있는 것이다. 이와 같이 머리글자를 한데 묶어 리드미컬한 문장으로 만들면 그 수가 비록 많더라도 쉽게 기억할 수 있고 또한 어지간해서는 잊혀지지 않는다.

비슷한 한자는 짧은 문장을 만들어 기억한다

기억할 때에 짧은 문장을 만드는 것은 옛날부터 자주 사용되어 온 방법이다. 이 방법은 연호뿐만 아니라, 혼동하기 쉬운 한자를 외울 때에도 사용할 수 있다. 예를 들면, '構, 講, 購'에 대하여 '구내(構內)의 나무[木] 울타리, 강당(講堂)에서의 언[言]론인 대회, 구입(購入)에 사용하는 돈은 옛날에는 조개[貝]'라는 식으로 외우는 것이다. 그리고, '儉, 檢, 驗'에 대해서도 '검약(儉約)은 사람[人]의 도, 나무[木] 판 검인(檢印), 시험(試驗)에 떨어지는 것은 말[馬]에서 떨어지는 격'이라는 식으로 외우면, 비슷하게 틀리기 쉬운 한자의 차이를 분명히 알 수 있다.

자신이 평소에 자주 틀리고 헷갈리는 한자를 표시하여 이렇게 말

공부를 정복하라

을 만들면 그 작업과정에서도 잘못이 상당히 시정되어 정확히 기억할 수 있게 된다.

만원 전철이나 버스 안의 복잡함 속의 고독은 공부하는 데 절호의 기회가 된다. 특히, 국어의 시나 시조, 영어 단어나 숙어, 역사 연대 등의 암기물은 집중력이 필요하므로 외부 사항으로 인해 신경이 흩어지지 않는 '장소'로서 기회를 충분히 이용해야 한다. 더욱이 암기를 할 때는 소설을 읽을 때와는 달리 빈번하게 페이지를 넘길 필요가 없기에

그런 장소가 암기물을 외우는 데 적합함을 알 수 있다. 또한 정거장이 연상의 실마리가 되기도 하고, 출발에서 도착까지 하나의 구획으로 이루어져 있기에 내려야 할 정거장이 가까워짐에 따라 집중력이 증대된다. '이제 세 정거장 남았다', '이제 한 정거장 남았다'고 그 장소를 의식하면서 암기하여 더욱 능률이 높아지는 것이다.

중요한 것은 공부시간의 처음과 끝에 기억한다

12개의 단어를 늘어놓고, 어느 위치에 있는 말이 가장 틀리기 쉬운가에 대해 조사한 결과, 거의 기억하는 것은 첫 번째 단어이며, 그 다음 실수가 차츰 많아지다가 7~8번째에서 절정에 이르고, 그리고 나서 급격하게 실수가 적어져 12번째에는 두 번째로 실수가 적어진

다는 사실이 확인되었다.

 이것은 먼저 기억된 흔적은 나중 것을 억제하고, 뒤에 비슷한 것을 기억하게 되면 앞의 흔적이 억제되는 데 비해, 계열의 최초에 기억한 것은 그 앞에 아무 것도 기억하지 않았으므로, 반대로 맨 나중에 기억할 것은 뒤에 기억한 것이 없으므로 억제를 받지 않는다는 것을 증명한다. 중간에 기억한 것은 2중의 억제를 받기 때문에 그만큼 기억이 잘 되지 않는 것이다.

대부분의 사람이 처음과 끝의 내용은 기억한다.

"끈질긴 것은 기억의 지름길이다"

공부를 정복하라

"늘 명심하라.
성공하겠다는 너 자신의 결심이
다른 어떤 것보다 중요하다는 것을."
- 에이브러햄 링컨

"Always bear in mind
that your own resolution to succeed
is more important than any one thing."
- Abraham Lincoln

제4장

독서술 및 속독법

"훌륭한 교육이란
전문지식을 가르치는 것보다,
근본적인 토대를
마련해 주는 것이어야 한다."

독서술은 왜 필요한가

옛날부터 읽는 것은 쓰는 것, 계산하는 것과 함께 학습의 기본이었다. 더구나 활자 범람의 시대이자 고학력 시대인 오늘날에는 옛날과 비교할 수 없을 정도로 읽는 것의 비중이 커지고 있다. 특히 대학입시라는 험난한 시험을 무난히 치르고 원하는 대학에 합격하기 위해서 읽어야만 되는 책의 양은 오거서(伍車書)는 안 될지라도 삼거서(三車書)는 될 것이다. 그것도 소설이나 만화와 같이 재미있는 것이 아니라, 교과서나 참고서와 같이 무미건조하고 한 번 읽고 지나쳐서는 안 되며 완전한 이해와 암기를 요하는 책을 보아야 하니, 뛰어난 독서능력을 몸에 익히지 못한 학생들의 어려움과 괴로움은 이루 말할 수 없을 것이다.

효과적으로 학습하고 어떤 과목에서도 상위권에 들 수 있는 능력은 거의 전적으로 철저한 이해가 동반된 독서능력에 달려있다. 그것은 곧 인쇄된 페이지에서 여러 가지 개념들을 끌어내어 그것들을 자신의 것으로 만드는 능력이다. 계산이 주된 수학에서도 먼저 지시를 읽고 문제를 풀기 위해서 무엇을 해야 하는지 정확히 이해하여야 한다. 정확한 이해를 하지 못한 채 과제를 읽어나간다면, 매 문장을 고통스럽게 정독해도 부분적인 이해에 그치고 말아 여러 번 반복하여 읽어야 하므로 모든 과제가 배로 어려워진다. 또, 지식의 부족에서와 마찬가지로 지시의 완전한 오해로 빚어지는 수많은 실수로 나머지 학교생활을 고통스럽게 보낼 수밖에 없다.

우리들의 독서능력은 단지 자연적 발달에 맡겨 두어서는 별로 발전하지 않는다. 자기 방식의 독서법에는 독서의 능률을 떨어뜨리는 여러 가지의 나쁜 습관이나 기술이 배어있는 경우가 많다. 따라서 우리들은 서투른 독서법은 어떠한 것이며, 능률적인 독서술은 어떠한 것인지 반드시 알아야 할 필요가 있다.

"신발을 정리하는 일을 맡았다면
세상에서 신발 정리를 가장 잘하는 사람이 돼라.
그러면 세상은 당신을 신발 정리만 하는
심부름꾼으로 놔두지 않을 것이다."

"지극히 작은 것에 충성된 자는 큰 것에도 충성되고
지극히 작은 것에 불의한 자는 큰 것에도 불의하니라"
- (누가복음 16:10)

훌륭한 독서법이란 어떠한 것인가

훌륭한 독서는 중심개념을 찾기 위한 탐색이며 요약이다

훌륭한 독서는 단순히 단어를 인지하는 것 이상의 것으로, 이들 단어를 취하여 개념으로 좇아들게 하는 기술이다. 즉, 수많은 단어로부터 하나의 생동적인 개념을 만들어내는 것이다. 훌륭한 독서란 다음과 같은 3단계를 지나는 활동적이고 능동적인 탐색과 요약의 과정이다.

첫째, 단어의 덩어리에서 중심개념을 찾아내고,
둘째, 불필요한 단어와 세부사항으로부터 그 개념을 분리해 낸 다음,
셋째, 그것을 쉽게 기억될 만한 생동적인 몇 단어로 요약한다.

이와 같은 탐색과 요약의 기술을 터득할 때, 만족할 만한 독서를 할 수 있다. 즉, 전체 과제를 부여받은 후 수많은 단어와 문장과 단락을 의미가 담긴 몇 가지의 생동적인 개념으로 축소시켜 그것을 요

약함으로써, 그것은 짧은 시간내 여러분의 기억에 영원히 남게 될 것이고, 필요할 때(새로운 문제를 풀거나 시험의 질문에 답할 때) 언제든지 사용할 수 있는 상태에 있게 되는 것이다.

책의 본문을 보기 전에 먼저 서문을 정독하라

서문은 저자가 본문에 손을 대기 전에 독자에게 전달하는 개인적인 메시지이다. 여기에서 저자는,

❶ 그 책을 왜 쓰게 되었는지를 밝히거나,
❷ 왜 이처럼 특별한 제목을 선정했는지 그 이유를 설명하거나,
❸ 그가 완성하려고 시도한 것을 미리 보여주거나,
❹ 정보를 얻게 된 주요 출처를 열거하거나,
❺ 그 책이 여러분에게 중요한 이유를 말하거나,
❻ 기타 방법으로 그 책에서 독자가 나아가야 할 방향과 거기에서 얻게 되는 이익에 대해 대강 설명한다.

이처럼 독자에게 책을 전체적으로 개관할 수 있게 하고, 저자 자신과 저술 동기에 대한 통찰력을 부여해 주는 것은 내용뿐만 아니라 이 같은 메시지 즉, 서문인 것이다. 서문을 읽었다면 여러분이 얻고자 하는 목표가 무엇인지 정확히 알게 된다. 그리고 나서 차례를 읽으면 단계적으로 그것들을 얻기 위해 어떻게 해야 하는가를 정확히 알 수 있게 된다.

차례 부분을 조심스럽게 검토하라

차례(목차)는 이미 만들어진 그 책의 윤곽으로서, 커다란 계획 즉, 여러분이 노리고 있는 궁극적 목표를 지니고 있으면서 계단식 과정으로 분리되어 있다. 그것은 목표에 도달하기 위해 차례차례 밟아야 할 계단을 보여주기 때문에 조심스럽게 검토되어야 할 부분이다.

차례 부분을 조심스럽게 검토함으로써,

❶ 그 책의 전체적인 골격을 파악할 수 있게 되고,

❷ 각 장과 그 책의 주제 사이의 관계를 알게 되며,

❸ 우리가 매 단계 목표를 어떻게 달성할 수 있는가를 좀더 구체적으로 알 수 있고,

❹ 그 책의 독서 스케줄을 짤 수 있을 정도로 언제, 어디서부터 읽기 시작할 것인가를 정확히 알게 된다.

따라서, 최소한 차례만이라도 자세히 기억하고 있으면 전체적인 학습내용을 기억하는 데 큰 도움이 된다.

'우선읽기'를 통해서 전체 윤곽을 먼저 파악하라

독서할 때 가장 먼저 해야 할 일은 올바른 방향을 잡는 일이다. 스스로 지도를 만들어 그 과에서 얻어내고자 하는 것이 무엇인지 정확히 알고, 그것이 어디에 위치하는지 찾아내야 한다. 아무리 총명한 사람이라도 단어와 단어만을 읽기 시작해서는 할당된 과제물을 완전히 이해할 수 없다. 이는 지도를 보지도 않고 방향도 모른 채 눈에

띄는 고속도로를 따라 되는 대로 차를 몰아 자동차 여행을 시도하는 것이나 마찬가지다.

올바른 방향을 잡기 위해서는 우선 할당받은 과를 '미리 읽어야' 한다. 본격적으로 읽기 시작하기 전에 처음부터 끝까지 일별(一瞥)한다. 그리고 나서 다음과 같은 정보를 얻어낸다.

❶ 이 과의 주제는 무엇인가
❷ 이 과는 어떤 정보를 담고 있는가
❸ 이 과에서 내가 기억해야 할 중심개념은 무엇인가
❹ 이 같은 중심개념이 몇 개나 있는가
❺ 개개의 중심개념에서 내가 기억해야 할 것은 무엇인가
❻ 이 과에서 이 같은 정보를 어디에서 찾을 것인가?

그리고 나서야 비로소 읽기 시작한다.

책의 내용과 관련되는 사회적·문화적 배경을 이해하도록 하라

책의 내용을 충분히 이해하기 위해서는 읽고 있는 책의 내용과 관련되는 사회적·문화적 배경에 대해서도 이해를 가져야 한다. 어떤 글이든 저자가 자리 잡고 있는 사회적·문화적 배경의 토대 위에서 쓰이지 않은 것이 없다. 특히 이러한 영향을 많이 받게 되는 인문사회과학 분야의 글은 그러한 배경적인 사실이나 여건을 이해하지 못하면 읽고 있는 내용을 겉핥기로밖에 이해하지 못하는 경우가 많다.

목적에 적합한 독서방법을 택하라

독서의 속도와 방법은 독서의 목적에 따라 달라진다. 같은 내용을 서로 다른 목적하에 몇 번씩 읽어야 할 때도 많다. 그런데 학생들은 어떤 책을 읽던 첫 페이지, 첫 문장부터 똑같이 읽어나가기 시작한다. 똑같은 방식으로 국어책도 읽고, 영어책도 읽고, 역사책도 읽고, 소설책도 읽는다. 일꾼이 수레를 끌고 가듯, 문장 속을 똑같은 속도로 걸어간다. 이렇게 모든 내용의 책을 항상 똑같은 속도와 똑같은 방식으로 읽는 것엔 문제가 있다.

이제부터 각기 다른 독서 목적과 그에 적합한 독서방법을 설명하겠다. 훌륭한 독서가는 그 독서물의 내용과 독서 목적에 따라 다양한 방법으로 책을 읽는다는 것을 명심해야 한다.

1) 드문드문 읽기(skimming)

드문드문 읽기는 읽어야 할 독서물을 매우 빠른 속도로 읽어나가는 것을 말한다. 한 단락, 한 페이지에서 한 문장 정도, 그리고 책 전체를 통하여 중요한 부분을 띄엄띄엄 읽어나가는 것을 말한다.

드문드문 읽기는 주로 다음과 같은 목적이 있을 때 행해져야 한다.

첫째, 특정한 질문에 대한 답을 찾고자 할 때, 예를 들면 어떤 역사적 사건이 일어난 연대나, 그 사건과 관련된 사람의 이름, 그 사건이 일어난 장소 등을 알아보고자 할 때 드문드문 읽기를 한다.

둘째, 독서물의 전체적인 윤곽을 알아보고자 할 때, 예를 들면 어떤 주제에 대한 저자의 기본적인 견해를 알아보고자 그 견해를 요약해주는 핵심적인 한두 단락을 찾으려 할 때 드문드문 읽기를 한다.

셋째, 이 책이 전반적으로 어떤 방향으로 쓰였는지, 이 책은 얼마나 읽기 어려운지를 알아보고자 할 때도 드문드문 읽기를 한다.

2) 빨리 읽기

빨리 읽기는 비록 간혹 가다가 건너뛰면서 읽기는 하지만, 모든 글줄을 거의 다 읽는다는 점에서 드문드문 읽기보다는 훨씬 더 꼼꼼히 읽는 방법이다. 빨리 읽기는 다음과 같은 경우에 사용한다.

첫째, 잡지나 소설 등의 흥미 위주의 독서물을 읽을 때.

둘째, 자세한 모든 정보가 요구되지 않을 때 즉, 학교의 숙제를 할 때처럼 전반적이고 기본적인 생각을 찾아보아야 할 때.

3) 교과서 읽기

교과서를 공부할 때는 앞의 두 가지 방법보다는 훨씬 더 꼼꼼히 책을 보아야만 한다. 먼저 책을 전체적으로 훑어보아야 하고, 그 다음에 알아보고자 하는 의문과 호기심을 갖고, 그 의문의 답을 찾기 위해 책을 꼼꼼히 읽어야 하고, 그 답을 요약해 보고 전체적으로 체계를 잡아야 한다.

교과서 읽기는 다음과 같은 경우에 사용된다.

첫째, 중심적인 생각을 찾아내고, 그 중심적인 생각을 뒷받침하는 여러 가지 증거를 알아보아야 할 때.

둘째, 사건의 진행순서를 외워야만 할 때.

셋째, 독서물의 중심적인 생각을 요약하고, 다른 목적^(시험 등)으로 기억해 내야만 할 때.

4) 꼼꼼히 읽기(detailed reading)

꼼꼼히 읽기는 독서물의 세부사항을 완전히 알아야만 할 때, 그 독서물의 모든 세부사항에 주의를 집중하고 읽는 방법을 말한다. 예를 들면, 국어의 고문이나 한문 또는 외국어를 읽고 번역하는 것을 배우는 경우나 수학 문제를 푸는 방법을 공부할 때에는 꼼꼼히 읽기를 해야 할 것이다.

5) 판단하면서 읽기(judgemental reading)

어떤 경우에는 책을 읽으면서 평가와 판단을 내릴 것이 요구된다. 이런 경우에는 내용의 단순한 기억만으로는 충분치 못하다. 그 자료의 이해를 넘어서, 읽는 사람 나름대로의 판단을 내려야만 한다. 다음과 같은 경우에 특히 판단하면서 읽기가 요구된다.

첫째, 사건의 진행으로 보아 다음에 어떤 일이 일어날 것인가를 예측해야 할 경우.

둘째, 다른 저자들의 상반된 의견을 비교 검토해야 할 경우.

셋째, 제시된 증거에 비추어 저자의 결론을 평가하고, 타당성을 판단해야 하는 경우.

지금까지 독서의 목적에 따른 다양한 독서방법에 대해 설명했다. 이것은 매우 중요한 것으로서, 여러분은 앞으로 독서를 할 때 독서의 목적을 잘 알고 그에 따른 적합한 방법을 선택하고 사용하는 일에 익숙해져야 할 것이다.

올바른 독서 방법

❶ 책과 눈 사이의 거리는 35~40cm가 되도록 한다.

❷ 앞으로 고개를 숙이지 않고, 등을 굽히지 말고 수직으로 편 올바른 자세로 앉는다. 이를 위해서는 수평면에 책을 놓고 읽어서는 안 되며, 높이를 조절할 수 있는 독서대를 이용한다.

❸ 방 전체의 조명은 약간 어둡게 하고, 책상 위의 조명은 더 밝게 한다. 그러나, 가능하면 창문 등을 이용해서 자연조명 상태를 유지하는 것이 바람직하다.

❹ 읽을 수 있다고 느낄 때에만 기분을 편하게 하고 차분히 읽는다. 병에 걸렸거나 피로해 있을 때는 우선 몸과 마음과 함께 눈도 푹 쉬도록 한다.

❺ 깜박거림은 한 줄에 1~2번 한다. 절대로 응시하지 말아야 한다. 처음에는 의식을 갖고 깜박거린다면 시간이 흐를수록 무의식적으로 깜박거리게 된다.

❻ 조명이 충분치 않은 전차나 흔들리는 차 속에서는 책을 읽지 말고, 조용히 눈을 감고 단전에 의식을 집중하면서 깊고 길게 단전호흡을 한다.

❼ 1시간에 5~10분 정도의 휴식시간을 갖는다. 휴식을 취할 때는 먼 곳을 바라보거나, 벌렁 누워서 눈을 감고 온몸의 근육을 이완시킨 상태에서 가면을 취하거나, 안구를 상하좌우로 굴리면서 안구운동을 한다.

03

속독법

속독법이란

속독(速讀)이라고 하면 대체로 내용을 100% 충분히 이해하지는 못해도 대강의 줄거리 정도를 파악하는 것으로 알고 있다. 그러나 진정한 의미에서의 속독이란 내용을 충분히 파악하고 이해하면서 빨리 읽는 것을 말한다. 다시 말해서 중요한 부분만을 읽는 것이 아니라 전체의 내용을 보고 읽으면서 암기할 것은 암기하며 읽는다는 뜻이다. 읽고 이해하는 데 시간이 많이 걸려도 안 되지만, 아무리 빨리 읽어도 무엇을 뜻하는지 모르는 독서도 필요없는 것이다. 따라서 이해도 빠르게 충분히 하고, 시간도 단축시키는 최첨단의 독서법을 진정한 속독법이라 할 수 있다.

읽는 속도가 빠른 사람은 이해도도 높다

독서는 천천히 주의 깊게 읽으면 이해가 깊게 되는 것이라고 알고 있다. 확실히 무리하게 속도를 빨리해서 읽으면 이해력은 감소하며,

어려운 재료는 속도를 늦추지 않으면 안 된다. 그러나 연구시험 결과, 독서의 속도와 이해도는 정비례한다는 결과가 나왔다. 즉, 독서의 속도가 빠른 사람은 이해도도 높다. 그것은 독서의 속도와 이해력은 상당한 공통인자에 의해서 규정되고 있음을 나타내는 것이다.

그렇다고 무조건 빨리 읽는 것이 훌륭한 독서법이라는 것은 아니다. 특히 교과서나 참고서와 같이 이해하고 기억하고 더욱이 이것을 상기할 것이 요구되는 독서의 속도는 그 목적에 적합하도록 잘 조정되지 않으면 안 된다. 이 경우의 속도는 다만 읽기의 속도가 아니고, 그 독서물을 이해하는 속도를 나타내는 것이 된다. 독서력 발달의 방법은 능률적 학습법의 일부분이다. 그러므로 효과적인 독서법으로 이해의 정확도나 깊이를 감소시키지 않는 범위 내에서 속도를 빠르게 하는 속독법을 연습하는 것이 중요하다.

속독법의 실천을 위한 구체적 방법

1) 소리를 내지 말고 읽어라

책을 읽는 방법에는 음독(音讀)과 묵독(默讀)이 있는데, 속독을 위해서는 묵독 즉, 소리를 내지 않고 읽는 방법을 택해야 한다. 소리를 내면서 읽을 경우 1분에 100~125개의 단어를 말할 수 있으나, 묵독할 경우는 어려운 책은 1분에 240단어 이상, 쉬운 책은 1분에 600단어를 읽을 수 있다. 여기서 주의할 점은 크게 소리는 내지 않더라도, 소리를 내고 읽을 때와 마찬가지로 입속에서 중얼거리거나 입술을 오물오물 움직이거나, 목청이 떨릴 수도 있다. 이러한 모든 움직임을 제거해야 한다.

공부를 정복하라

그 방법은 입술에 손가락을 대고 독서하면서, 입술이 움직이는가를 알아보고 움직인다면 계속 손가락을 입술에 대고 독서하여 그러한 움직임을 억누르면서 읽는 것이다. 또 혀를 위·아랫니로 가볍게 물고 독서하는 것도 도움이 된다. 이러한 장애요인을 없애야만 속독이 가능해짐을 명심하고 스스로 그러한 현상을 제거하려고 계속 노력해야 한다.

2) 손가락·연필 등으로 글줄을 추적하지 마라

간혹 책을 읽을 때 글줄을 어길까 염려해서 손가락이나 연필 등으로 글줄을 따라 짚어가며 읽는 경우가 있는데, 이것은 속독에 방해가 된다. 눈의 움직임은 손의 움직임보다 훨씬 빠르기 때문에, 눈이 손의 움직임을 쫓아가려면 자연히 독서의 속도가 늦어진다. 그러므로 이러한 행동도 하지 않도록 주의해야 한다.

3) 머리를 움직이지 말고 눈동자로만 따라 읽어라

문장을 따라 머리를 좌우로 움직이게 되면 안구운동이 늦어지므로 독서속도도 그만큼 늦어진다. 그러므로 머리는 책의 중간을 향하여 고정시키고, 눈동자만 움직여서 책을 읽어야 한다.

4) 눈을 자주 멈추거나 한 곳에 너무 오래 멈추지 마라

독서의 생리에서 밝혔듯이, 사람의 독서 시의 안구운동을 아이(Eye)카메라를 가지고 찍어보면, 우리의 눈은 글줄을 따라 옆으로 움직여 나가다가 잠시 멈추고, 또다시 움직여 나가곤 한다. 눈은 멈추어 있을 때만 대상물을 볼 수 있고, 움직일 때는 볼 수 없다는 것은 이미 밝혀진 사실이다. 최소한 책을 보고 이해하려면 한 번 멈추어 1/5초의 시간이 필요하다. 한 번 멈추어 1/5초 이전에 다시 움직여서도 안 되지만, 여기서 문제가 되는 것은 너무 자주 멈출 뿐 아니라, 필요 이상으로 너무 오랫동안 멈추어 있는 것이다.

여러분은 노력을 하여 이렇게 눈동자가 한 군데에 머물러 오랜 시간을 낭비하는 것을 교정해야 한다.

5) 한 번 읽은 곳에 다시 눈을 돌리지 마라

독서중의 안구운동을 아이(Eye)카메라로 찍어보면 글줄을 따라 앞으로 움직여 나가다가 수시로 이미 읽었던 앞부분으로 되돌아가는 것을 발견한다. 특히 독서를 잘 못하는 사람은 앞으로 되돌아가는

공부를 정복하라

일이 매우 잦다. 이러한 회귀현상이 일어나는 이유는, 읽는 사람이 뚜렷한 목적을 가지지 않고 독서하기 때문에 주의집중이 되지 않아서다. 글씨는 보지만 그 단어의 의미는 파악하지 못하고 안구운동만을 계속하므로 이러한 회귀운동이 일어난다. 이러한 나쁜 습관은 독서하기 전에 미리 목적을 분명히 하고, 주의를 집중하여 읽고, 스스로 그러한 현상을 없애려고 노력하면 제거할 수 있다.

6) 인지의 폭(Recognition Span)을 넓혀서 읽어라

한눈에 볼 수 있는 단어의 수를 인지의 폭이라고 하는데, 단어를 하나씩만 본다면 인지의 폭은 한 단어가 되며, 두 개 세 개를 본다면 그만큼 폭이 크게 된다. 단어를 하나하나 본다면, 안구가 멈추는 시간이 길어진다. 그러나 인지의 폭이 두 단어라면 독서의 시간이 반으로 준다. 바꾸어 말하면 같은 시간에 두 배를 읽을 수 있다는 것이다.

그렇다고 아무렇게나 몇 개의 낱말을 뭉쳐서 읽는 것이 아니라, '사고의 단위'로 잘라서 읽어야 한다.

사고의 단위란, 이를테면 '형용사+명사', '명사+동사' 또는 '명사구' 등과 같이 하나의 생각을 표현하기 위해 두세 개의 단어가 결합되어서 이루어진 단어군을 말한다. 사고단위를 기준으로 인지의 폭을 넓히려면 의식적으로 의미가 통하는 몇 개의 단어를 한꺼번에 읽는 훈련을 계속 쌓아야 한다.

7) 모르는 용어는 문맥에서 이해하도록 하라

책을 읽어나가다가 모르는 단어나 용어가 나오면 그것을 일일이 사전을 뒤져보려고 하지 말고, 일단 문맥을 통해서 이해하도록 하는 것이 좋다. 문맥을 통해서도 그 의미를 이해할 수 없고, 또 그것이 아주 중요한 것일 때에는 물론 그냥 넘기지 말고 반드시 사전을 찾아 정확한 뜻을 알아 두어야 하지만, 모르는 용어가 나왔다고 해서 그 뒤를 더 읽어볼 생각도 하지 않고 곧장 사전을 뒤지면 그만큼 읽는 속도가 느려진다.

8) 중요하지 않은 것은 대충 보아 넘겨라

앞에서도 이미 자세히 언급한 내용이지만, 읽는 목적이나 내용에 따라 읽는 속도를 조절할 필요가 있다. 잡지나 대중소설을 읽는다거나 혹은 대략적인 정보를 얻으려고 할 때에는 책에 쓰여 있는 것을 일일이 다 읽을 필요는 없다. 이럴 때는 정성들여 차근차근 읽기보다는 문맥을 이해할 정도로 대충 읽거나, 혹은 중요한 부분과 그렇지 않은 부분을 가려서 필요한 것만 읽어 넘기는 것이 좋다.

9) 잡념을 버리고 정신을 집중하되 지나친 긴장은 금물이다

정신이 집중되지 않은 상태에서는 속독은커녕 보통속도의 독서도 불가능하다. 이럴 때에는 읽어도 머리에 남는 것이 없다. 그러므로 책을 대하는 순간부터 책 읽는 것 외에는 다른 생각을 하지 않도록 습관화시켜야 한다. 하나의 방법으로, 잡념을 버리려고 노력을 하지 말고 그대로 책을 대하면 책의 내용을 파악하려고만 노력하면 된다.

그런데, 적당히 정신을 집중시키는 것은 좋으나 너무 지나치게 긴장하면 눈에 힘이 많이 들어가, 눈이 잘 돌아가지 않고 눈이 아프며

공부를 정복하라

안구가 튀어나오는 느낌이 들어 속독은 더욱 어렵다.

10) 독서자세를 바르게 가져라

독서자세가 나쁘면 눈이 나빠지고 쉽게 피로해진다. 좋은 자세는 척추를 똑바로 펴고 올바른 자세로 앉고, 고개를 앞으로 숙이지 않도록 하며, 눈과 책과의 거리는 30~40cm로 유지하는 것이다. 바른 자세로 독서를 하기 위해서는 독서대를 이용하는 것이 좋다.

"항상 오늘을 위해 일하는 습관을 가져라. 내일은 저절로 온다.
그와 동시에 내일의 새로운 힘도 따라온다."
-힐티

Yesterday is History.
Tomorrow is Mystery.
Today is the Gift given by God.
That is Why we call it Present.

제5장

학습
계획
작성법

"시간의 사용법은 인생의
삶의 방법 그 자체이다."

학습계획의 필요성

설계도가 치밀하고 제대로 짜여야 좋은 건축물이 완성될 수 있듯이, 공부도 기본이 되는 계획표가 잘 세워져야 좋은 성과를 기대할 수 있다.

학습계획을 구체적으로 짜놓지 않으면 다음과 같은 일들이 벌어진다.

ⓐ 공부를 매일 일정하게 하지 못하며 이것저것 하느라고 시간을 낭비한다.

ⓑ 하루 사이에, 혹은 하루 저녁에 또는 한두 시간 사이에 너무 많은 것을 공부하려 대들기도 하는 반면, 어떤 날은 거의 공부를 하지 않고 지내기도 한다. 그 결과 생활과 공부에 일관성과 초점이 없고 어느 한 가지도 알찬 결실을 맺지 못한다.

ⓒ 공부를 실제로 시작하는 데 어려움을 지니고 있다. 항상 공부할 준비가 되어있는 것 같으면서도 막상 공부를 하게 될 때까지는 많은 시간이 지나가 버리고 만다.

이상과 같은 문제들은 대부분의 학생들이 갖고 있는 고민거리인데, 이것은 공부를 할 때 실제로 원하는 결과를 얻을 만큼 자신의 능력과 시간을 전력투구하지 않는 데서 오는 문제들이다.

이러한 문제들을 해결할 수 있는 방법은 스스로 자기의 사정과 능력에 맞게 시간을 활용하는 것인데, 그것은 바로 학습계획을 짜는 것이다. 계획표를 잘 짜게 되면 시간을 낭비한다든지, '이걸 할까 저걸 할까' 망설인다든지, 또는 '해야지' 하면서도 막상 착수하지는 않고 망설이기만 하는 일이 적어진다. 또한 가장 적절한 시간에 가장 적절한 종류의 공부를 함으로써 시간과 노력의 효용을 극대화할 수 있다.

미네소타 대학의 심리학자 헨리 보로 박사가 학습에 관계있는 여러 가지 조건을 분석해서 만든 「학업 적응성 조사표」에 의하면, 학업성적과 가장 높은 상관관계가 있는 것은 '학습계획과 시간이용의 적부(適否)'라는 결과가 있다. 이와 같이 학력은 학습 시간의 문제가 아니라 계획과 그것에 의한 시간이용이라는 것이 결과를 좌우하는 큰 조건임을 알 수 있다.

물론 계획을 세웠다고 하는 것만으로 학력이 올라가는 것은 아니다.

계획 자체의 옳고 그름과 실행의 방법에도 큰 관계가 있음은 말할 필요도 없다.

"정확한 목표(目標), 치밀한 계획(計劃), 강력한 실천(實踐)"

02

학습계획을 세울 때 고려해야 할 사항

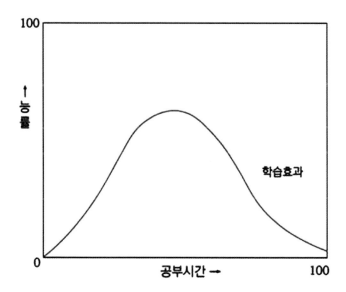

| 극대의 학습효과를 위한 시간관리

'되도록 많은 시간 공부하고 싶다.'와 '단시간에 학습효과를 올리고 싶다.'는 두 가지 욕구가 대두된다. 오랜 시간 계속 공부를 하면 피로해지므로 능률이 저하되고, 아무리 능률이 나도 짧은 시간으로

는 필요한 분량을 마칠 수 없다. 당연히 시간을 관리하는 테크닉이 필요해진다.

예컨대, 학습효과를 장방형의 면적으로 비유하여보면, 위 그래프에서 높이는 능률, 밑변의 길이는 공부시간이라고 하면, '능률×공부시간=학습효과'라는 등식이 성립된다. 학습효과라는 면적을 갖기 위해서는 공부시간을 길게 하면 되지만 능률이 떨어지고, 또 아무리 능률을 높이려 해도 한계가 있으므로 어느 정도 공부 시간은 길게 잡아야 한다. 결국 그 균형을 어떻게 잡느냐가 포인트가 된다.

학습의 목적과 목표를 정하라

학습계획을 세운다는 것은 학습의 목적과 목표를 실행하기 위한 구체적인 방법을 계획한다는 것과 같은 말이다. 뚜렷한 목적과 목표가 없이 계획을 세운다는 것은 무의미하다.

'목적-계획-실행-평가'의 4과정은 학습의 원리로써 이 중에서 한 가지도 소홀히 해서는 안 된다.

학습의 목적·목표는 그 사람의 진로 특히 희망직업과 밀접한 관계가 있다. 그런데 중·고교시절에 장래의 직업목표가 확실하게 정해지지는 않지만, 대체로 입학하는 대학의 학과가 결정됨과 동시에 직업의 방향도 결정된다. 따라서 입학할 대학의 학과 즉, 자신이 선택한 과목이 일생 동안 자신을 끌고 다니게 되는 것이 현실이다. 그러므로 지망 대학·학과를 정하기에 앞서 자신의 적성과 능력 등을 고려하여 '인생플랜'을 세워야 한다. 분명한 목적을 갖고 공부를 하는 것과 그렇지 못한 경우의 학습 효과에는 커다란 차이가 있다.

```
-0000년-

[좌우명]

[인생목표]

[목표 대학과 학과]

  제 1 지망 :              대학                  학과

  제 2 지망 :              대학                  학과

  제 3 지망 :              대학                  학과

[1월달의 목표]

  1. 국어:

  2. 영어:

  3. 수학:
```

시작을 잘하도록 하라

계획을 실행하는 데는 그 시작이 중요하다. 시작을 잘한다고 하는 것은 처음부터 달려가라는 것이 아니다. 처음부터 성과를 거두기 위해서 무리한 공부를 계속하게 되면, 틀림없이 도중에 지쳐버리고 건강이 나빠져 능률이 오르지 않게 된다. 최초의 1개월쯤은 계획을 실행에 옮기기 위한 준비운동 기간으로 하여 이 시기에 능률적인 공부 방법의 습관을 몸에 붙이도록 한다. 계획표대로 일단 책상 앞에 앉으라. 공부에 대한 '조건반사'가 이루어진다.

"능숙하게 잘 시작한 것은 반은 성취한 것이다."
- 호라서우

먼저 충분한 준비 운동을 하고 나서 …

한꺼번에 오랫동안 무리하지 마라

실험에 의하면, 인간의 집중력이란 20분 정도밖에 지속되지 못하는 것으로 되어있다. 그래서 20분 동안 집중하기 위한 예비 단계를 20분 플러스하면, 한 과목의 집중 학습시간은 40~45분이 적당하다는 계산이 나온다. 따라서 계속해서 2시간이고 3시간이고 공부하는 것은 능률상 대단히 좋지 않다. 그렇게 오랫동안 집중력을 지속할 수 없기 때문이다. 학교의 수업을 50분 단위로 하고, 10분간의 휴식 시간을 갖는 것은 위와 같은 연구의 결과인 것이다.

공부하는 데 알맞은 시간의 길이는 개인에 따라서 또 학습내용에 따라서 차이가 있으므로 자신에게 가장 알맞게 공부하고 알맞게 쉴 수 있도록 계획을 세워야 한다.

시간 기준제보다 작업 기준제로 계획을 세워라

시간을 일정하게 정해놓고 그동안 얼마를 하든 덮어놓고 공부하는 식으로 하지 말고, '오늘은 이만큼만 하자.'고 일정 시간 내에 어느만큼 공부하겠다는 학습량을 미리 정해놓고 그 분량을 끝낼 때까

공부를 정복하라

지 공부하도록 하는 것이 좋다. 즉, 자기 자신을 '시간'으로 구속하지 않고 '양'으로 구속하는 것이다. 이와 같이 일정한 양을 목표로 공부하면 그만큼 자신에게 스스로 압력을 가하게 되므로, 자연히 공부에 집중하게 되고 전력투구하게 된다. 또한 그 분량이 끝났을 때에는 일종의 성취감을 맛볼 수 있어서 좋다. 게다가 빨리 끝낼 경우, 그만큼 자유시간이 많아지기 때문에 의욕도 솟는다.

하기 싫은 과목부터 공부하라

누구나 자신이 좋아하는 일을 할 때는 의욕이 생기고, 그런 만큼 재미가 있어 시간 가는 줄도 모르게 된다. 그래서 좋아하는 과목에는 더욱더 강해지는 것이다. 반대로 싫은 일을 할 때는 의욕도 생기지 않고 오히려 지루하게만 느껴진다. 그 결과, '싫다-못한다-더 싫어진다-더 못하게 된다'는 악순환이 되풀이된다. 이 악순환의 사슬을 끊어버리기 위해서는 머리가 신선하고 의욕이 있을 때, 짧은 시간이라도 싫은 과목과 접촉하여 그에 대한 알레르기를 없애야 한다.

공부를 처음 시작할 때에는 새로운 의욕이 솟아, 머리도 참신하고 체력도 넉넉하기 때문에 어렵고 싫은 과목도 쉽게 정복할 수가 있다. 한참 공부한 후 머리의 회전이 둔해지고 육체에도 피로가 쌓일 때, 잠시 휴식을 취

한 후 쉽거나 좋아하는 과목을 공부한다면 똑같은 시간을 가장 효율적으로 보내게 된다. 싫은 것부터 먼저 해버리는 것이 학습의 흐름을 원만하게 하는 요령이다. 또, 잘하지 못하는 과목을 정복하려면 '짧은 시간'이라는 미끼를 스스로에게 던져 날마다 계속하는 습관을 몸에 붙인다. 짧은 시간도 매일 쌓이면 긴 시간이 되고 그만큼 실력도 향상된다.

수학 다음에 물리를 하지 않도록 하라

비슷한 내용을 한꺼번에 머리에 쑤셔 넣으면 이것들이 서로 동화되어 구별하기 어렵게 된다. 전체가 잘 파악되어 있지 않은 상태에서 비슷한 과목을 계속해 공부하면, 각 과목의 인상이 겹쳐서 분명히 기억할 수 없게 된다. 사람은 누구나 같은 종류의 일을 오래 계속하면 권태와 피로가 오고 능률이 떨어지게 마련이다. 수학과 물리는 비록 과목은 다르지만 각종 법칙의 응용이나 계산문제 등 비슷한 점이 많다. 특히 그것을 잘하지 못하는 경우 그렇지 않아도 권태롭고 피곤해지기 쉬운데, 거기에 인간의 그런 속성까지 합세하여 더욱 나쁜 결과를 초래하게 된다.

이 점을 반대로 생각하면 상당히 긴 시간이라도 성격이 서로 다른 과목을 효과적으로 혼합하여 편성하면 권태나 피로를 느끼지 않고 공부를 계속할 수 있다. 예컨대, 수학 다음에는 영어나 국어를, 눈을 쓰는 과목 다음에는 귀를 쓰는 과목을 공부하는 등 되도록 성격이 다른 과목으로 계획을 짜면 능률의 저하를 막을 수 있다.

공부를 정복하라

계획대로 공부가 진행되지 않을 때는 자신의 페이스를 생각해 보라

때로는 '계획대로 되지 않는 날도 있는 법이다', '계획이란 좋은 방향이든 나쁜 방향이든 지키지 못하기 때문에 세우는 것이다'라는 여유 있고 융통성 있는 자세를 갖는 것도 중요하다. 계획이 늦어졌다고 해서 망설여서는 안 된다. 실천이 가능한, 무리가 없는 페이스로 다시 스타트하면 된다. 때로는 후퇴도 하고 때로는 전진하는 가운데 가장 적절한 페이스를 파악할 수 있게 된다.

학습계획을 실행할 것임을 가족이나 친구들에게 알려라

학습계획을 세운 뒤에는 마음속으로만 결심을 할 것이 아니라, 가족이나 친구들에게 실행선언을 해라. 그 계획은 더욱 구속력을 갖고 그대를 채찍질할 것이다.

휴식을 취하기 전에 다음 공부의 준비를 해두라

목표로 한 공부가 일단락되었을 때는 누구나 한시름 놓고 책상에서 물러나고 싶어진다. 그러나 여기서 조금 더 참고 휴식시간 뒤에 해야 할 공부를 미리 생각해 본다면 나중의 학습진행 정도가 달라진다. 즉, 앞 단계를 끝내고 휴식에 들어가기 전까지의 짧은 시간에 다음 단계를 위한 간단한 준비를 해두는 것이다. 책이나 노트를 꺼내

놓고, CD나 동영상자료가 있는 교재라면 공부할 자료를 찾아 놓는 등의 간단한 일이라도 다음 단계의 공부에 임했을 때 그 준비가 제대로 되어있으면 시작부터 달라진다.

책상 위에 그날 해야 할 교재들을 쌓아두고, 끝나는 차례로 치워 나가라

그날에 해야 할 작업량을 자신의 눈으로 확인할 수 있는가 없는가에 따라 그 능률에는 큰 차이가 있게 된다. 아무리 노력해도 끝없이 새로운 작업이 주어지면 누구나 진절머리가 나서 하기 싫어진다. 공부도 마찬가지여서 하루의 공부량을 자기 눈으로 확인할 수 있으면 능률이 오른다. 그러기 위해서는 그날의 계획을 달성하는 데 필요한 교과서·참고서·문제집 등을 책상 한쪽에 쌓아두고, 한 과목이 끝날 때마다 치워버리는 '치워 없애기 방식'을 취하는 것이 효과적이다.

공부를 정복하라

시험을 코앞에 두고 세우는 계획이라도 '이제'와 '아직'은 그 자세부터가 다르다

시험을 2주일 앞두고 치밀한 계획을 세웠다 해도 '아직 2주일이나 남았다'고 생각하면 마음이 해이해진다. 여기서 마음을 다잡아먹고 '이제 2주일밖에 남지 않았다'로 바꿔 생각하면, 시험이 며칠 앞에 다가와서야 어쩔 수 없이 책상 앞에 앉게 되는 일은 없게 된다.

이상에서 여러분이 학습계획을 세울 때 고려해야 할 사항들을 알아보았다. 각자의 능력이나 생활여건 등에 차이가 있는 만큼 자신의 입장을 충분히 고려해서 계획을 세워야 할 것이다. 그러나 자신에게 가장 알맞은 학습계획은 단번에 세워지지는 않는다. 그러므로 계획의 수립과 실천, 그리고 평가와 검토를 통하여 계속적인 수정이 필요하다는 것을 명심해야 한다.

학습계획을 짜는 방법

1_ 연간 학습계획

학년에 따라서 연중 학습계획이 달라질 것이나, 일반적으로 1년은 다음과 같이 4단계(고3은 5단계)로 구분할 수 있다.

제1단계 : 1~2월 [겨울 방학]
제2단계 : 3~6월 [1학기]
제3단계 : 7~8월 [여름 방학]
제4단계 : 9~12월 [2학기]
제5단계 : 입시 전 1개월 [최종정리기간]

제1단계 [겨울방학] 학습계획

1년을 4단계로 구분할 때, 다른 어떤 단계보다 중요한 단계가 바로 제1단계인 겨울방학 기간이라고 할 수 있다. 이 기간은 한 학년씩 올라가 초6은 중1로, 중3은 고1로, 고1은 고2로, 고2는 고3으로 바뀌는 과도기이기 때문에, 상대적으로 시간이 많아 부족한 실력을 보충할 수 있는 좋은 기회인데 반해, 자칫하면 자유와 방종에 흘려 버리기 쉽다.

필자는 초등학교를 마치면서 중학교에 들어가기 전까지의 이 기간을 정말 잘 보냈다. 그 결과 수원중학교에 입학한 후 첫 월례고사에서 전교 1등(1/720명)을 하였다. 필자는 물론 많은 사람들이 놀랐다. 우연일 수도 있겠지~. 그런데 그 후로 2학년 말까지 즉 중3때 서울로 전학가기 전까지 한 번을 제외하고 줄곧 전교1등을 했었다.

각 학년별·능력별로 이 중요한 기간을 어떻게 계획하고 어떻게 보내야 할지 살펴보기로 하겠다.

1) 중3~고1

중학교를 졸업하고 고등학교로 진학할 중3에게는 더더욱 중요한 기간이다. 이 기간을 어떻게 보내느냐에 따라서 고등학교에서의 생활과 학업성적이 크게 달라진다. 중3의 겨울방학은 대학입시라는 치열한 전쟁을 치르기 위한 최초의 준비과정인 것이다. 즉, 지옥에 비유되는 고등학교 3년간을 보내기 위한 첫 단추를 끼우는 과정인 것이다. 첫 단추를 잘못 끼우면 마지막 단추인 '합격'의 단추는 끼울 수가 없게 된다.

공부를 잘하는 학생은 '영어'와 '수학'을 고2 정도의 수준까지 공부를 해둔다. 어떠한 교재를 선택하느냐의 문제는 〈제6장 학습교재의 선택 및 활용법〉을 참고하여 신중하게 과목별로 1권의 기본참고서를 구입하고 두 번 내지 세 번 정도 볼 수 있도록 한다. 단과학원 또는 인터넷강의를 이용하거나 개인지도를 받는 것도 바람직하다.

공부를 못했던 학생은 우선 자기 자신을 냉철히 검토·비판해 보고, 앞으로 대학에 진학할 것인지 말 것인지를 결정한다. 대학에 반드시 가야겠다고 결정한 학생은 먼저 자신의 생활과 학습태도 등에 있어서 잘못된 점을 발견해서 시정하려는 의지가 있어야 한다. 그런 다음 다른 과목은 신경 쓰지 말고 중학 과정의 영어·수학을 가능한 한 짧은 시일 내에 총정리해야 한다. 그리고 고등학교 과정의 영어·수학을 한 번 정도 훑어보기 바란다. 혼자 하기 어려우면 선배 대학생의 지도를 받는 것도 좋을 것이다.

여러분이 만약 중학교 3년 동안 아무리 빈둥빈둥 놀았다 해도, 이 마지막 기간만이라도 뜨겁게 보낼 수 있다면, 고등학교에서의 상위권 진입은 확실히 보장된다.

2) 고1~고2

고등학교에서 1학년이 끝나갈 무렵이면 대충 상위권·중위권·하위권으로 나뉘고, 친구들도 거의 끼리끼리 사귀고 친하게 되기 마련이다. 동병상련(同病相憐)이랄까?

상위권 학생은 이 기간을 어떻게 보내느냐에 따라서, 고2때부터 전교 10등 안에 들 수도 있는 반면, 반에서 10등 이하로 떨어질 수도 있는 것이다. 이 기간 동안에 영어·수학을 입시를 치러도 될 정도로 거의 완벽하게 마스터하도록 한다. 같은 상위권 학생들과 함께 그룹스터디를 하는 것이 긴장감을 유지하고 비교할 수 있어 바람직하다.

중·하위권 학생은 이 기간이야말로 상위권으로 진입하여 대학의 문을 열 수 있느냐 마느냐 하는 마지막 절호의 기회라고 생각하여, 비장한 각오로 이 기간을 알뜰하게 보내야 할 것이다. 무엇보다 영어와 수학의 기초를 다지는 데 최선의 노력을 기울여야 한다.

3) 고2~고3

고2 겨울방학은 실질적으로는 고등학교에서의 마지막 겨울방학이다. 이때쯤이면 이미 여러분의 내신성적과 모의고사 성적으로 합격가능한 대학과 학과가 거의 정해지기 마련이다.

상위권 학생이라면 지금까지 공부해 오던 방식대로 꾸준히 밀고 나가면 된다. 이 기간 동안에 영어·수학을 마무리 짓고, 국어에 신경을 쓰면서 여러분이 가고자 하는 대학의 입시과목에 중점을 두고 공부해야 한다.

중위권 학생이라면 이 기간을 마지막 히든카드로 삼아, 각고의 노력을 기울여야 할 것이다. 절대로 한 과목도 포기해서는 안 된다는 사실을 명심하고, 영어와 수학 중에서 더 약한 과목에 집중투자를 하여 자신 있는 과목으로 끌어올리도록 한다.

만약 그대가 바닥을 설설 기며, 수업시간이 괴롭고, 책만 봐도 골치가 아픈 하위권 학생이라면, 공부 잘하지 못함을 서러워하거나 원망하지 말고, 자신의 장점을 최대한으로 살릴 수 있는 길을 모색해야 한다. 자신의 적성과 진로에 대해 심각하게 생각해 보아야 할 것이다. 만일 재수·삼수를 하더라도 반드시 대학에 가야겠다는 신념이 확고하다면, 아예 2개년 계획을 세우는 편이 현명하다. 단시일 내에 정복하기 어려운, 그러나 절대 포기할 수 없는 과목인 영어·수학을 기초부터 새롭게 정리하고, 내신 성적에 좀 더 신경을 쓰도록 한다.

지금까지 각 학년별로 겨울방학 기간을 어떻게 보낼 것인가에 관해서 살펴보았다. 결론적으로, 겨울방학은 학년이 바뀌고 반도 새로이 편성되는 중요한 과도기이기 때문에,

첫째, 자기 자신에 대한 냉철한 비판을 바탕으로 자신의 위치를 확인하고, 자신의 적성과 능력을 고려해서 장차의 진로를 다시 한번 생각해 봐야 한다.

둘째, 겨울방학 기간을 통해서 새롭게 태어나려는 비장한 각오로 몸부림쳐야 한다.

셋째, 내신성적과 대학입시에서 가장 큰 비중을 차지하는 영어와 수학을 확실하게 다지는 기간으로 삼아야 한다.

제2단계 [1학기] 학습계획

새로운 학년이 시작되는 1학기는 새로운 선생님께 새로운 교과를 배우는 과정이 시작되는 단계이다. 이 기간은 3, 4, 5, 6, 7월 중순까지 4개월 반 정도의 비교적 긴 기간으로 학교수업을 받아가면서 전 과목의 실력을 연마하는 단계이다.

지난 겨울방학을 어떻게 보냈느냐에 따라서 수업에 임하는 마음자세가 다를 것이다. 겨울방학을 알차게 보낸 학생은 자신감을 갖게

되어 수업시간이 즐겁고 또한 자습시간에도 더욱 열심히 공부할 것이요, 방학 동안 하라는 공부는 하지 않고 미팅이다, 캠핑이다 하면서 빈둥거리며 보낸 학생은 초조해지고 자신감을 잃어 수업시간이 짜증스럽고 방과 후에 놀 생각이나 하게 된다.

어찌됐든 새로운 학년, 새로운 학기가 시작되었다. 겨울방학이야 어찌 보냈건, 이제부터라도 정신 차리고 잘해야겠다는 각오로 최선을 다해 공부를 해야 할 것이다.

1) 학교 수업시간을 철저히 활용하라

어느 때이고 학교 수업시간이 중요하지만, 고3의 경우에는 이 기간 중의 학교수업이 입시에 절대적인 영향을 미친다. 왜냐하면, 저학년 때와는 달리 3학년부터는 입시 위주로 수업을 이끌어나가지 않을 수 없고, 각 과목의 담당 선생님들도 입시지도 경험이 풍부한 선생님들로 구성되어 있어, 입시공부의 핵심을 가르치기 때문이다. 따라서 이 기간 중에는, 특히 학교 수업시간 중에는 선생님의 설명을 하나도 빠뜨리지 않고 철저히 공부하는 것이 중요하다.

2) 국·영·수 등 중점과목에 치중하되, 다른 과목도 소홀히 하지 마라

이 기간 중에는 학교 수업시간은 물론이고, 집이나 도서실에서 충실한 예습·복습을 통하여 국어·영어·수학 등 중점과목의 학습을 1차적으로 끝낼 수 있도록 많은 학습시간을 이들 과목에 할애해야 한다. 또한 다른 과목도 소홀히 하지 말고 학교 수업시간을 중심으로 그날 배운 것은 그날 정리해 둔다. 특히 가장 취약한 과목을 선정하여 2~3개월 단위로 집중공략하는 것도 매우 효과적이다.

3) 교재는 교과서와 기본참고서를 중심으로 공부하라

이 기간은 실력평가나 실력보완 기간이 아니고, 한창 실력을 연마해야 하는 단계이므로 가급적 문제집은 피하고, 교과서와 기본참고서를 반복하여 공부하는 것이 훨씬 능률적이다. 그리하여 한 과목당 한 권의 기본참고서를 선정하여, 몇 페이지에 어떠한 내용이 있다는 것을 기억할 수 있을 정도로 철저히 공부하는 것이 중요하다.

제3단계 [여름방학] 학습계획 ··· 여름방학 100% 활용법

1) 여름을 이기는 자, 입시를 정복하리라

이 기간은 7월 중순부터 8월 말까지의 약 1개월 반에 해당하는 여름방학 기간으로, 고3생은 이 기간을 어떻게 보내느냐에 따라 불과 몇 개월 뒤에 자신이 원하는 대학에 합격하여 자랑스런 대학생이 되느냐, 아니면 대학의 꿈을 저버리고 취업을 하거나 재수의 길을 걷느냐가 결정된다. 매 순간이 모두 중요하겠지만 실로 여름방학은 여러분의 인생에 있어서 가장 중요한 전환점이 될 것이다.

여름방학 중에는 특히 규칙적 생활이 어렵고, 날씨도 무더워서 학습능률이 떨어지며 피로만 쌓이는 시기이므로, 이를 잘 극복하는 수험생은 이를 극복하지 못한 수험생에 비하여 두 배의 성적을 향상시킬 수 있다. 지금까지 아무리 열심히 공부해 온 학생이라 할지라도 여름방학을 무의미하게 보내면 결코 좋은 결과를 얻을 수 없으며, 1학기에는 부진했더라도 여름방학 동안 치밀한 계획을 세워 밀어붙

공부를 정복하라

인다면 반드시 좋은 결과가 있을 것이다. 또한 여름방학은 자신의 여건에 맞는 학습을 하기에 가장 알맞은 중요한 시기로서, 약점 과목을 만회할 수 있는 절호의 기회인 것이다. 여름을 이기는 자가 진정 입시를 정복한다.

2) 여름방학 1개월 전에 여름방학 학습의 목표를 정하라

40일밖에 안 되는 여름방학을 보다 효율적으로 보내기 위해서는 사전의 계획과 준비를 단단히 갖추어둠으로써 여름방학의 시작과 동시에 원활하게 생활할 필요가 있다. '여름방학이 시작되면 하자'라고 생각하고 있다면 늦다. 그 1개월 전부터 여름방학 학습의 목표를 세워서, 그 방향을 향해 걸음을 옮기는 것이 중요하다.

기말시험 준비시기부터 사실상 여름방학과 연결된 학습플랜을 세우는 것이 바람직하다. 적어도 국·영·수 3과목에 대해서는 기말고사 범위뿐만 아니라, 고1~고2 시절의 학습내용까지 거슬러 올라가서 기초지식을 체크하는 것이 좋다. 기말고사 공부가 여름방학 학습플랜을 작성하는 데 도움이 된다는 것은, 자기 실력에 대해 반성을 할 수 있기 때문이다. 여름방학의 학습목표를 어디에다 두건 모두 자기의 현재 실력 위에 쌓아가기 마련이다. 그렇기 때문에 그 바탕의 확실성, 다시 말해 기초력을 총점검해 둘 필요가 있게 된다. 그래서 이 전초 기간을 이용해서 자기의 실력이 어떤지 헤아려보는 것이 중요한 것이다. 자기 자신을 진단한 후, 자신 없는 과목의 정복, 전 과목에 걸친 기초사항의 정복 등을 목표로 하면 될 것이다.

3) 방학 중 학습활동의 일반원칙(겨울방학에도 그대로 적용된다)

❶ 규칙적인 생활을 지속하라 !

　학교학습의 이점은 엄격한 규칙적 학습활동에 있다. 아침 일찍 등교하여 귀가 시간까지 좋든 싫든 규정된 학과 공부를 하는 동안에 입시 준비과정에 들어가는 것이다. 학교와 같은 규칙적인 생활은 괴롭지만 성과 면에서는 이를 따를 방법이 없다. 방학일지라도 학교생활의 연장으로 생각하고 규칙적인 생활을 해야 하는 것이 제1원칙이다. 특히 아침 기상시간이 방학 전과 같게 실시되고 있는가를 매일 점검해야 한다.

❷ 학습 이외의 생각은 하지 마라 !

　공부는 두뇌가 안정된 상태에서 이루어지는 정신작업이다. 수험생이 부모의 사업이나 가정일, 형제간의 문제까지 관여해서는 안 된다. 또한 친구와의 약속을 자주 하는 것도 위험한 일이며, 종교활동에도 지나치게 빠져들지 않아야 한다. 그리고 한 번쯤 야외놀이가 좋을 듯하지만 그 여파(후유증)은 너무나 크다. 복잡한 머리를 식혀주는 역할도 있지만 수험준비생은 간단한 운동으로 대신하고, 환경의 갑작스런 변화는 주지 말아야 한다.

❸ 학습환경을 너무 자주 바꾸지 마라 !

　환경의 변화가 적당하면 지루함을 없애주는 등 도움을 주지만, 너무 자주 바뀌면 방해가 된다. 환경을 바꾸어 다시 정착하기까지에는 많은 시간이 소요되므로 가능한 한 그대로 현실을 중시하는 것이 좋다.

❹ 무리한 학습을 피하라!

방학이라고 해서 무리한 밤샘을 한다든가 해서 생활의 규칙을 깨거나 쓸데없이 체력을 소모시키는 어리석은 행동은 삼가야 한다. 하룻밤의 밤샘은 수일간에 걸쳐 그 후유증이 나타난다. 입시준비는 마라톤 선수의 달리는 활동과 같다. 너무 무리하면 종반에 가서 뒤처지고 만다는 사실을 명심해야 한다.

❺ 부족한 과목 중심으로 계획하라!

학기 중에는 전 과목이 계속 진도를 나가기 때문에 특히 부족한 과목에 많은 시간을 투자하기가 어렵다. 그러나 방학 중에는 진도도 안 나갈뿐더러 자기 시간도 많기 때문에 부족한 과목을 보충할 수 있는 절호의 기회인 것이다. 매일 밤 그날의 학습성과를 반성하고, 다음날의 학습계획을 구체적으로 만들어놓고 잠자리에 드는 것을 생활화한다.

❻ 방학숙제는 둘로 나누어, 그저 하기만 하면 되는 것은 전반기에 끝내라!

방학은 실력을 높일 수 있는 절호의 기회이다. 그러나 숙제에 쫓긴다면 모처럼의 기회를 살릴 수 없다. 숙제도 방법을 연구하면 부담이 되기는커녕 지금까지의 배운 것을 복습할 수 있는 일석이조의 효과를 볼 수 있다. 그러기 위해서는 숙제를 '복습과 관계가 있는 것'과 리포트처럼 '그저 하기만 하면 되는 것'의 둘로 나누어서, 그저 하기만 하면 되는 것은 되도록 전반기에 끝내버리고, 복습과 관계가 있는 것은 매일 몇 페이지씩 분배를 해서 한다면 숙제의 고통을 받지 않을뿐더러 효율적인 복습의 기회가 되는 것이다.

❼ 황금시간을 놓치지 마라 !

하루 일과 중 황금시간은 개인차가 있지만 대체적으로 새벽 5~7시, 오전 10~12시, 오후 4~6시, 밤 9~11시까지로 볼 수 있다. 식사 전과 취침 전, 두 시간씩이다. 이들 시간을 절대적으로 잘 활용해야 한다. 공부는 시

낭성 방학에는 하루에 최소한 10시간은 공부를 해야 한다.

간의 양보다 황금시간에 집중적으로 몰두하는 학습이어야 지루하지 않고 짧은 시간이라도 효과를 극대화할 수 있다. 그러나 방학 중에는 최소한 위에 말한 황금시간(8시간)은 공부해야 하며, 그 외의 시간에도 적절한 휴식을 취하면서 적어도 10시간 정도는 공부에 전념할 수 있어야 한다.

제4단계 [2학기] 학습계획

고1과 고2는 제2단계인 1학기와 거의 비슷한 학습계획을 세운다. 즉, 학교수업을 충실히 받으며, 국·영·수의 실력을 더 한층 심화시키는 데 주력해야 한다. 고3은 이 기간 동안에 다음과 같은 사항에 유의해서 차근차근 공부하도록 한다.

공부를 정복하라

1) 새롭고 어려운 부분을 공부하기보다는 지금까지 공부해 온 것을 다시 복습하는 자세가 좋다. 그리고 지금까지 사용해 온 기본참고서가 좀 부족할지라도 절대로 다른 것으로 바꾸지 말고 그대로 사용해야 한다. 부족한 부분은 다른 책에서 발췌해서 기본참고서에 삽입시키거나 따로 노트를 작성하는 방법을 취하도록 한다.

2) 잘 구성된 문제집을 중심으로 연습문제를 많이 풀어보도록 하고, 그 결과 아직도 부진한 부분에 대해서는 교과서와 기본참고서를 통해 실력을 보충한다. 이때 반드시 해야 할 일은 틀린 부분은 꼭 표시를 해두었다가 그 부분만 별도로 복습하는 정성을 들이는 것이다.

3) 각종 시험을 통해 자신의 실력을 정확히 평가하는 한편, 부족한 부분을 보충하고 보완하여 실력을 한 단계 더 향상시키고, 모의고사 등에 적극적으로 응시함으로써 실전력을 키우도록 한다.

4) 자신이 충분히 풀 수 있는 문제를 실수로 인하여 틀리지 않도록 하는 훈련을 쌓아야 한다. 아무리 쉬운 문제라 할지라도 반드시 문제와 지문을 끝까지 읽어서, 출제자가 묻는 내용이 무엇인지를 정확히 파악하는 습관을 길러야 한다.

제5단계 [최종정리기간] 학습계획

이 기간은 입시 전 약 1개월 내지 2주일간의 기간으로, 지금까지 자신이 해 온 입시공부를 최종적으로 정리하고 마무리하는 단계로서, 아래의 사항에 유의하여 총정리를 해야 한다.

1) 체력관리를 잘하라 !

최후의 결전일을 코앞에 두면 누구나 긴장하여 수험공부에 총력을 기울이게 된다. 아무리 실력이 있다 할지라도 시험 당일 마음껏 발휘할 수 없다면 소용이 없다. 강인한 체력과 정신력의 소유자만이 합격의 영광을 누릴 수 있는 것이다. 체력싸움에서 이기려면 적당한 운동을 지속적으로 해야 하며, 아울러 소화흡수가 잘 되고 영양가가 높은 음식을 골고루 섭취해야 한다.

2) 새로운 참고서나 문제집을 보지 마라 !

시험을 앞두고 새로운 참고서나 문제집을 보는 것은 금물이다. 새로운 것 하나를 공부하는 시간에 지금까지 공부한 사항, 특히 자주 틀린 문제 10개를 한 번 더 복습하는 것이 훨씬 효과적이다. 지금까지 공부해 온 교과서와 기본참고서를 중심으로 정신을 집중하여 총정리를 하되, 각 과목별 교과서의 학습개관·학습요점·학습과제·연습문제 등을 다시 한번 훑어보고 꼭 암기해야 할 부분도 확인해 둔다.

3) 생활을 극도로 단순화시켜라 !

오로지 시험만을 생각해야 하는 기간이므로, 이 기간 동안에는 친구와의 만남이나 잡담, 종교활동이나 서클활동 등을 최대한 억제하고, 집안이나 친척들의 경조사(慶弔事)에도 가급적 참석하지 않는 것이 좋다. 또한 영화를 본다든가, 센티멘털한 음악을 듣는다든가, 요상한 잡지나 만화를 본다는 것은 자신을 실패의 구렁으로 몰고 가는 자살행위나 마찬가지이다. 이 기간 동안에는 공부 외에는 보지도 말고, 듣지도 말며, 말하지도 말아야 한다.

4) 조금은 무리하도록 하라!

마라톤 주자는 골인지점을 앞두고 온 힘을 다하여 질주한다. 이와 마찬가지로 수험생도 건강을 해치지 않는 범위 내에서는 마지막 순간까지 온 힘을 다하여 힘차게 몰아붙여 공부해야 한다. 조금 편하게 공부하다가 1년 더 고생하는 것보다는 훨씬 낫다.

5) 어느 한 과목이라도 끝까지 포기하지 마라!

자신에게 어려운 취약과목을 포기하고 대신 다른 과목에서 점수를 보충하겠다는 것은 이론상의 일이지, 실제적으로 포기했다는 데서 오는 후유증으로 오히려 손해를 보게 된다. 특히 비중이 높아진 영어나 수학을 포기하고 다른 과목에서 점수를 더 얻겠다는 것은 실제적으로 진학을 포기하겠다는 것이나 마찬가지다. 정말 공부하기 어려운 과목이 있다면, 그 과목에서 특히 어려운 단원은 포기하되 과목 전체를 포기하지는 말아야 한다.

6) 국·영·수는 시험 전날까지 꾸준히 하라!

일반적으로 1학기 동안에는 국·영·수를 열심히 하다가 2학기부터는 소홀히 하는 경향이 있는데 이것은 잘못이다. 물론 2학기에는 암기과목을 더욱 비중 있게 다뤄야 하지만, 국·영·수를 아예 놓게 되면 시험 때 방향감각을 잃게 되므로 많은 시간을 투자하지는 않더라도 감각을 잊어버리지 않도록 매일 꾸준히 공부해야 한다.

7) 모의고사를 적극 활용하라 !

본시험을 앞두고 치러지는 모의고사에 적극적으로 참여해야 한다. 특히 재수생을 포함하여 전국적으로 치러지는 모의고사에는 실전에 임하는 자세로 최선의 노력을 기울여야 한다. 모의고사에서 성적이 좋지 않던 학생이 갑자기 본 시험에서 고득점을 획득할 수는 없다.

시험에서는 물론 실력이 가장 중요하지만, 실력 못지않게 시험에 임하는 정신자세와 심리상태 그리고 테크닉 등도 중요한 변수로 작용한다. 실수 없이 답안지를 쓰는 요령, 과목별·문제별 적절한 시간의 안배, 장시간의 시험에서 오는 긴장감과 피로를 극복하는 요령, 뻔히 알면서도 사소한 실수로 틀려버린 문제의 발견, 아리송한 상태에서도 정답을 골라내는 능력 등도 실력 아닌 실력이라는 사실을 명심해야 할 것이다. 땀을 많이 흘리며 훈련을 한 사람은 전쟁에서 피를 적게 흘리는 법이다.

8) 그동안 보았던 기말고사·모의고사 시험지를 검토·정리하라 !

그동안 보았던 모든 시험지는 누가 출제하였든 가장 중요시하고 적중이 예상되는 문제만을 뽑아놓은 것이다. 일반적으로 같은 내용과 범위에서 출제자의 심리는 일맥상통하기 마련이다. 또한 그동안 치러왔던 시험지에는 여러분의 고민과 회한이 서려있기 때문에 기억을 하는 데도 더없이 좋은 기억의 단서가 된다. 특히 몰라서 틀렸

공부를 정복하라

거나, 실수로 틀린 문제들은 자신의 약점을 정확하게 찍어주는 것으로서, 다시 한번 확인하게 되면 본시험에서의 실수를 미연에 방지할 수 있다. 이를 위해서는 모든 시험지를 절대 버리지 말고 과목별로 자알 모아둬야 한다.

9) 토막시간·자투리시간을 잘 활용하라!

시험이 임박해질수록 시간의 부족을 절감하게 된다. 평소 여유 부리던 때를 후회하게 되고 단 1분이 아쉬워지기 마련이다. 그런데, 보통 공부를 하려면 어느 정도 긴 시간이 있어야 한다고 생각하지만 이것은 잘못된 생각이다. 예컨대, 5분이나 10분 정도의 휴식시간을 이용하여 전 시간에 공부한 것이나, 다음 시간에 공부할 과목을 대강 훑어보고 머릿속에 정리해 둔다면, 이 짧은 토막시간도 아주 귀중한 학습기회가 될 수 있다. 또한, 등하교 시의 버스나 전철에서 보내는 시간도 단어의 암기나, 어학의 청취력 향상을 위해 유용하게 쓸 수 있다. 하루에 한 번씩은 꼭 가는 화장실에서도 암기사항을 외우든가, 신문사설 등을 읽어 논술에 대비할 수 있다. 다른 사람들이 흔히 흘려보내기 쉬운 시간을 나름대로 학습에 잘 이용하는 것이 경쟁에서 이기는 학습의 요령이기도 하다.

> "내가 헛되이 보낸 오늘 하루는
> 어제 죽어간 이들이 그토록 바라던 내일이다."
> - 소포클레스
> "The time I wasted today is
> the tomorrow the dead man was eager to see yesterday."

2_ 주간 학습계획

주간 학습계획의 필요성

우리의 거의 모든 생활이 일주일 단위로 반복되고 있고, 학교의 수업시간표도 일주일별로 짜여있기 때문에, 학습계획을 짜는 데 있어서 연간계획 못지않게 중요한 것이 주간 학습계획이라고 할 수 있다. 특히, 매주 돌아오는 토요일과 일요일의 효율적인 활용을 위해서도 주간 학습계획은 반드시 필요한 것이다.

주간 학습계획의 작성 요령

1) 공부가 가능한 시간을 찾아라 !

학습계획을 작성하기 위해서는 먼저 공부가 가능한 시간을 찾아야 하는데, 공부가 가능한 시간을 찾기 위해서는 1주일간의 활동과 그 소요시간을 정확히 점검해야 한다. 그래서 도저히 공부를 할 수 없는 시간들을 파악한다. 즉, 수면시간·세면시간·식사시간·등하교시간, 운동시간, 종교 및 서클활동시간 등 학습계획에 넣을 수 없는 시간들을 체크해 둔다. 자기 생활의 리듬과 여건을 현실적으로 고려한 계획이 아니면 그 계획이 아무리 잘 짜여졌더라도 결국 계획으로만 끝나버리게 된다. 그러므로 학습계획은 처음부터 자기가 실행할 수 있는 범위 내에서 짜야 하는 것이다.

2) 1주일 단위로 과목마다 시간을 배분하라 !

날이 갈수록 대학입시에서 내신성적이 차지하는 비중은 높아지고

공부를 정복하라

있다. 따라서 국·영·수를 비롯하여 어느 한 과목도 소홀히 할 수가 없다. 때문에 과목별 공부시간의 계획적인 배분은 반드시 필요하다. 대부분의 학교수업은 1주일 단위로 전 과목이 골고루 분포되어 있다. 이 시간표를 기준으로 그 과목의 예습·복습 시간과 공부할 요일을 합리적으로 결정한다. 그럼으로써 중요과목에는 충분한 시간을 할애하면서 또한 다른 과목도 소홀히 하지 않는 바람직한 계획이 작성되는 것이다.

3) 토·일요일과 공휴일을 최대한으로 활용하라!

월요일에서 금요일까지 열심히 공부하던 학생도 토·일요일이나 공휴일이 되면, 긴장이 풀리면서 쉬고 싶은 생각이 들게 된다. 그러나 성공적인 1년을 보내기 위해서는 휴일이라고 쉴 수만 없고 효과적인 휴일계획이 꼭 수반되어야 한다.

토·일요일을 효과적으로 활용하면 공부할 수 있는 시간이 20시간 정도는 나온다. 이 시간을 5일로 나누면 매일 4시간 분량의 시간이 나온다. 이 많은 시간을 허비하고 평일에 아무리 애써도 그 효과는 반감되게 마련이다. 1년에 52번씩이나 있는 토요일과 일요일 그리고 17일의 법정 공휴일을 잘 활용하는 사람은 엄청난 실력의 향상을 가져올 것이다.

"구체적인 계획이 없는 꿈은 막연한 바람에 불과하다.
당신이 제일 먼저 할 수 있는 것부터 계획을 세우라.
최고의 계획은 기도로부터 시작된다."

각종 도표 및 그래프를 이용한 학습계획

[1] 학습 발전 도표의 작성

[예] ＿＿＿년＿＿월＿＿일 ~ ＿＿＿년＿월＿일
(겨울방학 지옥훈련 계획표)

"하루를 놀고 일 년이 늦어도 좋은가???"

D-☐ (연필로 기입 ··· 매일 지웠다 새로 쓴다)

카운트다운	요일	Page 날짜	國語 교과서	國語 참고서 A	英語 교과서	英語 참고서 A	英語 참고서 B	數學 교과서	數學 참고서 A	··· 교과서	··· 문제집 A
			256	335	······	······	······	······	······	······	······
50	水	12月20	15	···							
49	木	21	27	···							
48	金	22	33	···							
47	土	23	38	···							
46	日	24	45	···							
45	月	25	63	···							
44	火	26	87	···							
43	水	27	⋮	···							
⋮	⋮	⋮	⋮	···							

※ 여러분이 좋아하는 색깔의 두꺼운 켄트지에 위의 도표를 크고 깨끗하게 그려라!
   공부를 시작하기 전에 펼쳐 놓고 한 과목의 공부가 끝날 때마다 진도를 표시하라!

[2] 모의고사 성적 분석표

〈표 ①〉 모의고사 성적 분석란

과목 \ 횟 수	배점	1회	2회	3회	4회	5회	6회	7회
언어영역								
수리 탐구 영역 / 수리영역								
수리 탐구 영역 / 자연과학 탐구영역								
수리 탐구 영역 / 사회과학 탐구영역								
외국어영역								
총점								
석차 / 반								
석차 / 계열								
석차 / 학교								

〈표 ②〉 모의고사 분석표　　　(　　월　　일 실시) 석차 반　　등 / 학교　　등

과목	배점	득점 A	득점 B	평균	편차	실점	원인 분석					차시 목표	최종 목표
언어영역							1	2	3	4	5		
수리 탐구 영역 / 수리영역													
수리 탐구 영역 / 자연과학 탐구영역													
수리 탐구 영역 / 사회과학 탐구영역													
외국어영역													
총점													
석차 / (반)													
석차 / (계열)													
석차 / (학교)													

(참고) 1) 득점 A는 시험 직후 모범답안과 자신의 시험지에 표시된 답안을 비교하여 득점을 기록하는 난이다.
　　　2) 실점란은 배점에서 득점 A를 뺀 숫자를 적는다.
　　　　 시험 결과가 정식으로 발표된 후에는 득점 B에 자기 성적을 기록하고, 득점 A와 득점 B의 오차를 원인 [1]에
　　　　 기록한다. 득점A가 많을 때에는 +로, 적을 때는 -로 기록한다.
　　　3) 평균은 학교의 계열(문·이과) 평균을 기록하고, 편차는 〈득점 B-평균〉을 기록한다.
　　　　 대신 과목별 석차를 써도 좋다. 목표는 모의고사로 정한다.
　　　4) 원인 분석
　　　　 1 : 해답의 오기　2 : 문제 해석의 착오　3 : 계산 및 논리 착오　4 : 아리송했던 문제　5 : 전혀 모르는 문제
　　　5) 원인별 대책
　　　　 1 · 2 : 시험 태도로 만회 가능　　3 · 4 : 단기 학습 강화로 순차적 만회 가능　　5 : 중·장기간이 필요함

[3] 학습 발전 그래프 … 과목별·월별

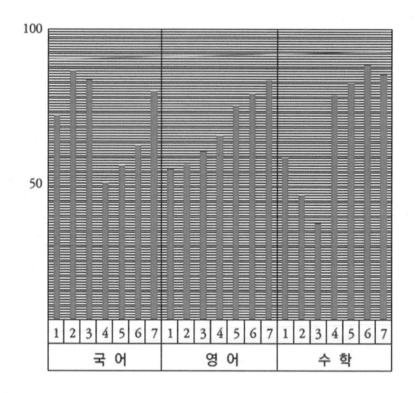

"용감(勇敢)한 자는 투쟁하고,
나약(懦弱)한 자는 굴복하고, 비겁(卑怯)한 자는 도주한다."

〈생체시계〉

"오전 10시 기억력 가장 왕성"
- 밤엔 이해력의 반대 신진대사 … 학습능률 떨어져 -
- 공부 낮시간 이용, 운동연습은 초저녁이 효과적 -

"우등생이 되고 싶거나 슈퍼스포츠스타가 꿈이거든 생체시계를 독파하고 실천하라." 요즘음 우리 몸 안에 들어있는 생체시계의 중요성이 부각되고 있다. 시간생물학자들은 24시간 주기의 생체시계는 오전 중에 짧은 기간의 기억력이 최고치를 나타내고, 오후에 손재주가 절정에 이르며, 또한 운동선수는 초저녁에 연습하는 것이 하루 중 가장 기록향상이 빠르다고 한다. 여러 나라에서 관심을 모으고 있는 시간생물학자들은 체온·혈압·호르몬·두뇌운동 등 신체의 주요 요소들이 매일 일정한 리듬에 따라 변화한다는 사실을 밝혀냈다.

해조류에서 코끼리, 인간에 이르기까지 모든 동식물은 일하고 쉬고 잠자고 활동하는데 이를 하루 단위로 꾸려나간다. 1940년 이후 시간생물학자들은 살아 있는 모든 유기체는 짧으면 분 또는 시간, 며칠, 몇 달에 걸친 생체리듬을 갖고 있다는 것을 밝혀냈다.

시간대에 따라 사람이 느끼는 감정·작업능률·민첩성·시각·청각·미각·후각 등이 다르고 음식물이나 음악 등을 받아들이는 정도가 각각 다르다. 시간생물학적으로 공부는 낮에 하는 것이 가장 바람직하다. 많은 수험생들이 낮시간에는 빈둥빈둥대고 밤에 잠 안자고 공부하는데 이는 낙방으로 향한 지름길이라고 경고한다. 원인은 밤에는 이해력과 정반대로 모든 신진대사 작용이 이루어지기 때문이다.

'엔도르핀'선풍을 몰고온 이상구박사도 "햇볕이 비칠 때와 밤의 뇌호르몬 종류가 다르다."며 "낮시간에 공부하고 밤에 자는 것이 훨씬 능률적"이라고 충고한다. 생체시계에서 단기 기억력으로 해결할 수 있는 벼락치기 공부의 최적기는 오전이다. 우리 몸 안에서 진통제 역할을 하는 엔도르핀 분비가 오전 9시경 가장 활발해져 한 시간 뒤인 10시경에 기억력과 정신집중이 최고조에 이른다. 24시간 중 이때의 기억력이 15%이상 높다는 사실도 확인됐다.

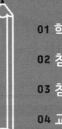

제6장

학습교재의 선택 및 활용법

현실적으로 교과서나 학교수업만으로는 충분한 학습효과를 기대하기 어려워 학습 부교재를 통해 부족분을 메울 수밖에 없다. 참고서가 교과서의 내용을 보완. 심화하여 보다 체계적인 수험준비를 하는 데 상당히 중요한 몫을 담당하기 때문에, 참고서는 입시에 대비해야 하는 수험생들에게 필요충분한 조건이다.

참고서의 선택은 그만큼 중요한 문제다. 홍수처럼 쏟아져 나오는 참고서들은 모두가 최고라고 선전하고 있다. 그런데 겉으로는 그럴듯하지만 내용은 형편없는 저질품이 많고, 그럴수록 허위·과대광고로 학부모와 학생들을 현혹시키는 수가 많기 때문에 어느 것을 선택해야 할지 쉽지 않다. 치열한 입시경쟁을 뚫고 진정한 승리자가 되기 위해선. 아주 조심스럽고 신중하게 참고서를 선택해야 한다.

학습교재 선택의 전제 조건

만약 여러분이 자신에게 가장 적절한, 자기만의 참고서 선택법과 활용방안을 찾았다면 여러분은 이미 합격의 문턱에 다가선 것이나 다름없다고 할 수 있다.

그렇다면 수많은 종류의 참고서 가운데서 무엇을 어떻게 선택해야 하며, 또 그 효율적인 활용방안은 어떠한 것인가?

교과서가 가장 중요하고 훌륭한 학습교재이다

여러 가지 학습교재 중 수험생이 으뜸으로 생각해야 할 교재는 교과서이다. 왜냐하면,

첫째, 교과서는 기본 교육과정을 수록한 교재이다. 학교에서 선생님이 가르치고, 학생이 배워야 할 학습내용 그리고 수많은 종류의 참고서가 설명하고 해설하고 있는 학습내용도 바로 교과서에 수록되어 있는 교육과정이다.

둘째, 교과서는 학생이 꼭 알아야 할 교육과정의 핵심을 가장 체계적이고 요령 있게 설명한 교재이다. 불필요하거나 내버려야 할 부분이 없기 때문에, 교육과정의 학습을 하는 데 시간과 노력이 가장 절약된다.

셋째, 교과서는 입시문제의 적중률이 가장 높은 교재이다. 입시문제는 기본 교육과정 내에서 출제되는 것이 원칙이며, 기본 교육과정이란 바로 교과서 위주의 학습내용을 말하는 것이다. 즉, 교과서 중심의 학습이 입시문제 출제경향에도 가장 알맞은 학습이다.

따라서, 다른 학습 부교재의 선택과 그 활용법도 중요하지만, 여러분이 가장 중요시해야 할 교재는 역시 교과서임을 명심하여, 교과서를 소홀히 하지 말고 다른 참고서를 공부하기에 앞서 먼저 교과서의 내용을 이해하고 소화하는 데 노력을 기울여야 한다.

개인적 특수사정을 고려해야 한다

어떤 형태의 참고서가 좋은가 하는 것은 물론 그 참고서의 질에 의해 판가름된다. 그렇지만 그에 못지않게 수험생 각자가 처해있는 특수한 사정하에서 자기에게 가장 필요한 요소를 갖춘 참고서냐 아니냐에 의해서 공부의 결과가 더욱 크게 좌우된다. 실제로 참고서 선택에 있어서 실패의 대부분은 그 참고서의 질의 좋고 나쁨보다 그 선택 주체자의 주관적 입장에 적절한 형태의 것이 아니라는 데에서 비롯된다. 그러므로 실제적으로 가장 중요한 사항은 자신에게 가장 알맞은 형태의 참고서가 어떤 종류의 것인가를 침착히 결정하는 것이다.

공부를 정복하라

먼저 자기 실력과 주어진 시간과 진전능력에 대한 냉철한 통찰이 있어야만 그 위에서의 계획수립도 착실한 성과를 약속해준다는 사실을 명심해야 한다. 이렇게 작성된 계획하에서야 비로소 적절하고 유용한 참고서의 종류도 결정되고, 동시에 흡족한 결과를 얻을 수 있는 공부방법도 찾아지는 것이다.

참고서의 패턴을 알아야 한다

참고서에는 여러 종류가 있지만, 이것을 수험공부에 활용하기 위해서는 자신의 사용목적에 알맞은 패턴의 참고서를 고르는 것이 중요하다. 시판되고 있는 여러 참고서의 주된 패턴을 살펴보면,

1) 기초해설용

교과서에 나오는 기본 사항을 정성껏 해설해 놓은 것으로, 서툴거나 못하는 과목의 기초력 향상을 위해서 또는 교과서의 예습·복습용으로 알맞다.

2) 응용발전형

교과서보다 다소 넓고 깊게 파고든 것으로, 응용력을 붙이는 데 알맞다. 일반적으로 수준이 높으므로 기초가 어느 정도 완성된 후가 아니면 무리한 형이다.

3) 요점정리형

중요한 것이 요령 있게 간추려져 있는 것으로, 필요사항을 사전과

같이 뽑거나 스스로 총정리할 때 참고로 하기에 좋다.

4) 문제연습형

기초문제에서 입시문제까지의 연습이 중심인 참고서로서, 해법의 설명, 테크닉의 연구 등이 상세하게 기술되어 있어 실전력을 붙이는 데 알맞다.

5) 입시문제형

과거 수년간의 입시 기출문제를 단원·종류별로 정리한 것으로, 시험문제의 출제 경향과 중요한 부분을 파악하는 데 있어 가장 효율적인 교재이다.

이상에 든 다섯 가지 패턴은 대표적인 것으로, 실제로는 몇 가지의 패턴을 겹친 종합형이라 할 만한 것도 있다. 주위의 한두 사람의 좋다는 얘기, 과대광고나 세일즈맨의 감언이설에 넘어가 교재를 함부로 구입해서는 안 된다. 경제적인 손실뿐만 아니라 어렵게 구입한 교재를 충분히 활용하지 못함으로써 느끼는 정신적인 부담감과 갈등은 의외로 클 수가 있다. 그러므로 여러분은 다음의 참고서 선택 방법을 잘 숙지하고, 학교 선생님과 선배·친구들의 도움말을 받아, 직접 내용을 살펴보고 신중하게 골라야 할 것이다. 그리고 한번 선택한 기본참고서는 특별한 사정이 없는 한 절대로 다른 기본참고서로 바꾸지 말아야 한다.

공부를 정복하라

참고서의 선택방법

자신의 발상법과 일치되는 참고서가 좋다

참고서를 고를 때 유명한 저자가 쓰고, 대형 출판사에서 출판되었으면 내용도 보지 않고 사버리는 사람이 많다. 그러나 이것은 큰 잘못이다. 아무리 유명하고 일류라 할지라도 발상법이나 기억의 시스템이 나와 다른 사람이 쓴 참고서는 도움이 되지 않는다. 자신의 방식과 일치되는 분류방법, 줄거리의 진행, 굵은 글자 사용, 종합방법 등으로 된 참고서를 선택함으로써 능률을 크게 올릴 수 있다. '자기에게 맞는' 참고서를 발견할 때까지는 절대 사지 않을 정도로 철저한 자세가 아니면 참고서를 완벽하게 이용할 수가 없다.

자신이 가장 약한 부분의 내용을 비교·검토하여 선택한다

자신에게 적합한 참고서를 고르는 방법 중의 하나는 자신이 가장 약하고 서툰 부분에 초점을 맞추어, 그 부분에 대해 가장 알기 쉽게 해설한 참고서를 고르는 것이다. 아무리 정평 있는 참고서라도 누구에게나 적합하지는 않다. 요는 자신의 사고방식과 능력에 걸맞는 참고서 즉, 자신이 보기 좋고 이해하기 쉬운 참고서를 골라야 한다. 그러나 너무 파격적이고 혁신적인 참고서는 오히려 학습 능률을 떨어뜨릴 우려가 있으니 주의해야 한다.

비판적인 시각으로 책의 특징을 살펴본다

첫째, 저자를 살펴본다 : 책의 맨 앞이나 뒤에 저자의 이름과 학력·경력·직함·저서명 등이 소개되어 있다. 입문서나 대중서적 등의 경우에는 비록 무명의 저자라 하더라도, 훌륭한 저술을 할 수 있다. 그러나, 전문성이 있는 학습교재는 그 분야의 권위자가 저술한 것이 좋다.

둘째, 서문을 살펴본다 : 참고서를 고를 때는 반드시 그 책의 서문을 읽어 보아야 한다. 서문에는 그 참고서가 만들어진 목적과 수준, 사용방법 등이 적혀 있으므로, 그것을 읽으면 그 참고서가 자신에게 적합한 것인지 아닌지를 어느 정도 가늠할 수 있다.

셋째, 목차를 훑어본다 : 책의 목차는 그 책에 어떤 내용이 어떠한 순서로 전개되어 있는가를 일목요연하게 나타내 주기 때문에, 참고서를 고를 때는 반드시 목차를 꼼꼼히 살펴보아야 한다. 만일 목차를 읽는 동안 흥미가 생긴다면, 그 책은 훌륭한 교재라는 증거다.

넷째, 색인을 살펴본다 : 색인은 저자의 주의력과 신뢰도를 측정할 수 있는 부분이다. 색인의 양이나 배열이 적절한지 살펴보아야 한다.

다섯째, 출판일과 판수를 점검하라 : 문학이나 역사서적 같은 책은 출판일이 큰 문제가 되지 않는다. 그러나 과학이나 사회학 등에서는 출판일이 중요하다. 몇 년만 지나도 낡은 지식으로 평가되는 경우가 흔히 있기 때문이다. 또한 판수도 중요하다. "사전은 초판을 사지 마

공부를 정복하라

라."고 하는데, 아무리 주의해서 교정을 봐도 초판에는 오자나 탈자가 있게 마련이다. 따라서 참고서의 판권을 보아 발행 횟수가 많은 것일수록 하자 없이 잘 만들어진 책이라고 할 수 있겠다.

같은 경향의 참고서를 여러 권 사지 마라

참고서는 과목별로 1~2권이면 족하다. 물론 참고서마다 각기 일장일단이 있는 만큼 한 권만으론 어쩐지 불안하다는 마음이 들 수도 있다. 그러나 교과서와 병행해서 쓰기 위한 것, 시험을 바로 앞두고 마무리하기 위한 것 등 특별한 목적에 따라 갖춘다면 모르지만 같은 경향의 것을 여러 권 사게 되면 마음이 흩어져 오히려 방해가 된다. 또, 남의 떡이 커 보인다는 식으로 자신이 공부하던 참고서는 집어치우고 다른 친구가 보는 참고서를 구입해 보는 것은 머리만 복잡하게 할 뿐이다. 참고서가 여러 권이 되다보면 체계적인 학습을 할 수 없을 뿐만 아니라, 반복에 의한 기억의 효과를 충분히 살릴 수 없다. 참고서는 어디에 무엇이 쓰여 있는지를 짐작할 수 있을 만큼 철저히 학습을 해야 비로소 자신의 일부가 된다.

그러나 이미 구입했던 참고서의 내용이 조잡하거나, 너무 어려워서 자신에게 도저히 맞지 않는다고 판단된다면 과감히 다른 참고서를 구입해야 한다.

문제집은 문제의 해결법을 중시한 것이어야 한다

문제에 따라서는 잘못된 사고방식으로도 우연히 답이 맞는 수가 있다. 그 우연이 몇 차례 거듭되면 그것이 진짜 자신의 실력이라고 착각하게 된다. 문제집은 우연의 확률을 시험하기 위한 것이 아니라, 어디선가 논리관계에서 치명적인 잘못을 범하고 있지 않은가를 체크하기 위한 도구이다. 그러기 위해서는 해답만이 쓰여 있고 문제수가 많은 것보다는 문제 해결법을 중심으로 만들어진 문제집을 골라, 해답보다는 그 과정에 대한 연습을 쌓아 올리는 것이 중요하다.

문제집은 자신의 힘으로 정답을 낼 수 있는 비율이 70% 이상인 것이어야 한다

자신의 실력을 무시하고 수준 높은 문제집을 선택하여 고통을 받는 사람이 많다. 그 의욕은 가상하지만 스트레스만 쌓이고 공연히 시간만 낭비할 뿐 효과는 없다. 기초실력을 철저히 키우기 위한 문제집은 자신의 실력에 걸맞는 것을 고르는 것이 포인트다. 이를 위해서는 자기 힘으로 풀 수 있는 문제가 70% 정도 되는 것을 선택하면 된다. 처음에는 쉬운 문제집을 골라 기초실력과 자신감을 얻은 뒤에 정도가 높은 문제집으로 나가는 것이 올바른 문제집의 선택 방법과 사용 방법이다.

"모든 성경은 하나님의 감동으로 된 것으로
교훈과 책망과 바르게 함과 의로 교육하기에 유익하니"
- (디모데후서 3:16)

공부를 정복하라

참고서·문제집의 올바른 활용법

[1] 참고서의 효율적인 활용법

좋은 참고서를 소유했다고 해서 그것이 곧 공부를 잘하게 된다는 등식은 성립되지 않는다. "구슬이 서 말이라도 꿰어야 보배."라는 속담이 있듯이, 아무리 훌륭하고 값진 참고서라도 그것을 얼마나 효율적으로 자신의 것으로 만드느냐 하는 것이 무엇보다 중요하다.

기본참고서는 한 권만 선택하되, 몇 번이고 반복하여 공부하라

참고서의 선택방법에서도 말했듯이 기본참고서는 제대로 된 것으로 한 권만을 선택하여, 몇 페이지에 어떤 내용이 있다는 것이 훤히 떠오를 정도로 몇 번이고 반복하여 공부해야 한다. 이것저것 잡다한 참고서를 뒤적거리는 것보다는 한 권의 참고서를 반복해서 보는 것이 훨씬 능률적이다. 아무래도 한 권으로는 부족하다는 생각이 들면, 그 기본참고서를 완전히 숙달시킨 후에, 경향이 다른 참고서를 보면서 빠진 부분이나 부족한 부분을 기본참고서에 삽입시켜 단권화를 하거나 보충노트를 마련하여 부족한 부분만을 정리해 둔다.

讀書百遍義自見
독서백편의자현

책이나 글을 백 번 읽으면 그 뜻이 저절로 이해된다

| 기본참고서는 도중에 바꾸지 마라

한번 선택한 기본참고서는 도중에 바꿔서는 안 된다. 기본참고서를 완전히 숙달하지도 않은 채 도중에 바꾼다면 엄청난 시간과 노력의 낭비를 초래하게 된다. 그래서 처음에 올바른 참고서를 선택하는 것이 더욱 중요하다. 만약 자신이 공부하고 있는 기본참고서보다 비교적 새로 나온 좋은 참고서가 있다고 할지라도, 학교 교육과정이 바뀌지 않는 한 섣불리 바꿔서는 안 된다. 모든 참고서의 내용이 거의 비슷하지만 각 참고서마다 특징이 있고, 기본참고서에는 없는 내용이 다른 참고서에 들어있는 경우가 있기 때문에 다른 참고서가 필요할 경우가 있다. 그러나 이 경우에도 기본참고서를 완전히 소화시킨 후에, 기본참고서의 내용을 보완하는 정도에서 기타 참고서를 이용해야 한다.

공부를 정복하라

문제 연습용 전용노트를 만들어 직접 스스로 풀어보라

참고서의 문제를 풀 때, 문제를 깊이 생각해 보지도 않고 약간만 막히면 곧바로 해답을 보는 잘못을 범하는 경우가 많다. 자신의 수준으로 너무 어려운 것은 예외라 하더라도 알 듯 모를 듯 정답이 머릿속에서 뱅뱅 돌고 있는 문제라면 자신이 알고 있는 모든 지식을 동원하여 정답을 찾아내려고 애를 써야 한다. 하다하다 안될 경우에 비로소 풀이와 해답을 보아야 한다.

이때 연습문제 전용노트를 만들어 자신이 생각한 풀이법을 그대로 써 나간 후에 해답과 비교하면, '아하 바로 이 부분에서 착오가 있었고 생각이 막혔구나'하는 것을 깨달을 수 있다. 그리고 자신이 틀린 부분에는 빨간 볼펜으로 중요표시를 해놓고 늘 주의해서 봄으로써 그 부분에서는 다시 틀리지 않도록 주의한다. 참고서의 해답이 잘 되어 있음을 참으로 이해하는 것은 자신이 얼마나 서툴게 해답을 내었는가를 스스로 알게 되는 데서부터 시작된다.

[2] 문제집의 효율적인 활용법

문제집이라는 것은 교과서의 내용을 충실히 이해하고 있는지를 확인점검하는 출제예상 문제의 묶음이며, 특히 잘 꾸며진 문제집이란 어렴풋하게 이해하고 있는 내용을 단계별로 향상시켜 주면서 확인점검하는 동안에 목표수준에 도달하게 해주는 것이다. 기초에서부터 복합적인 응용력까지 최대한 발휘될 수 있도록 잘 짜여진 문제집을 선택해야 한다. 그러면 문제집의 효율적인 활용법에 관해 살펴보기로 하겠다.

문제집은 기본참고서를 완전히 공부한 후에 풀어보라

문제집은 이미 공부한 교과서나 기본참고서의 내용을 얼마나 충실히 이해하고 있는지를 테스트해보고, 틀리는 부분이나 부족한 부분을 찾아내서 그 부분을 다시 공부함으로써 실력을 보충하는 한편, 입시문제를 풀어보는 연습을 하는 데 필요한 교재이다. 그러므로 문제집은 기본교육과정의 학습 내용을 완전히 공부한 다음에 사용해야 한다. 교과서와 기본참고서를 완전히 이해하지 못한 채 문제집을 풀면 혼란만 가중될 뿐 자신의 실력으로 정착되지 않는다.

기초문제와 기본문제를 완전히 익힌 다음에 응용문제를 공부하라

실력을 쌓는다는 것은 흡사 벽돌로 집을 짓는 이치와 같다. 기초문제는 기초공사요, 기본문제는 골조공사요, 응용문제는 내부공사와 같다고 할 수 있다. 기초공사 없이 골조공사를 할 수 없고, 골조공사를 하지 않고 내부공사를 할 수는 없다. 교과서와 기본참고서뿐만 아니라 문제집도 반드시 위의 순서대로 공부하여야만 확고한 자신의 실력이 되는 것이다. 기초와 기본 문제를 모르고서는 응용문제를 풀 수 없다는 것은 당연한 이치다. 이러한 당연한 이치를 망각하고 쉽다는 이유로 기초와 기본문제를 소홀히 하고, 어려운 응용문제에만 매달리다가는 귀중한 시간과 정력만을 낭비하게 되고 치명적인 결과를 초래하기 쉽다.

기본문제는 꼼꼼하게, 응용문제는 홀수번호만 풀어라

한 권의 문제집을 선택해서 풀고자 할 때, 첫 장 첫 문제부터 빠짐없이 푸는 것도 상관없겠지만, 잘못하다간 처음 부분에서 맴돌다가 뒷부분은 들쳐보지도 못하는 경우가 종종 생긴다. 이러한 폐단을 미연에 방지하기 위한 방법으로, 기본문제로 제시된 문제는 빠짐없이 골고루 풀어보고, 응용문제는 우선 홀수번호만을 푼다든가 아니면 3의 배수만을 푼다든가 하는 규칙성을 부여하여 전체적으로 한 번 훑어보는 것이 효율적이다. 두 번째로 풀 때는 틀렸던 문제와 나머지 문제만을 풀면 되니까 진도도 잘 나갈 수 있고 반복의 효과도 있어 학습능률이 오른다.

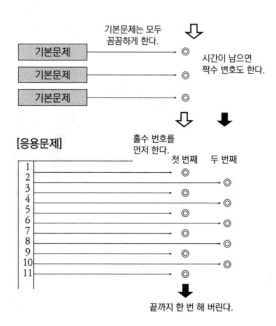

문제집은 '풀지 못하는 문제'를 발견하기 위해 있음을 알라

문제집을 풀다가 풀 수 없는 문제를 만나면 비관할 것이 아니라 기뻐해야 한다. 왜냐하면, 풀지 못하는 문제는 자신이 지금까지 알지 못했던 점을 지적해 주기 때문이다. 약점을 알고 나면 그만큼 실력도 향상된다.

풀 수 없는 문제를 만났을 때는 다음과 같은 순서로 공격하라.

❶ 문제의 의미를 잘 알지 못하기 때문에 풀 수 없는지도 모른다. 따라서 먼저 문제를 자세히 읽어 출제자의 의도를 파악하도록 한다.

❷ 기본적인 이해방향이 애매해서인지도 모르므로, 그 부분의 교과서와 기본참고서를 다시 한번 복습해본다.

❸ 그래도 안 되면 해답을 보고 기본을 어떻게 응용하면 되는가를 확인한 다음 ☆표를 해둔다.

❹ ☆표를 해 둔 문제는 일주일 내에 다시 한번 풀어본다.

❺ 그래서 풀 수 있는 문제는 ○표를 하고, 풀지 못하고 해답을 또 보아야 했던 문제에는 ☆☆표시를 해 둔다.

이와 같이 하여 ☆표, ☆☆표의 문제가 모두 ○표로 되면 문제를 모두 자기 힘으로 풀었다는 것을 의미한다. 풀 수 있는 문제를 몇십 개 풀기보다는 풀 수 없는 문제를 하나라도 줄이는 것이 실력향상의 지름길이다. 자기가 잘하는 쪽을 늘리기보다는 '함정'을 하나라도 없애버리는 것이 좋은 점수를 따는 비결이다. 따라서 문제집은 '함정'을 발견하기 위해 이용해야 한다.

모르는 문제가 나오면 그 부분에 대한 기본참고서를 다시 공부하라

문제를 풀어나갈 때, 풀 수 없는 문제의 해결이 문젯거리가 되는데 이때는 교과서와 기본참고서를 보고 다시 이해를 배가시킨 후에 해결해야 하며, 미리 해답부터 보고 해결하려 들지 말아야 한다. 그리고 객관식 문제의 경우에는 정답이 아닌 다른 지문의 의미까지 즉, 출제자가 왜 그런 지문을 선택했는지 출제자의 의도를 확실히 알 수 있어야만 그 문제를 완전히 소화했다고 할 수 있을 것이다. 그렇지 않고 그냥 답만 무엇이다는 식으로 공부한다면 아무리 많은 문제집을 풀어도 실력향상은커녕 시간과 노력만 낭비할 뿐이라는 사실을 명심하기 바란다.

문제를 자세히 읽고, 아는 것을 틀리지 않도록 하라

문제집은 입시를 대비하여 실전력을 키우는 유용한 도구이다. 평소에 문제를 자세히 잘 읽는 버릇을 들여 아는 것은 틀리지 않도록 해야 한다. 평소에 덤벙대며 문제를 푸는 버릇을 들이면 본 시험에서도 실수하기가 쉽다. 몰라서 틀리는 것도 억울한데 아는 것을 실수로 틀린다는 것은 너무 어이없는 일이다. 그러므로 평소에도 문제를 풀 때는 아무리 쉬운 문제라도 반드시 문제의 처음부터 끝까지 차근차근 읽어보고, 무엇을 묻는가를 확인한 다음에, 보기 하나하나의 내용도 그 뜻을 완전히 확인한 후에야 답을 쓰는 습성을 길러야 한다. 그리고 수학이나 과학과 같이 계산을 주로 하는 과목은 어떤 경우에도 계산은 틀리지 않겠다는 각오로 문제풀이에 임해야 한다.

해법의 패턴을 파악하는 데 중점을 두고 문제를 풀라

응용력과 실전력을 키우기 위해서는 많은 문제를 푸는 것이 필요하나, 막연히 많은 문제를 푼다고 해서 실력이 붙는 것은 아니다. 계산연습을 하는 경우라면 모르지만, 막연히 많은 문제를 푼다는 것은 오히려 시간과 노력만을 낭비시키는 매우 비능률적 단순노동에 불과할 수 있다.

짧은 시간에 되도록 능률적으로 문제집을 이용하기 위해서는 해법의 패턴 즉, 문제는 달라도 '이런 형의 문제는 이렇게 풀면 된다'는 테크닉을 파악하는 데 중점을 두고 공부해야 한다. 특히 기초가 되는 예제문제의 해법을 확실하게 익혀두면 응용력이 형성되므로 아무리 어려운 문제가 나와도 풀 수 있는 능력이 생기게 된다.

풀어본 문제에는 반드시 흔적을 남겨라

문제집도 한번 풀어보았다고 해서 그냥 내동댕이쳐서는 안 되고, 서너 번씩은 반복해서 복습을 해야 한다. 그런데, 그 후의 복습을 효율적으로 하기 위해 일단 문제를 풀어본 후에는 그 문제에 대한 평가를 하여 대체로 다섯 가지 정도로 분류해 놓는다. 즉, 완전히 이해와 암기가 되어 있어서 후에 다시 확인할 필요가 없거나, 입시와는 전혀 무관하다고 생각되는 문제에는 ×표, 지금 현재로서는 충분히 풀 수 있지만 후에 한두 번은 다시 확인해 볼 필요가 있는 문제에는 ○표, 몰랐거나 실수로 틀린 문제에는 ◎표, 문제의 질문내용이 명확하지 않거나 해답이 자신의 견해와 다른 문제에는 △표, 풀었건 못 풀었건 상당히 중요하다고 생각되는 문제에는 특별히 ☆표 등을

공부를 정복하라

붙어나간다.

이렇게 해 두면 문제집 한 권을 풀고 나서 다시 재습할 때, ×표를 한 것은 그냥 지나쳐도 되어 그만큼 시간이 절약되고, 틀린 문제나 중요한 문제는 더욱 중점적으로 공부할 수 있어 매우 능률적이다. 그리하여 거의 모든 문제가 ×표가 되었을 때, 경향이 다른 문제집이나 한 수준 높은 문제집을 한 권 더 풀어본다.

교과서 공부의 학습전략

[1] 5단계 - SQ3R법

학습 방법에 대한 광범위한 연구 결과, 가장 효과적인 학습절차는 SQ3R법이다. 이것은 개관(Survey) → 의문(Question) → 읽기(Read) → 암기(Recite) → 재검토(Review)의 단계로 이루어진 학습전략이다.

많은 실험을 통하여 이들 절차의 효과는 충분히 검토되었다. 공부를 잘하는 학생들은 의식적으로든 무의식적으로든 이 일반적인 절차를 그 나름대로 따르고 있었다. 또한, 공부를 못하는 학생들에게 그 방법을 가르쳤을 경우, 그들의 학업성취도를 크게 향상시켜 주었던 훌륭한 학습방법이라는 것이 밝혀졌다.

Survey ··· 개관하라 !

1) 개관이란?

개관(概觀)이란 학습할 내용들을 자세하게 공부하기 전에 우선 전반적인 줄거리를 대략적으로 훑어보는 것을 말한다. 비유하자면 모르는 곳으로 여행을 가거나 등산을 갈 경우, 출발하기에 앞서 지도를 펴놓고 코스를 살펴보는 것과 같은 일이다. 상세히 책을 읽기 전에 미리 대략적인 개관을 해두면, 앞으로 그 책을 읽을 때 그 내용을 이해하기 퍽 쉬워진다.

2) 개관의 방법

❶ 먼저 서문을 읽는다

서문을 통해서 저자가 어떤 목적으로 그 책을 썼는지, 그 책에서 어떤 내용을 다루려 하는지를 가장 쉽게 알 수 있다. 그리고 그 책은 어떤 사람을 대상으로 쓰였는지, 그 책을 읽자면 어떤 준비와 얼마만큼의 예비지식을 필요로 하는지 등에 대한 대략적인 윤곽을 파악할 수 있다.

❷ 목차를 읽는다

천천히 꼼꼼하게 목차를 읽어 가면서 그 책이 어떤 내용을 담고 있는지에 대하여 자세히 검토·파악하여야 한다. 또한, 책을 읽어 나가면서도 가끔 목차를 다시 찾아보고 그 책 내용의 진행을 살펴야 한다.

❸ 각 장의 소제목과 그 소제목 밑의 문장을 몇 줄 읽어본다

대부분의 저자들은 책을 쓸 때 책 내용을 여러 가지 소제목으로 구분·조직하기 때문에, 각 절의 제목과 그 밑의 소제목의 순서와 내용을 훑어보아야 한다. 그러면 그 장의 내용과 구성을 알 수 있다. 각 소제목은 그 책 내용의 핵심인 것이다.

만약 그 책에 장마다 요약이 되어 있다면, 개관할 때 그 요약을 읽어보아야 한다. 이러한 일을 통하여 그 책의 전반적인 경향과 전체적인 체계를 이해할 수 있기 때문이다.

Question … 질문하라!

1) 질문이란?

질문을 갖게 된다는 것은 학습에 목표를 갖게 된다는 것이다. 의문은 우리로 하여금 지금 공부하고 있는 것, 알고 있는 것에 대하여 자꾸 생각하도록 만들므로 학습을 돕는 역할을 한다. 또한 질문에 대한 답으로서 배우는 내용은 그냥 외운 것보다 훨씬 오래 기억된다.

2) 질문의 방법

❶ 누가 질문하는가?

그 교과서를 공부하려는 사람은 바로 학생 자신이기 때문에 학생 스스로가 갖게 되는 질문 혹은 의문이 가장 좋다. 책의 소제목들을 읽을 때마다 마음속에서는 많은 의문이 떠올라야만 한다. 어떤 경우에는 저자가 그 책에 질문을 해놓는 경우도 있다. 각 장의 처음 부분에 질문이 쓰인 경우도 있고, 각 장의 끝 부분에 놓여있는 경우도 있다. 학생들은 이것을 무시하는 경우가 많으나, 이것을 충분히 이용하여야 한다. 3단계인 '읽기' 전에 그 질문은 자신의 것으로 해야 하며, 또 공부가 끝난 후에는 그것을 이용하여 자기 자신을 점검해 보아야 한다.

❷ 체계적으로 질문하는 방법은

연습을 많이 해봐야 한다. 공부하는 모든 과에서 의문을 갖는 연습을 열심히 해야 한다. 그리고 그 의문들을 간단히 적어 본다. 이렇게 연습하다 보면 질문하는 방식의 체계가 형성되고, 나중에는 적을 필요도 없이 개관할 때나 읽어나가는 도중에 자연히 많은 의문이 생기고, 그 의문을 중심으로 책을 읽게 된다.

Read … 읽어라 !
1) 읽기란?

읽기란 개관에 의하여 이미 어느 정도 알려졌으며, 각각의 중요한 곳이 의문에 의해서 특별히 표시되어 있는 숲속길을 산책하는 것과 같다.

2) 읽기의 방법
❶ 능동적·적극적으로 읽어야 한다

공부를 위해 읽는 교과서는 소설 읽듯이 읽어서는 안 된다. 그러기 위해서는 항상 의문을 되살려야 한다. 그 의문의 답을 찾는 자세로 정신을 집중하여 읽어야 한다. 단지 글줄을 따라 안구운동만을 반복해서는 안 된다.

❷ 저자가 강조한 부분에는 특히 신경을 쓰며 읽어야 한다

저자들은 중요한 용어·개념, 혹은 특별히 강조하고 싶은 부분을 밑줄로 긋거나 고딕체를 사용한다. 이러한 부분에는 특히 주의를 집중하여 그것이 전체 문장과 어떤 관련이 있는지를 완전히 이해하고 파악하도록 해야 한다.

❸ 본문만 읽지 말고 도표·그래프·그림들도 빼놓지 말고 보아야 한다

이런 것들은 의도적으로 그곳에 삽입해 둔 것이니 소홀히 넘겨서는 안 된다. 때로는 이런 표나 그림들이 본문보다 그 내용을 훨씬 잘 전달해줄 수도 있다.

Recite … 외워라 !

1) 암기란?

암기란 아주 오래된 학습 방법이다. 책이 발명되기 전과 책이 귀하던 시절에는 이 암기가 곧 학습을 의미했다. 암기는 귀찮고 시간이 오래 걸리는 일이지만 그것의 효과는 대단한 것이다. 기억량을 증가시켜 주고, 앞으로의 시험준비를 위하여 따로 외울 필요가 없으므로 결과적으로 시간을 절약하게 되는 것이고, 또한 책을 읽을 때 주의집중을 하게 해주며, 잘못 아는 것을 교정할 수 있는 기회를 제공하는 것이다.

2) 암기의 방법

암기 방법에 대해서는 〈제3장 천재가 되는 기억법〉에 상세히 기술하였으니 참고하기 바란다.

Review … 재검토하라 !

1) 재검토란?

재검토란 학습전략의 마지막 단계로서 재음미함을 뜻한다. 이것은 기억의 법칙을 응용한 학습법으로, 이미 습득한 지식을 나의 지식으로 확고히 굳히는 과정이라고 할 수 있다.

2) 재검토의 방법

❶ 재검토는 일종의 개관이다

학습절차의 첫 번째 단계인 개관이 책을 읽기 전의 개관이라면, 재검토는 이미 다 공부한 것을 개관하는 것이다. 즉, 앞서 공부한 장이나 절의 제목을 훑어보면서, 그 제목들이 무엇을 다루고 있으며, 서로 어떤 연관을 가지고 있는지를 자문자답 해가면서 각 제목하의 내용을 다시 되새겨 보는 것이다.

❷ 재검토할 때는 재독과 암기가 요구된다

배운 내용을 다시 개관하고 나서, 잊은 부분이 없는가를 알아보기 위해서, 또 자신이 없는 부분을 다시 공부하기 위해서 재독을 충분히 해야 한다. 그리고 부족한 부분은 다시 암기해야 한다.

❸ 언제 재검토해야 하는가?

첫 번째 재검토는 공부를 끝낸 직후에 해야 한다. 이때는 공부한 내용의 주요한 부분을 암송해 보고 부족한 부분을 다시 읽어보는 것이다. 이때는 망각된 것이 많지 않으므로 시간이 많이 소요되지 않는다. 첫 번째 재검토는 주로 암기를 확인하는 과정이다.

마지막 재검토는 시험보기 전에 한다. 여기에서는 암기한 내용을 재생시키는 작업을 한다. 재생이 잘 되지 않는 부분은 암기가 불확실한 것이니 그 부분은 집중적으로 암기한다. 첫 번째 재검토와 마지막 재검토 사이에 한두 번의 재검토를 더 하면 좋다. 이때는 암기가 아니라 중요한 부분을 재독하는 일을 주로 하게 된다.

지금까지 설명한 5단계 학습전략은 수많은 학생들을 대상으로 실험되었고, 이 전략을 이용한 학생은 성적이 크게 향상되었음이 밝혀졌다. 여러분도 이 5단계 학습방법을 익히게 되면 보다 효과적으로 공부하게 될 것이다.

[2] 공부할 때 해야 될 일

밑줄긋기

1) 밑줄긋기란?

밑줄긋기란 책을 읽어가면서 중요한 부분에 밑줄을 긋는 것을 말한다. 공부를 못하는 학생들은 일반적으로 무심히 책을 읽어나가다가 중요하다고 느껴지는 부분에 죽죽 줄을 긋기 마련이다. 책을 전체적으로 개관하지도 않고, 아무런 의미도 갖지 않은 채 그냥 읽어나가면서, 아무런 판단의 기준도 없이 되는 대로 줄을 긋는 것이다. 그런 경우 정말 중요한 것은 빼놓고, 필요치 않은 것에 밑줄을 많이 해 놓았기 때문에 그것은 다음의 시험을 위해서도 아무런 도움이 되지 못한다. 더구나 볼펜이나 사인펜으로 밑줄을 그어 놓은 경우, 나중에 그것이 중요하지 않다고 판단되더라도 지울 수 없다. 다시 읽을 때에 또 다른 부분이 중요하게 보이면 또 밑줄을 긋게 되므로, 밑줄은 자꾸 늘어나게 마련이다.

2) 밑줄긋기의 방법
❶ 언제 밑줄긋기를 해야 하는가?

첫 번째 읽기에서는 밑줄을 긋지 않는 것이 좋다. 그 대신 읽어나가면서 자신의 의문에 해답을 주는 부분이나 중요한 내용이라고 생각되는 부분에는 연필로 표시를 해둔다.

두 번째 읽을 때 밑줄을 긋는다. 핵심내용과 중요한 세부사항 그리고 전문용어에 밑줄을 그어야 한다. 두 번째 읽을 때라도, 읽어 가면서 그냥 줄을 긋는 것이 아니라, 한두 단락을 읽은 후에 다시 돌아가서 중요한 부분을 찾아 밑줄을 그어야 한다. 이때, 첫 번째로 읽으면서 해두었던 표시를 참고로 할 수 있다.

❷ 어떻게 밑줄긋기를 해야 하는가?

한 문장 전체를 밑줄 긋는 것이 아니다. 한 문장 속에서도 중요하지 않은 낱말이 많다. 한 문장 중에서 핵심이 되는 낱말이나 구에만 밑줄을 그어야 한다. 너무 많이 밑줄긋기를 하는 것은 피해야 한다. 물론 내용과 길이에 따라 많은 차이가 있겠지만, 한 단락에서 약 6개 정도의 낱말에 밑줄을 그으면 적당하다.

밑줄을 너무 굵게 그으면 책을 읽기에 방해가 되고 혼란스럽게 보이므로 밑줄은 연필로 가늘게 긋는 것이 좋다.

개요(槪要)

1) 개요란?

개요란 책을 읽어가면서 그 내용의 핵심내용을 중심으로 윤곽을 잡아 정리하는 것을 말한다. 전체의 윤곽을 파악하여 정리하려면 더욱 열심히 적극적으로 공부해야 한다. 이러한 과정은 책의 내용이 바로 학습자의 것이 되도록 한다.

2) 개요의 방법

개요를 할 때 첫 번째로 해야 할 일은 저자가 책을 쓸 때 사용한 저자의 개요를 찾아내는 일이다. 저자들은 장·절·소절을 이용하여 그에 따른 여러 수준의 제목을 사용한다. 이 제목·소제목의 체계가 바로 저자의 개요인 것이다. 그런데 그 제목은 문장이 아니라 한두 개의 단어로 이루어진 것이므로, 여러분은 이 단어를 이용하여 내용을 요약해 주는 문장을 만들어야 한다. 이러한 문장들의 체계가 바로 개요이다. 이렇게 공부하면 그 내용이 매우 오랫동안 기억된다. 그리고 개요를 정리해두면 나중에 그 내용을 쉽고 효과적으로 재검토할 수 있다. 20~30페이지의 내용을 3~4페이지로 정리하여 두었기 때문이다.

요약(Summary)

1) 요약이란?

개요 이외에 그 책을 요약·정리하는 또 다른 형식을 말한다. 예를 들어, 문학작품을 읽을 경우 우리는 그 책에서 중요한 정보를 얻으려고 하는 것은 아니며, 그 책의 전체 줄거리의 개요를 파악하는 것이 목적이다. 이런 경우, 책을 읽어가며 중요한 부분을 간단히 적어두는 것을 요약이라 한다. 그러나, 지식을 제공하려고 쓰인 교과서나 참고서에는 저자가 각 장의 끝에 요약을 해놓는 경우가 많다. 요약 부분이 없는 경우에는 학생 스스로가 요약을 해야 하며, 이 작업 자체가 귀중한 공부이다.

2) 요약의 방법

교과서를 요약할 경우에는 미리 그 내용의 개요를 정리해 놓아야만 한다. 그 개요를 안내자로 이용하여 요약하는 것이다. 개요를 이용하여 개관의 내용을 핵심으로 하는 글을 한 단락씩 써나가면 요약이 된다. 한 장(章)을 1~2페이지로 요약·정리하면 적당하다. 또한 이러한 요약은 그 장의 핵심내용을 담고 있으므로, 논술형 시험의 훌륭한 연습이 된다.

제7장

예습
수업
복습의
연결학습

"〈예습-수업-복습〉이라는 선은
학습의 기본형태로서,
그중에서 어느 것이 빠져도
학습은 불구가 되고 마는 것이다."

어느것 하나가 빠져도
완전하지 못하다.

예습의 효과와 방법

[1] 예습의 효과

예습은 수업의 준비로서 오리엔테이션 또는 워밍업이라고 하는 뜻을 갖고 있다. 물론 예습에도 여러 가지가 있어서 간단한 사전조사 정도의 것이 있고, 충분히 힘을 들여서 하는 본격적인 학습도 있을 것이다. 그러면 예습은 전체적인 학습 면에서 볼 때 어떠한 효과를 가지는 것일까?

첫째, 예습을 해 두면 그 수업시간의 중요한 점이 무엇인지 알 수 있고, 나아가 의문을 갖고 수업을 받을 수 있으므로, 수업에 적극적으로 참가할 수가 있다.

둘째, 예습을 함으로써 복습의 시간과 노력을 절약할 수 있다.

셋째, 예습은 기초학력 양성에 도움이 된다. 예습에서 문제에 부딪치면 앞의 기초적인 것을 다시 학습하지 않으면 안 될 경우가 생기기 때문이다.

넷째, 예습은 수업 중에 느끼는 열등감을 자신감으로 바꾸어준다. 예습을 하지 않으면 수업 중에 '선생님께 지명을 받지 않을까' 하는 불안감에 빠진다. 또한 모르는 대목이 나오면 '내 머리가 나쁜 것 아닌가' 하는 열등감도 느끼게 된다. 그러나 예습을 하면 반대로 '나를 지명해 주었으면' 하는 기대감이 생기고, '이 부분은 내가 생각한 바와 똑같다'는 식으로 재미있어진다. 같은 수업을 받아도 이처럼 심리 상태에 따라 학습성과에도 커다란 차이가 나타나게 된다. 때문에 열등감을 가진 학생이라면 반드시 예습을 하는 것이 좋다.

다섯째, 예습의 효과 중에서 가장 중요한 것은 예습을 하다 보면 자신이 확실히 알고 있는 것과 알쏭달쏭한 것 그리고 전혀 모르는 것이 확연히 구분되어진다는 점이다. 따라서 수업 중에 선생님의 설명을 쉬운 부분은 가볍게 그리고 모르는 부분은 주의 깊게 들을 수 있고, 그래도 이해가 가지 않는 부분은 질문을 함으로써 확실한 지식을 얻을 수 있다.

즉, 예습을 함으로써 하루의 대부분을 차지하고 있는 수업시간을 완전히 자신의 시간으로 만들어버릴 수 있는 것이다.

"인간은 머릿속으로 생각하는 것 즉, 꿈은 전부 실현할 수 있다"
- 나폴레온 힐

[2] 예습의 방법

수업을 잘 이해할 수 없다면, 예습에 80%, 복습에 20%의 힘을 쏟으라

학교수업을 잘 이해할 수 없고, 그로 인해 성적이 오르지 않는 학생은 예습 위주로 학습방법을 전환할 필요가 있다. 예습을 잘 해두면 수업의 80~90%는 이해할 수가 있다. 따라서 복습은 나머지 10~20%만 하면 된다. 즉, 예습을 충분히 잘 해 두면 수업을 잘 이해할 수 있고 복습에 소비하는 시간이 저절로 짧아진다.

예습할 과목을 미리 정해두라

공부할 과목은 많고 공부 시간은 한정되어 있는 이상, 모든 과목을 철저하게 예습한다는 것은 어려울 뿐 아니라 그럴 필요도 없다. 교과내용에 따라서 어떤 과목은 예습하지 않고 선생님의 설명만 들어도 쉽게 이해되는가 하면, 어떤 과목은 예습을 하지 않으면 선생님이 무엇을 설명하고 있는지 도저히 감을 잡을 수 없다. 그러므로 그러한 과목들을 잘 골라서, 어떤 일이 있어도 반드시 예습을 해야겠다는 과목을 미리 정해 놓는다.

예습은 불명확한 점의 체크를 중심으로 하라

예습할 때 교과서나 참고서를 공부하면서 어디를 모르는가에 주의를 기울여, 그런 곳이 있으면 체크해 둔다. 그 체크된 부분을 자기 힘으로 조사해 알아두는 것이 가장 좋지만, 자료가 부족하다든지 조사해 볼 시간이 없으면 그대로 체크만 해 두고, 수업시간에 선생님의 설명을 통하여 해결하겠다고 생각하면 수업 그 자체에 흥미를 느끼게 된다. 그리고, 예습할 때는 다음 수업에서 질문할 부분을 찾아내도록 한다. 모르는 부분은 물론, 자기 힘으로 이해한 것의 확인을 질문이란 형식으로 하는 것도 효과적이다.

1차 예습은 3주일 후의 진도까지 해두라

예습을 할 때, 어느 정도의 범위까지 예습을 하느냐의 문제이다. 다음 수업시간에 어디까지 진도를 나갈지 모르기 때문에, 어떤 경우에는 자신이 예습한 범위보다 더 많은 진도를 나갈 수 있다. 예습하

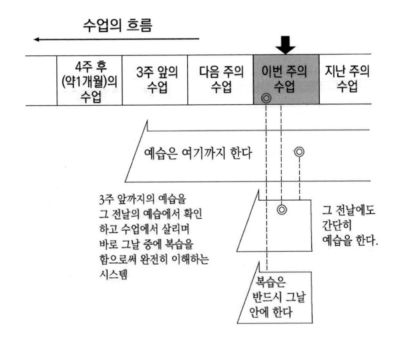

공부를 정복하라

지 않은 범위까지 수업이 진행될 경우에는 당황하게 된다.

이런 우려를 불식시키고, 여유 있게 공부하기 위해서는 최소한 3주일 뒤의 진도까지 예습을 해 둘 필요가 있다. 그렇게 해 두면 수업의 흐름을 먼저 파악하게 되어, 예측가능한 수업이 되기 때문에 2배·3배의 효과를 거둘 수 있다. 1차 예습은 3주일 후의 진도까지 예습하지만, 2차 예습은 그다음 날 배울 내용을 다시 한번 예습해야 한다. 그리고 학원 강의나 과외 등으로 평소에 충분한 시간을 낼 수 없는 경우에는, 토요일이나 일요일을 이용하여 일주일분의 예습을 하는 것도 효과적이다.

수업 직전의 준비시간을 다시없는 예습시간으로 활용하라

경우에 따라서는 예습을 전혀 하지 못한 채 수업에 들어가기도 한다. 그러면 어쩐지 마음이 불안하고, 지명을 당할까 봐 강의가 제대로 귀에 들어오지도 않는다. 이럴 경우에는 당일, 아무리 짧은 시간이라도 교과서를 훑어보기라도 해야 한다. 예컨대, 아침에 버스나 전철을 기다리는 동안이나 타고 가는 동안에, 또 수업이 시작되는 벨이 울리고 선생님이 교실로 들어오는 동안, 그리고 출석을 부르는 동안이라도 얼마든지 가능하다. 오히려 짧은 시간이기 때문에 집중적으로 머리에 들어오는 효과를 기대할 수도 있다. 때문에 설사 예습을 했다 할지라도 다시 한번 위와 같은 요령으로 한 번 더 훑어본다면 그 효과는 무시할 수 없다.

학교수업의 중요성과 학습요령

[1] 학교수업의 중요성

선생님이야말로 가장 좋은 참고서임을 알 것

공부에도 요령이 있다는 이야기를 많이 하는데, 그 요령 중에서 가장 으뜸으로 꼽는 것이 바로 학교 수업시간을 중요시하며 선생님의 강의에 열심히 귀를 기울이는 것이다. 선생님은 그 과목에 관한 한 최고의 전문가로서 학생에게는 가장 좋은 살아있는 참고서이다. 따라서 학교시험은 물론이고 모의고사나 입학시험에서도 선생님이 중요하다고 힘주어 강조한 곳을 착실히 공부해 두면 좋은 성적을 받을 것은 당연하다.

또한 모르는 것이나 이상한 부분은 그냥 지나치지 말고 반드시 선생님께 여쭤보고 확실하게 해두어야 한다. 여러분이 모르고 이상하다며 그냥 지나치는 부분이 시험에 출제되는 수가 많다. 왜냐하면 시험은 많은 사람들 중에서 소수의 사람만 선별하는 테스트이기 때

공부를 정복하라

문에, 출제자는 여러분의 약점을 골라 출제할 수밖에 없기 때문이다.

좀 짓궂기는 하지만, 선생님의 허점을 찾아내는 것을 즐기면 실력이 는다. 선생님도 인간이므로 때로는 잘못 알고 있거나 뜻하지 않은 실수를 한다. 그때를 놓치지 않고 질문공세를 펴 선생님을 난처하게 만든다.

이렇게 하기 위해서는 첫째, 선생님 강의를 열심히 들어야 한다. 선생님의 가르침에 혹시 잘못이 없는가, 추궁할 점은 없는가 하고 주시하는 것이 수업내용을 깊이 이해하는 결과가 된다. 둘째, 선생님을 골리려면 그만큼 예습을 잘 해야 한다.

학교수업이 바로 입시공부의 핵심이다

학생에게 학교수업이 중요하다는 사실은 두말할 필요가 없겠으나, 여기서는 수험생의 입시공부에 실질적으로 학교수업이 왜 중요한지, 그 이유를 살펴보고자 한다.

첫째, 선생님이 가르치는 학습내용이 바로 입시 공부의 핵심이다. 대학수학능력시험은 기본교육과정 내에서 문제가 출제되고 있는데, 수업시간 중에 선생님이 가르치는 내용이 바로 기본교육과정이다. 즉, 입시문제는 수업시간 중 선생님이 가르칠 수 있고 또 가르치는 범위 내에서 출제된다고 할 수 있다.

둘째, 선생님은 담당과목에 있어서 입시지도의 제1인자요 전문가라고 할 수 있다. 선생님은 여러 해 동안 같은 과목을 되풀이하여 가르치기 때문에, 풍부한 경험과 좋은 교수방법으로 담당과목에 있어서 어느 누구보다도 수험생들에게 입시경향에 알맞고 요령 있는 방법으로 학습지도를 할 수 있다.

셋째, 수험생은 학교수업을 통하여 가장 능률적인 공부를 할 수 있다. 학생은 의문이 있는 사항을 즉석에서 질문할 수 있고, 선생님은 학습내용을 어려운 것, 쉬운 것, 중요한 것, 틀리기 쉬운 것 등으로 구분하여 요령 있게 가르치며, 또 수시로 질문을 통하여 수험생의 숙지(熟知) 여부를 확인하고 수업태도를 환기시키는 등 입체적이고 능률적으로 학습내용을 가르칠 수 있다.

넷째, 학교수업을 충실히 받으면 입시공부는 물론, 내신성적에 유리하다는 것은 두말할 나위가 없을 것이다. 학교에서 실시하는 월말고사·중간고사·기말고사 등은 평소 선생님이 수업시간 중에 가르친 내용 중에서 문제를 출제하는 것이 보통이다.

다섯째, 방학기간을 제외하고는 학교수업 시간이 입시준비 기간 중 가장 많은 시간을 차지하며, 또한 하루 중에 수험생의 두뇌활동이 가장 활발한 시간이다. 학교수업 시간을 허송하면 머리가 가장 맑고 두뇌활동이 활발한 대부분의 시간을 낭비하게 되는 것이다.

이와 같이 입시준비에 있어서 소홀히 할 수 없는 중요한 수업시간에 졸거나 엉뚱한 생각이나 하면서 시간을 보낸다면, 언제 어디서 어떻게 공부를 할 수 있을 것인가를 깊이 생각해 보아야 한다.

공부를 정복하라

[2] 학교수업의 학습요령

여러분은 모두 강의내용을 다 잘 들을 수 있다고 생각하지만, 대부분의 학생들은 강의를 듣는 데 있어 다소의 문제를 지니고 있다. 예컨대, 듣고 싶은 것이나 익히 알고 있는 친숙한 것은 경청하지만, 강의내용에 관심이 없을 때나 강의내용이 지루할 때, 또는 강의하는 선생님이 개인적으로 싫을 때나 지루한 강의 스타일로 강의할 때 여러분은 졸거나 딴 생각을 하는 경우가 많다. 이와 같은 그릇된 수강태도를 지양하고, 수업시간을 적극적으로 활용하면서 강의를 잘 이해하기 위해서는 어떤 요령이 필요한지를 살펴보기로 하자.

예습을 하고 가라

어떤 사실을 이해하고 그리고 더 나아가 자기 나름으로 사고를 하기 위해서는 이미 어느 정도 그 사실에 대한 지식과 기본능력을 갖추고 있어야 한다. 그러므로 선생님이 강의하는 것을 잘 듣고 충분히 이해·파악하려면, 그날 강의될 내용에 관해서 어느 정도 윤곽적인 예비지식을 가지고 임해야 한다. 그러기 위해서는, 그날 강의될 내용을 전체적 맥락 속에서 이해할 수 있도록 수업을 하기 전에 지난 시간에 적은 노트필기와 과제물을 읽어보고, 예습을 해둬야 한다.

적극적인 자세로 들어라

수업이 시작되면, 책을 뒤지거나 다른 잡념이나 공상을 하지 말고 귀와 눈을 선생님에게 쏟는다. 정신을 똑바로 차리고 바르게 앉아서 선생님이 말하는 강의내용에 정신을 집중시킨다.

선생님이 강의를 통해 학생들에게 전달하는 것은 그가 말하고 있는 내용 이상의 것을 포함한다. 그로부터 보다 많은 것을 얻을 수 있는 단서인 선생님의 비언어적 의사전달 즉, 서 있는 태도, 목소리의 변화, 얼굴 표정, 제스처 따위 등을 잘 포착해서 이해해야 한다.

선생님의 강의를 원맨쇼 구경하듯이 수동적으로 들어서는 안 된다. 강의를 그냥 기계적으로만 듣고 있으면 강의에서 얻는 것이 적다. 강의를 들을 때에는 선생님의 말을 비판적으로 사려 깊게 그리고 이해해 가면서 경청을 하는 능동적인 태도로 임해야 한다.

모르는 것이 있으면 서슴없이 질문하라

수업이 끝날 쯤에는 수업 중에 노트한 것을 재빨리 훑어보고, 충분히 이해하지 못한 것이나 아직 풀리지 않은 의문점, 혹은 자기가 갖고 있던 기초지식과의 연속선상에서 문제가 없나를 체크해 본다. 만일 그런 것이 있으면 서슴지 말고 선생님에게 질문을 한다. 대부분의 학생들은 의문시되는 것이 있어도 나중에 생각하기로 미루고 그냥 덮어버리는데, 모르는 것이 있으면 바로 질문을 해서 그때그때 해결해 버리는 것이 가장 효과적인 학습방법이다.

나중으로 미루다 보면 영영 모르게 되는 경우가 많아, 시험장에서 탄식을 하게 되는 경우가 생긴다. 그 의문스러운 것이 시험에 나오지 말라는 법은 없다. 오히려 그런 의문스럽고 아리송한 문제를 출제하여, 확실하게 공부한 학생과 그렇지 못한 학생을 구별시키려는 것이 출제자의 의도이기 때문이다.

노트필기보다는 설명에 귀를 기울여라

수업 중에 필기하는 것이 제일인 줄 알고 선생님의 설명은 듣는 둥 마는 둥 하는 학생들이 있는데, 이러한 태도는 당장 버려야 한다. 쓰는 데만 주의가 집중되어 정작 중요한 선생님의 강의는 건성으로 듣게 된다.

물론 노트를 하는 것도 중요하다. 그러나 수업 중에는 선생님의 강의를 이해하는 데 주력해야 한다. 설명을 듣다가 노트를 하지 못했더라도 설명을 확실히만 들었다면 나중에 친구의 노트를 빌려서라도 얼마든지 보충할 수가 있다. 이와는 반대로 노트는 깨끗하게 정리해 놓고도 설명을 듣지 않았다면, 애써서 노트를 정리한 것이 결국 헛수고가 되고 만다.

지금 설명을 듣지 않으면 다시는 기회가 오지 않는다는 마음가짐으로 수업에 임하는 습관을 들이도록 하자.

중요한 요점을 노트해 두어라

강의를 들으면서 중요하다고 생각되는 부분은 노트를 한다. 그런데 문제는 무엇이 중요한 것이고, 어디에 문제의 소지가 있는지를 판별해 내고, 강의의 주요 흐름을 파악해 내는 일이다.

대부분의 선생님들은 중요한 골자나 강의의 주제를 칠판에 적어 가면서 강의를 하기 때문에, 이것을 쫓아가면서 노트를 하고, 수업 중에 강조된 것과 중요하다고 지적하는 것은 특별히 표시하는 것이 가장 일반적인 방법이다. 쓸데없이 잔뜩 기입한 노트보다는 요점만 기입해 두는 쪽이 복습을 할 때도 훨씬 능률적이다.

수업 직후의 1분 동안 수업내용을 정리하라

대부분의 학생들은 수업이 끝나면 노트와 책을 덮고 일어서서 나갈 채비에 마음이 바쁘다. 그러나 수업이 끝나면 자리를 박차고 일어나고 싶은 마음을 잠시 가라앉히고, 단 1분이라도 좋으니 강의 내용을 다시 한번 읽어보도록 하고, 혹시 노트에 적지 못한 것이 있으면 보충해 넣는 정성을 들이도록 한다. 아무리 그 시간에 잘 이해한 것이라도 시간이 지나가면 잊어버리게 된다. 금세 노트를 닫아버리면 잊어버리기 쉬운 것도 한 번 더 훑어봄으로써 단단히 기억할 수 있어, 나중에 복습할 때 커다란 도움이 된다. 귀찮더라도 반드시 실천하는 습관을 들이기 바란다.

강의가 끝난 후에는 학습한 것을 정리·복습해 두라

효과적인 학습방법에서 필수불가결한 것은 재음미와 복습이다. 아무리 지식을 많이 익힌다 하더라도 그것을 익히는 데 필요한 만큼의 시간을 다시 음미하고 분석하고 사고하지 않는다면, 이미 배운 지식은 살아서 다시 재생될 수 있는 산지식이 될 수 없다.

그러므로 강의가 끝나면 필기한 노트를 중심으로 다음과 같은 요령으로 수업 중에 배운 것을 정리하고 복습하라.

❶ 새로 배운 내용을 전에 배운 내용과 비교하면서 학습의 주제와 흐름 그리고 범위를 생각해 본다.
❷ 미비하다고 생각되거나 문제가 있다고 생각되는 부분을 다시 한번 살펴보고 수업 중의 노트와 교과서 내용을 요약하여 정리해 둔다.
❸ 만일 모르는 점이나 미비한 점이 발견되면 교과서나 참고문헌으로

그 점을 파고들어 확실히 알아 두도록 한다.

❹ 그런 다음에는 예습을 비롯하여 강의 및 복습 과정에서 학습한 것을 총정리해서 주요 골자를 자기 언어로 기억해 보고, 자기 사고로 체계화시켜 본다.

수업 중에 다른 과목을 공부하는 어리석음을 범하지 마라

시험이 닥쳐오면 많은 학생들이 시험공부와 직접 관계가 없는 과목을 배울 때는 수업을 제쳐놓고 다른 과목의 참고서를 공부하는 경우가 종종 있다. 물론 시간을 아껴가며 시험에 유리한 공부를 하고 있는 것처럼 보일지도 모른다. 그러나 그러한 '부업'이 좋은 열매를 맺을 수는 없다.

우선 선생님의 눈을 속여가며 하는 공부가 머리에 잘 들어올 리가 없다. 게다가 시험과 관계없는 과목이라고 하지만, 그렇지 않아도 시야가 좁아지기 쉬운 수험생에게 종합적인 상식을 준다는 점에서는 어떤 과목도 소홀히 할 수가 없다. 또 편파적인 공부를 하면 논술고사 등 종합적인 상식이 필요한 시험에서 불리해질 수밖에 없다.

[효과적인 목표설정법 : SMART]

- Specific(명확성) : 목표는 반드시 구체적이고, 명확하게 표현할 수 있어야 한다.

- Measurable(측정가능성) : 확실한 사건과 날짜가 정해져 있다.

- Action-oriented(행동지향성) : 실제로 행동에 옮겨 실천할 것들을 확정하고 있다.

- Realistic(현실성) : 목표는 현실적이고, 주어진 여건에 상관없이 실현 가능해야 한다.

- Timely(적시성) : 설정된 시간이 합리적이고 너무 길지 않다.

복습의 필요성과 방법

[1] 복습의 필요성

예습을 학교에서의 수업의 '준비'라고 한다면, 복습은 그 '정리' 또는 '완성'에 해당한다. 물건을 만드는 데도 '완성'이 중요하여 완성의 능숙·서투름으로 가치가 크게 달라지듯이, 학습도 수업을 받기만 해서는 효과가 반감하는 것이다.

복습은 기억하고 있는 지식을 끌어내어 보다 강하게 기억할 수 있도록 보완하는 과정이며, 또 기억 속에 쌓인 지식을 능동적으로 배열하고 정리해 두는 과정인 것이다. 기억의 손실을 줄이는 방법 중에서 가장 쉽게 조정할 수 있는 방법이 바로 복습이다. 효과적인 복습은 기억력의 향상뿐 아니라 성적향상을 가져온다.

공부를 정복하라

[2] 복습의 방법

효과적인 복습이란 무엇인가

복습의 방법에는 ❶정리 ❷연습 ❸보강이 있다.

❶ 정리(整理)란 여기저기 흩어져 있는 재료를 순서대로 늘어놓아 그
   것을 일정한 체계에 따라 서로 관련되어 있는 부분들을 통일성 있
   게 '조직'하는 것이다. 그 시간에 배운 것과 전에 학습한 것과의 관
   계를 연결하는 것도 포함된다.

❷ 연습(練習)은 배운 것의 '반복'을 의미한다. 반복은 기억강화의 절대
   적인 조건으로서, 반복에 의해서 뇌 속에 그 형태가 기억되는 것이다.

❸ 보강(補强)은 잊어버린 것, 알지 못했던 것을 '보충'하는 것이다. 그
   리고 수업만으로는 불충분한 점 또는 그것의 응용면 등을 보충하
   는 것도 포함된다.

복습은 계획적·반복적으로 하라

복습과정이 무계획적이면 시간이 흐름에 따라 복습에 소홀해지기
마련이다. 일반적으로, 복습하는 시간 사이의 간격은 초기에는 짧게
잡아야 하며, 점차로 간격을 넓혀 나가야 한다.

1) 제1회 복습

대체로 50분 정도 수업을 받은 후 10분 정도 쉬는 시간이 있다.
바로 10분 쉬는 시간 중 5분 정도를 할애하여 금방 배웠던 학과를
복습하는 것이다. 망각곡선에서 알 수 있듯이, 금방 들었던 강의내

용은 아직까지는 머릿속에 기억이 존재해 있기 때문에, 시간이 흐르기 전에 복습을 하면 전혀 힘들지 않고, 5분 정도면 제1회 복습을 간단히 마무리 지을 수 있다. 그렇게 함으로써 여러분이 배운 학과의 기억을 계속 100% 상태로 유지할 수 있는 것이다.

2) 제2회 복습

그날 배운 공부는 반드시 그날 저녁에 복습해야 한다. 만약 그날 배운 공부를 그날 복습하지 않는다면 무려 66%가 머릿속에서 사라져버리게 된다.

3) 제3회 복습

공부를 정상적으로 하려는 학생에게 토요일과 일요일은 황금 시간이다. 일주일간 배운 공부를 다시 완전하게 복습할 수 있는 절호의 기회인 것이다.

제1회와 제2회의 복습을 통해 무난히 주말까지 100%에 가까운 기억을 유지해 오고 있는 여러분이, 토요일과 일요일을 이용하여 세 번째의 복습을 해둔다면 여러분은 계속 100%의 기억 상태를 유지하게 되는 것이다. 언제 시험을 치른다 해도 자신 있게 된다. 토·일요일에 일주일간의 복습을 마치고, 다음 주의 예습까지 완성하면 월요일 아침에 등교하는 여러분의 마음은 자신감으로 충만하게 된다. 이렇게 되면 여러분은 자신도 모르는 사이에 더욱더 신념과 활력이 솟아날 것이다.

예습을 충분히 한 과목은 복습을 간단하게 하라

예습 중심의 공부를 하는 학생들 중에는 '예습을 철저히 했으니까 복습은 하지 않아도 된다'는 생각을 하는 경우가 많다. 그러나, 복습을 하지 않으면 '철저히 한 예습'의 성과가 살지 못한다. 무슨 일에나 균형이 필요하듯이 공부에서도 예습과 복습의 균형을 효과적으로 잡는 것이 중요하다. 과목의 성격에 따라 예습 시간이 많은 과목은 복습을 간단하게 하고, 예습을 가볍게 한 과목은 복습을 철저히 함으로써 균형을 잡는다.

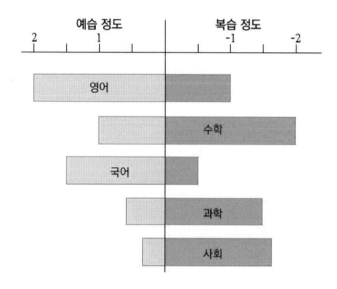

[교과별 예습 정도와 복습 정도의 균형]

학교에서 주는 프린트는 예습·복습용으로 활용하라

학교 선생님이 주시는 프린트에는 교과서에 쓰여있지 않지만 알아두어야 하는 사항이 수록되어 있다. 따라서 교과서 학습과 밀접하게 연결시켜 공부하면 효율적인 예습·복습이 된다. 방과 후에 집으로 돌아오면 그날의 복습을 간단하게 한 다음, 프린트와 대결한다. 예습과 관계있는 프린트는 예습과 함께하면 곧 프린트 학습이 예습이 되기도 한다. 프린트에서 모르는 부분이 나오면 교과서와 참고서의 관련 항목을 조사해 보고, 그래도 알 수 없는 대목은 체크해 두었다가 다음 수업시간에 질문으로 해결하도록 한다. 이렇게 하면 프린트는 평소의 공부에 짐이 되기는커녕, 예습·복습의 능률을 향상시켜주는 매우 훌륭한 자료가 된다.

"행동이 없이는 어떠한 일도 일어나지 않는다.
실천이 가능한 것부터 계획에 따라 하나씩 실천해 보자.
한 단계씩 실천해 가다 보면
어느덧 커다란 성공을 이룰 수 있을 것이다.
시도해 보지 않고서 성공한 예는 없다.
일단 시작하라!!!"

제8장

노트
정리법

"적자생존"

"적는 자가 살아남는다!"

노트정리의 필요성

공부하는 데 있어서 강의를 듣고 책을 읽는 것이 매우 중요한 일이다. 이에 못지않게 중요한 것이 노트정리이다. 노트정리는 들은 것을 단순히 베끼는 것이 아니라 주의 깊게 듣고, 들은 것을 재빨리 요약하여 의미 있는 체계로 조직하며, 선택적으로 기록하고 정리하는 것을 말한다.

따라서 노트정리는 학습의 종합 훈련장이라고도 할 수 있다. 한 연구에 의하면, 성적이 나쁜 학생들은 그 원인의 하나가 노트정리를 잘 하지 못한 데에 있었다고 한다. 평소에 노트정리를 하지 않다가, 시험이 닥치면 급하게 다른 학생의 노트를 빌려서 벼락치기로 공부하는 학생들이 있는데 그 결과는 쉽게 짐작할 수 있다.

그러면 노트정리는 왜 필요한지 구체적으로 살펴보겠다.

강의나 책의 내용을 파악하는 데 도움이 된다

노트를 하려면 우선 선생님의 말이나 책의 내용을 이해하고서 그것을 자신의 언어로 바꾸어 다시 써야 되기 때문에, 자연히 이해가 깊어지고 생각이 뚜렷해진다. 학습한 내용을 몇 마디의 말로 혹은 짧은 문장으로 요약해서 쓴다는 것은, 그 내용을 자기가 정말 이해했는지 못했는지를 실질적으로 테스트하는 것이 되기도 한다.

노트정리는 기억을 돕는다

무엇을 기억하는 데는 귀로 들은 것을 잘 기억하는 사람과 눈으로 본 것을 더 잘 기억하는 사람이 있다. 물론 사람에 따라서 차이가 있지만, 여러분과 같은 연령에 있어서는 청각적 기억방식보다는 시각적 기억방식을 취하는 것이 효과적이다. 때문에, 강의를 가만히 듣고만 있는 것보다는 노트필기를 해가면서, 귀로 들은 것을 시각화해서 학습하는 것이 유리하다.

노트는 복습의 자료로서 필요하다

인간의 기억력에는 한계가 있다. 에빙하우스의 망각곡선에 의하면, 학습을 한 다음 20분 후에는 47%가량을 잊어버리고, 이틀 후에는 약 66%를 잊는다고 한다. 이처럼 잊어버리는 속도는 대단히 빠르다. 그래서 복습을 해야 하는데, 여러분이 강의를 통해서 청취한 것을 기록에 남겨놓지 않으면, 아무리 머리가 좋은 학생이라도 그것을 기억하기가 어렵고 따라서 학습이 완전치 못하게 된다.

효율적인 노트필기를 위한 조건

이상에서 여러분은 왜 노트필기가 필요하며, 그것이 학습과정에서 어떠한 역할을 하는지를 이해했으리라 믿는다. 그렇다면, 어떤 방식으로 노트필기를 하는 것이 가장 효과적일까 하는 의문이 생길 텐데, 다음과 같은 점을 고려하는 것이 좋다.

노트의 형태 : 바인딩 노트(binding note)를 사용할 것

효과적으로 노트를 정리하기 위해서는 다 쓴 다음에 노트장을 헤쳐서 다시 묶을 수 있는 바인딩 노트를 사용하는 것이 좋다. 1~3권의 바인딩 노트에 각 과목별로 견출지를 붙여 구분함으로써, 모든 과목을 한두 권의 노트에 필기할 수 있고, 나중에 분량이 많아지면 과목별로 다시 묶으면 훌륭한 노트가 된다. 바인딩 노트를 사용함으로써 얻는 효과는 한 권의 노트만 갖고 학교에 가면 되므로 책가방의 무게를 줄일 수 있고, 중간에 빼먹었거나 보충할 내용이 있을 경우에도 언제든지 중간에 삽입시킬 수가 있다는 점이다.

노트 지면의 활용 : 여백을 두고 쓸 것

노트는 답답하지 않도록 충분한 여백을 남기고 깨끗하고 정확히 써야 한다. 노트를 쓸 때, 지면을 절약하려고 빽빽하게 쓰는 학생이 있는데, 효과적인 노트를 작성하는 데 있어서 커다란 장애요인이라는 것을 알아야 한다. 왜냐하면 빽빽하게 쓴 노트는 각 항목이 붙어 있어 내용이 너저분하게 섞여버려서 구별하기 어렵고, 나중에 보충할 내용을 덧붙이려고 해도 기입할 공간이 없어 기입을 못 하게 된다. 무엇보다 빽빽하고 너저분하면 다시 들여다보기도 싫어진다. 따라서 노트는 여백을 충분히 잡고, 다음 항목과의 사이를 넉넉히 띄워놓는 것이 좋다.

또 수업시간마다 페이지를 달리해서 쓰는 것이 좋다. 선생님이 강의를 하실 때는 그날그날 수업시간의 목표가 분명히 있고 진도도 균등하게 나갈 것이기 때문에, 수업시간마다 페이지를 달리해서 쓰는 것이 합리적이다. 이것은 낭비처럼 보일지 모르나, 후에 여러분이 원하는 부분을 찾는 시간을 절약해줄 뿐만 아니라, 여백을 남겨두면 나중에 빠진 것을 더 써넣을 수 있어 편리하다.

노트필기의 체제 : 책의 체제를 따를 것

노트필기도 어느 정도 체제를 갖추어야 한다. 즉, 책과 마찬가지로 강의 주제와 소제목을 붙이고 그에 따른 진술을 요약·기입한다. 선생님들이 강의를 할 때, 대개는 주제와 소제목을 칠판에 쓰거나 큰 소리로 말하므로 그것을 쫓아가면 된다. 특별히 그러한 구분을 짓지 않고 계속 이야기해 내려가는 경우에는 여러분 자신이 내용에 따라 제목을 붙여가면서 노트필기를 해야 한다. 그리고 노트에는 반드시 날짜를 쓰고 또 색인을 붙여서 나중에 알아보기 좋도록 한다.

노트정리를 향상시키는 비결

1) 단순화하라

압축하고 줄여서 개요를 가능한 한 짧게 하라. 문장 대신 구(句)를 쓰고, 불필요한 단어나 상세한 설명은 빼라. 종속적인 문장은 한두 단어로 해서 다른 문장에 섞어라. 몇 개의 외우기 쉬운 단어로 될 때까지 줄일 수 있는 한 줄여라.

2) 각 개념들을 같이 꿰어라

순서대로 하나의 개념이 다른 개념과 연결하도록 하라. 이렇게 함으로써 최초의 개념만 생각하면 자동적으로 다음 것이 떠오르게 된다.

3) 예습·수업·복습을 구별화하라

노트를 쓰기 전에 노트의 왼쪽과 오른쪽 양 끝에 3~5cm가량 여백이 생기게끔 위에서 아래로 줄을 그어 두고, 수업시간에는 노트의 가운데 부분에 필기한다. 수업이 끝나면 노트 중앙에 기록해 둔 것을 읽고 중요한 내용을 짤막한 단어나 구절로 요약해서 왼쪽 여백에 기입한다. 그리고 오른쪽 여백에는 그 페이지에 나오는 내용을 두서너 줄 요약해서 적어둔다. 바로 이것이 복습노트인 것이다. 이런 식으로 노트를 쓰면 필기한 내용을 일목요연하게 볼 수 있고, 또 이렇게 하는 동안에 한 페이지, 한 페이지를 복습하는 셈이 되기 때문에 매우 효과적인 학습이 된다.

4) 숫자를 사용하라

숫자는 과목을 이해하거나 미래의 사용을 위한 기억을 위해 매우 유용하다. 예를 들어, '노트 정리를 향상시키는 비결'에는 여덟 가지 방법이 있다는 것을 알게 되면, 앞으로 노트정리에 있어서는 여덟 가지를 생각해 내야 함을 알게 된다. 만약 숫자를 모르면, 일곱 가지만 있다고 생각하여 나머지 하나를 빠뜨리게 될 수도 있다.

5) 들여쓰기를 하라

각 장의 주제 및 부차적인 개념들을 페이지에 쓸 때, 그 중요도 및 관계에 따라 계속 세로로 줄을 뒤쪽으로 들여쓰기를 맞춰서 하게 되면 일견하여 그들의 관계를 알 수 있게 된다. 즉, 단락을 나누어서 첫 줄의 첫 글자를 안으로 2~3자 집어넣어서 쓰기 시작함으로써 행이 바뀌는 것을 쉽게 알 수가 있다.

6) 현장감을 느끼게 하라

노트를 작성할 때, 그날의 날짜와 날씨, 그리고 수업 중의 문답이나 선생님의 농담, 동료의 실수 등을 간단하게 메모해 둔다면, 현장감 있는 생생한 기억을 유지할 수 있다.

7) 지우개를 사용하지 마라

잘못 적었더라도 지우개를 사용하지 말고, 붉은 펜으로 정정한 증거를 남겨둬라. 특히, 예습에서 풀었던 문제의 해석이나 해답이 틀렸을 경우, 어떻게 잘못되었는지, '어떻게 고쳤는지'를 잘 파악할 수 있도록 붉은 글씨로 정정하여 그 증거를 남겨두면, 다시는 그런 잘못을 저질러서는 안 되겠다는 경계심을 갖게 되어 더욱 주의하게 된다.

8) 시각화하라

인간의 기억력은 그림과 표를 사용하면 문장에 의한 설명보다 10배 이상 쉽게 이해할 수 있고, 또 기억할 수 있다. 그리고 문장으로 설명하는 것에는 한계가 있을 수 있다. 복잡한 관계라든가, 시대의 흐름 등은 글로써 번거롭게 설명하기보다도, 그림·표·그래프·지도·연표 등으로 시각화하면 한눈에 금방 이해할 수 있어 훨씬 효과적이다. 손으로 직접 그릴 수 없는 교과서와 참고서 또는 백과사전의 그림이나 도표는 복사하여 노트에 오려 붙이면 매우 능률적일 것이다.

"목표를 보다 쉽고 확실하게 이룰 수 있는 방법은
그러한 목표를 머릿속에 그대로 두는 것보다
그것들을 직접 써보고 눈으로 확인하는 것이다."

수업 중에 노트필기하는 요령

먼저 강의 내용을 이해하려고 노력하라

강의는 먼저 잘 들어야 이해할 수 있고, 이해한 후라야 합당한 노트정리를 할 수 있다. 어려운 강의라 할지라도 흥미 있는 점을 발견해서 들도록 한다. 선생님의 수업방식에 적응하도록 한다. 선생님의 설명 방식이나 말투 또는 부적절한 수업환경에 자신을 맞추려는 노력도 있어야 한다. 힘이 들더라도 정성을 다해 듣는 훈련을 하면 선생님의 의도를 잡아낼 수 있다. 중심 아이디어에 초점을 맞추어 가면서 듣는다. 막연하게 들리는 것을 전부 듣는 것이 아니라, 중심 아이디어와 관계를 생각해 가면서 체계를 잡도록 한다.

설명의 요점을 잡아 노트하라

노트가 너저분해서는 노트로서의 가치가 없다. 노트를 할 때는 강의의 요점을 잡아, 그 주요 내용을 알 수 있는 항목만을 기입하는 것이 바람직하다. 일반적으로 강의의 요점을 지적해 주는 단서로서 다음과 같은 것들이 있는데, 이것들을 중심으로 노트하도록 한다.

❶ 강의에서 제시하는 제목

❷ 판서·차트·지도·그래프·실험 결과 등

❸ 중요하다고 언급하거나 강조한 곳

❹ 반복적으로 설명하는 내용

❺ 가, 나, a, b, 1, 2 등 조목별로 나누어 설명한 것

❻ 억양의 변화가 있는 부분

❼ 선생님이 스스로 요약해 주는 것

노트를 집에 가서 다시 정리하는 이중 노력을 하지 마라

어떤 학생들은 학교에서 초벌 노트를 하고 집에 돌아와 정식으로 노트에 다시 옮겨 쓴다. 이런 방법을 계속하면 다시 옮겨 쓰는 버릇이 붙어버려 집에서의 공부시간을 노트정리에 다 써버리게 된다. 나중에는 정리하지 못한 노트가 많이 쌓여 손을 댈 수조차 없게 된다.

노트를 다시 고쳐 쓰는 것은 참으로 낭비다. 노트를 어떻게 해야 할지 모를 때는, 1~2주일 동안만 학교에서 초벌 노트를 하고, 집에서 정식 노트를 만들어보면 그 요점의 정리방법을 알게 될 것이다. 그리고 나서는 수업 중에 아예 정식노트에 써넣어 시간을 낭비하지 않도록 해야 한다.

수업이 끝난 직후에 검토하여 교정·보충하라

수업시간이 끝나면 반드시 자기가 쓴 노트를 다시 한번 훑어보고 검토한다. 가급적 가까운 시간에 다시 보고, 잘못된 부분과 부적당한 말은 교정하고, 빠진 것과 이해가 덜된 것은 보충하며, 중요한 곳에는 색연필 등으로 중요표시를 해놓는 것이 좋다. 시간이 많이 흐른 후에 고치려면 더욱더 힘들기 때문이다.

오답노트의 필요성과 작성요령

오답노트는 왜 필요한가

인간에게는 무의식 중에 자신에게 부적합한 것, 싫은 것 등을 잊어버리고자 하는 경향이 있기 때문에, 시험에서 틀린 문제는 빨리 잊어버리려고 한다. 이 인간심리의 맹점에 빠지지 않도록 하는 하나의 방법은 잘못된 경험을 어떤 형태로든 기록해 두는 것이다.

가령 시험문제에서 틀린 부분만 복사하여 스크랩하거나 틀린 답을 기록해 두는 전용노트를 만들어, 정확한 해답과 함께 기록하여 가끔 펴보는 방법이다.

시험이나 연습은 자신이 틀리기 쉬운 문제를 발견할 수 있기 때문에 의미가 있다. 시험에서 자기가 틀렸던 문제들을 노트에 기록해 놓고, 틈틈이 들여다보면 자기의 취약 부분이 어디인가를 금방 알수가 있다. 한 번 틀렸던 문제는 다시는 틀리지 않을 것 같은데, 사실은 같은 유형의 문제는 두 번째 세 번째도 틀리기가 쉽다. 그래서 오답노트는 매우 중요한 것이며 반드시 작성해서 활용해야 한다.

공부를 정복하라

오답노트는 이렇게 작성하라

❶ 시험지를 복사해서 틀린 문제만을 오려서 풀로 붙인다.
본문이 있는 국어나 외국어는 문제 지문도 오려 붙인다.

❷ 틀린 이유를 구체적으로 분석하여 표기해 둔다.
전혀 모르는 문제여서 틀렸는지, 계산착오로 틀렸는지, 실수로 틀렸는지, 문제를 끝까지 정확히 읽지 않아서 틀렸는지, 공식이나 원리의 적용이 틀렸는지를 표기해 써놓는다.

❸ 정확한 해답을 쓰고, 교과서와 참고서의 관련 페이지도 써놓는다.

❹ 특기사항이나 유의사항은 본문과 다른 색으로 특별히 눈에 띄게 기입하고, 특히 중요하거나 억울하게 틀린 것은 형광펜으로 표시해 둔다.

❺ 오답노트는 기초가 충분하고 상위권 학생일수록 효과가 크다.
기초가 없는 학생은 오답노트에 기재할 것이 너무 많아 기재하기 곤란할 것이므로, 처음에는 암기과목에 국한하여 실시하다가 차츰 주요과목으로 확장해 나가는 것이 좋다.

❻ 오답노트에는 틀린 문제뿐만 아니라, 운이 좋아 찍어서 맞힌 문제나 실수로 맞은 문제도 기록해야 한다.

❼ 시험에서 틀린 문제뿐만 아니라, 문제집을 풀다가 틀린 문제도 정리해 두면, 나중에 매우 귀중한 자료가 될 것이다.

❽ 교과서에 전혀 안 나오거나 출제 가능성이 없는 문제는 틀려도 제외하는 것이 좋다.

❾ 오답노트 과목 순서는 수능시험 시간표 순서대로 한다.

암기카드의 유용성과 작성 및 활용 방법

암기카드의 유용성

암기카드는 정식 노트와는 색다른 효용성을 발휘한다.

첫째, 암기카드는 언제든지 휴대할 수 있고, 그 내용도 간단명료하기 때문에 공부하기에도 마땅치 않고 휴식을 취하기도 어중간한 시간에 효과적으로 이용할 수 있다.

둘째, 암기카드는 자유로운 형태로 바꿔놓을 수 있어 입체적인 공부가 가능하다. 예를 들면, 역사적으로 유명한 사건을 한 항목씩 카드에 적어 그것을 연대순으로 늘어놓고 이해할 수도 있고, 각 시대의 토지제도라는 항목만을 추려내어 늘어놓을 수도 있다. 즉, 역사를 여러 가지 각도에서 보고, 그 각도에 따라 카드를 뽑아 기억을 다질 수 있는 것이다. 그리고, 국사와 세계사의 카드를 대조해 봄으로써 뜻밖의 상호 관련성을 찾아볼 수 있어 암기에도 도움이 된다.

암기카드의 작성 요령

1) 카드는 크기와 색깔을 다양하게 만든다

카드는 한 종류만으로 할 것이 아니라, 크기와 색깔을 다르게 준비하여 사용하는 것이 좋다. 크기는 대·중·소로, 색깔은 백·청·황·적·녹색 등으로 구분하여 각각 과목과 암기할 내용의 특색에 맞춰서 사용하는 것이 능률적이다. 가령, 흰색의 작은 카드에는 영어 단어나 숙어를, 청색의 작은 카드에는 국사나 세계사의 주요사건의 연대를, 황색의 중간 크기의 카드에는 중요사항의 내용을 6하원칙 (5W1H: 언제, 어디서, 누가, 무엇을, 왜, 어떻게)에 준하여 간결하고 깨끗하게 기재하도록 한다.

2) 카드는 너무 많이 만들지 않는다

카드를 너무 많이 만들다 보면 카드를 만드는 데만도 상당한 시간이 소요될 뿐 아니라 그 효과도 떨어지게 된다. 그러므로 꼭 암기할 필요가 있고, 또 암기가 잘 안 되는 것만을 알뜰하게 추려서 카드에 정리해야 한다. 그리고 일단 카드에 정리된 내용은 무슨 일이 있어도 조속한 시일 내에 완전히 자신의 것으로 만들어 버리겠다는 각오도 가져야 할 것이다.

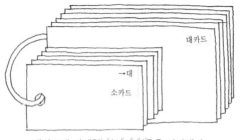

대카드에 자세한 설명이 있음을 나타낸다

3) 카드에 다음의 것들도 고려해 넣어서 만들면 매우 편리하다

❶ 카드를 작성한 날짜를 적는다.

❷ 교과서나 참고서의 참조 페이지를 적어 넣는다.

❸ 암기한 날짜와 횟수를 적어두면 암기하는 데 자극이 되고 격려가 된다.

❹ 도해식으로 작성했을 때는 색깔을 분류해 두면 알기 쉽다.

❺ 카드를 만들 때 무작정 암기사항을 기재하지 말고 외우면서 정리한다.

❻ 항상 백지 카드를 갖고 다님으로써 그때그때 중요한 사항을 기재하는 열성을 가져야 한다.

암기카드의 활용법

1) 암기한 카드는 구별해 둔다

이렇게 작성한 카드를 활용하는 과정에서, 이미 암기해버린 것과 아직 충분히 암기하지 못한 것을 뒤섞어 놓은 채 카드를 들춘다는 것은 매우 비능률적이다. 따라서 고리에 꿰어놓은 카드 중에서 외워버린 것은 고리에서 빼내 따로 모아둔다. 이렇게 암기하지 못한 것만 남겨두면, 반복해서 읽는 데 시간의 낭비가 없고 능률적이다.

공부를 정복하라

한편 고리에서 빼낸 카드는 일정한 곳에 모아두었다가, 어느 정도 모이게 되면 다시 체크해 보고, 기억이 희미해진 것이나 애매한 것이 있으면 다시 고리에 끼워 넣어 암기하도록 한다.

2) 요일마다 암기할 카드의 몫을 미리 배정해 둔다

힘들게 만들어진 여러 개의 카드를 내키는 대로 아무 것이나 집어서 그날그날 사용하지 말고, 요일마다 암기할 카드를 정해서, 그날의 몫을 미리 배정해 둔다. 그러면 모든 카드를 빠뜨리지 않고 균등하게 외울 수 있고, 매일 어떤 카드를 외울까 하는 갈등을 느낄 필요가 없다.

3) 카드는 체계적으로 분류해 둔다

카드를 만든 차례대로만 보존해 두면 나중에 활용할 때 매우 번거로울 것이다. 체계적으로 분류해서 보관해 두면 다시 찾아 복습할 때 편리하다.

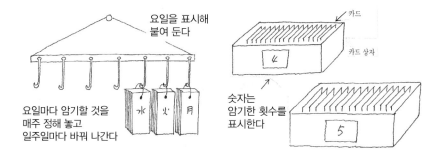

요일을 표시해
붙여 둔다

요일마다 암기할 것을
매주 정해 놓고
일주일마다 바꿔 나간다

水 火 月

카드

카드 상자

숫자는
암기한 횟수를
표시한다

제9장

그룹
학습법

"지혜로운 자와 동행하면 지혜를 얻고
미련한 자와 사귀면 해(害)를 받느니라"
- (잠언 13:20)

남을 최대한 활용하라

공부한다는 것은 어떤 정보를 입수하여 자기 것으로 만드는 일이다. 이를 위해서는 남이 습득한 지식이나 기술을 빌리는 것도 방법의 하나이다. 선생님이나 친구를 공부에 활용하면 두 가지 면에서 효과적이다.

첫째, 지식이나 정보를 다방면으로 많이 얻을 수 있다.

한 인간이 읽을 수 있는 책의 수나 수집할 수 있는 정보의 양은 한정되어 있다. 더구나 현대는 책이나 잡지·인터넷·텔레비전·라디오 등을 통하여 쏟아져 나오는 지식의 양이 막대하므로, 도저히 자기 혼자서는 모두 처리할 수 없다. 어느 정도는 남이 보고 들은 것을 전해 들을 필요가 있는 것이다. 또 자기는 이렇게밖에 알고 있지 않은 것도, 선생님이나 친구는 전혀 다른 각도에서 상상 밖의 이해를 하고 있는 경우가 가끔 있다. 이와 같이 어떤 문제에 대해 이렇게도 생각할 수 있고 저렇게도 생각할 수 있다. 이러한 다각적인 이해를 하기 위해서도 다른 사람이 필요하다.

둘째, 공부하기 쉬운 심리상태를 조성할 수 있다.

친구나 선생님과의 접촉이 여러분에게 주는 심리적인 영향은 크며, 이것을 잘만 활용하면 학습능률을 높여주어 여유 있는 학창생활을 할 수 있다. 공부를 잘하는 친구는 물론, 성적이 나쁜 친구도 활용하기에 따라서는 여러분의 공부를 보다 효율적으로 향상시키는 요소가 될 수 있는 것이다.

> "비판치 마라 그리하면 너희가 비판을 받지 않을 것이요
> 정죄하지 마라 그리하면 너희가 정죄를 받지 않을 것이요
> 용서하라 그리하면 너희가 용서를 받을 것이요
> 주라 그리하면 너희에게 줄 것이니
> 곧 후히 되어 누르고 흔들어 넘치도록 하여 너희에게 안겨 주리라
> 너희의 헤아리는 그 헤아림으로 너희도 헤아림을 도로 받을 것이니라"
> - (누가복음 6:37-38)

황금률(행동의 기본원리)
"무엇이든지 남에게 대접을 받고자 하는 대로 너희도 남을 대접하라!"

The Golden Rule
"Do to others whatever you would like them to do to you.
This is the essence of all that is taught in the law and the prophets.

공부를 정복하라

친구는 적이 아니라,
협조와 격려의 대상인 동반자

　내신성적이 입시에서 차지하는 비중이 매우 높기 때문에, 요즘의 중·고교생들은 노트를 빌려준다거나, 모르는 것을 가르쳐주는 일이 드물게 되었다고 한다. 옆의 친구를 협력의 대상이 아니라, 밟고 일어서야 하는 원수쯤으로 생각하는 모양이다. 집에서는 독선생을 모셔놓고 밤을 새워 공부하면서도, 학교에선 친구의 마음을 해이하게 만들기 위해 자기는 아무것도 모르는 체하기도 한다고 한다. 이런 상태에서는 공부의 가장 효과적인 도구인 '인간'을 상실하게 될 우려가 있다. 이것은 큰 손실이다.

　여러분의 적은 가까이 있는 친구가 아니라, 전국에 흩어져 있는 수많은 수험생이며, 더 나아가 세계의 학생들인 것이다. 우리나라의 미래는 바로 여러분들의 손에 달려있다. 날로 심각해져 가는 치열한 국제경쟁 속에서 자원이 부족한 우리나라가 부강조국으로 뻗어나가기 위해서는 여러분들이 서로 협력하면서 실력을 키워나가는 수밖에 없다. 그 방법과 이유는 다음과 같다.

첫째, 모르는 것은 자기와 비슷한 실력의 친구에게 묻고, 또 질문을 받으면 알고 있는 모든 지식을 동원하여 성심성의껏 가르쳐준다. '동병상련'이라는 말대로, 자기와 실력이 비슷한 친구가 자기가 겪은 골칫거리에 대해 어떻게 고심했는가에 대해 알 수 있고, 그 방법이나 사고방식을 배우는 것이 문제를 해결하는 데 가장 좋은 참고가 되는 것이다.

둘째, 자기보다 성적이 나쁜 친구나 하급생이야말로 가장 좋은 공부상대이다. 성적이 좋은 학생은 당연히 성적이 나쁜 친구에게 이것저것 가르쳐주게 되는데, 불확실한 지식으로는 상대방에게 알기 쉽게 설명할 수 없고, 가르치는 동안에 불확실하게 알고 있었던 점이나 자기의 약점을 알게 되기 때문에 본인에게도 큰 도움이 된다.

셋째, 친구의 상담자가 되면 자기는 고민하지 않아도 된다. 인간은 타인의 고뇌에 관심을 갖고 상담역이 됨으로써 자기 마음을 객관적으로 바라보는 힘이 생기기 때문에, 친구의 고민에 대한 상담을 하면서 그 해결방안을 같이 모색하는 동안에 나의 고민은 사라지게 된다.

넷째, 말을 많이 하기보다는 남의 말 듣기를 잘하는 것이 중요하다. 이는 처세술의 제1원칙이기도 하지만, 친구나 선배의 두뇌를 이용하여 공부를 더욱 능률적으로 하기 위해서는 그들의 말을 경청할 필요가 있다.

　　　　　　　　　　　　　　　　공부를 정복하라

그룹학습을 잘하면
좋은 성과를 올릴 수 있다

그룹학습이란

그룹학습이란 효율적인 학습을 위해 실력이 비슷한 둘 이상의 사람들끼리 모여 함께 공부하는 것을 가리키는 것으로 '협동학습'이라고 할 수 있다. 의도적으로 조직된 모임이라는 점에서 즉흥적이고 무계획적으로 급우와 학습문제를 논의하는 것과는 성격이 다르다. 이 그룹에 속한 회원들은 상호 간에 학습에 도움이 될 자료나 정보를 주고받는다.

그룹학습의 장점

1) 협력정신을 길러 서로 도와줌으로써 학습능률을 높일 수 있다

친한 친구끼리 모여서 함께 공부하는 것은, 외롭고 힘든 수험생활에서 정신적으로 안정감을 주고 피로와 권태를 경감시킬 수 있다. 또 서로 설명을 주고받게 되어 혼자 공부할 때보다 더욱 이해가 깊어지고, 자기의 껍질에서 벗어나 새로운 사고방식을 흡수할 수 있다.

그뿐 아니라, 시험준비를 할 때 여러 사람이 여러 가지 각도에서 출제를 예상한 문제를 종합해서 공통점과 상이점을 찾아보면 시험문제를 적중시킬 확률이 높아질 것이다.

2) 경쟁의식을 갖게 함으로써 학습동기를 높일 수 있다

학습동기의 부여는 학습능률을 높이는 최고의 원동력이다. 사람은 승패에 민감하다. 그래서 소그룹이라 할지라도 남에게 뒤지는 것을 불쾌하게 생각하게 마련이고, 다른 사람에게 뒤지지 않으려고 나태해지려는 자신을 채찍질하여 분발하게 한다. 입시뿐만 아니라 인생은 끊임없는 경쟁의 연속이므로 정정당당하게 싸우는 정신을 키우는 것은 승리의 비결일 뿐만 아니라 인생의 소중한 수양이기도 하다.

그룹학습의 단점

1) 개인의 자유가 제한되므로 자기에게 가장 맞는 계획이나 학습방법을 사용할 수 없게 된다

학교 외 가정에서의 학습은 개인의 특수사정이나 성격·학력의 정도에 따라 결정되는 것이므로 그룹학습은 가정학습의 본래의 형식은 아니다. 이것이 바로 여러 가지 장점에도 불구하고 그룹학습을 많이 이용하지 않는 주요 원인이다.

2) 그룹 멤버 간의 학력차가 심할 경우에는 우수한 자의 학습에 방해될 우려가 있다.

성적이 나쁜 학생이나, 혹은 자신 없는 과목을 학습할 시에는 큰 효과를 올릴 수 있지만, 우수한 학생이나 자신 있는 과목의 공부에 관해서는 손해를 볼 수도 있다.

3) 적당한 지도자를 구할 수 없을 때에는 학습집단이 아니라 사교적 집회가 되기 쉽다

사람이 여럿이 모이면 많은 이야기를 하게 마련이고 놀기도 쉽다. 실제로 그룹학습을 처음 시작할 때 강력한 리더가 있을 시에는 서로가 주의하고 긴장하여 면학의 분위기가 감돌지만, 시간이 많이 흐르고 또 강력한 리더가 없을 때에는 긴장이 풀어져, 공부는 제쳐놓고 잡담으로 시간을 보내거나 놀자판이 될 수도 있다.

그러나 이러한 단점들은 방법이나 운영 여하로 충분히 극복할 수가 있다.

그룹학습의 방법

1) 그룹학습은 학습의 보조적 수단으로 이용한다

공부는 남이 대신 해 줄 수 없는 자기 자신의 문제이다. 각자가 스스로에게 가장 적합한 계획과 방법에 의한 개인학습을 하고, 그 결과를 정리하고 평가하기 위하여 집단적으로 그룹학습을 하는 것이 효과 있는 방법이다. 그리고 특정의 경우 외에는 예습보다 복습에 치중하는 것이 좋다.

2) 일정한 범위의 학습을 미리 학습한 후, 의문점을 갖고 그룹학습에 와서 토의하거나 중요사항을 이야기하며 서로의 의견을 교환한다

그룹학습에서는 학습 후에 반드시 서로 전체적인 평가를 해야한다. 서로 시험관이 되기도 하고 수험생이 되기도 하여 테스트를 행하는 것은 대단히 효과가 있다. 예컨대, 5명으로 이루어진 스터디 그룹일 때, 학기말 수학시험에 대비하여 시험범위 안에서 각자가 예상문제를 10개씩 출제하여 서로 교환하여 풀어본다. 시험을 본 후 예상문제의 적중률이 가장 높은 사람에게 선물을 준다면 흥미도 향상되고 성적도 향상될 것이다. 아무튼 그룹스터디는 여러분의 무미건조한 수험생활을 지혜롭고 즐겁게 극복할 수 있는 획기적인 방안이 될 수 있을 것이다.

"마음을 같이하여 같은 사랑을 가지고 뜻을 합하며
한 마음을 품어, 아무 일에든지 다툼이나 허영으로 하지 말고
오직 겸손한 마음으로 각각 자기보다 남을 낫게 여기고"

- (빌립보서 2:2-3)

3) 그룹 편성에 특별히 주의를 해야 한다

❶ 그룹원 간에 심한 능력차·성격차가 없어야 한다.

❷ 그룹학습의 목적을 각 구성원이 충분히 이해하여야 한다.

❸ 구성원의 수는 너무 많지 않은 것이 좋다. 3~7명 정도가 좋다.

❹ 그룹학습에 부적당한 성격이나 습관을 갖고 있는 사람은 참가시키지 않는다.

❺ 적당한 리더가 한 사람 있어야 한다.

4) 일정한 장소가 있으면 항상 그곳을 이용하는 것이 좋다

공부를 일정한 시간에 일정한 장소에서 행해야 능률이 올라간다는 것이 과학적 학습방법의 원리이기 때문이다. 그렇지 못한 경우에는 구성원 가정의 공부방을 윤번으로 이용하는 것도 좋다. 서로의 가정을 방문함으로써 친구간의 우의를 더욱 돈독히 할 수 있을 뿐만 아니라 공부장소의 변화로 인해 신선한 느낌으로 공부할 수가 있다.

5) 그룹학습을 하는 시간은 일주일에 2~3회, 한 번에 2~3시간 정도가 적당하다

이 계획은 때에 따라 변해서는 곤란하며, 한번 정해졌으면 각자가 충실하게 지키도록 노력하고, 위반 시에는 철저한 징계가 있는 것이 좋다.

제10장

슬럼프의 원인 및 극복법

"사람의 마음의 교만은 멸망의 선봉이요
겸손은 존귀의 길잡이니라"
- (잠언18:12)

슬럼프란 무엇인가

슬럼프란 어떤 일을 하다가 심한 부진의 늪에 빠져, 노력에 비하여 능률이 형편없이 저조하고 자신에 대하여 심한 회의에 잠기거나 의기소침해지는 상태를 말한다. 즉, 성적향상을 위해 몸부림치는 가운데 어느 수준에선가 더 이상 전진하지 못하고 공부 자체가 싫어지며 짜증스럽고 답답, 초조, 불안해지는 상태가 장기간 계속되는 현상이라고 볼 수 있다.

이러한 현상은 학기 초의 긴장됐던 마음이 더워지는 날씨와 더불어 나태해지면서 생기는데, '도대체 내가 뭐 때문에 이렇게 공부를 해야 하나, 지금 이 공부가 내 인생에 있어서 무슨 소용인가, 공부가 인생의 전부는 아니지 않은가'라는 등의 본질적인 회의에 빠지게 되거나, '내가 여태까지 지속해 온 학습방법이나 학습서는 과연 적절한가'라는 생각이 들면서 남의 학습방법을 모방하거나 남이 쓰는 참고서를 들쳐보는 등 자꾸 변화만을 시도하여 규칙적이고 계획적인 학습이 깨지게 된다. 이는 시시각각으로 쌓이는 스트레스의 누적에 의하여 나타나는 증후이다.

슬럼프는 누구에게나 찾아오는 것

한 인간이 성숙되어 가는 과정은 매우 복잡하고 미묘하다. 인간은 성장하여 가면서 크고 작은 경쟁을 치르게 된다. 또 그럴 때마다 사람에 따라 다소의 차이는 있지만 누구나 정신적 부담을 안게 된다. 인간의 욕구는 끝이 없기 때문에 쉽게 채워지지도 않을 뿐 아니라 때로는 좌절을 경험하기도 한다.

인간이 태어나서 최초로 맞이하는 가장 큰 경쟁이 대학입시를 치르는 수험생들의 경쟁이라고 생각된다. 특히 학벌이 중요시되고 출신 대학, 학과가 장래에 큰 영향을 미치는 우리나라에서는 더욱 경쟁이 치열하다. 대학입시라는 숨 막히도록 치열한 경쟁을 치르고 있는 고3 수험생과 한 번 실패의 쓴맛을 보고 재기를 위해 몸부림치는 재수생들에게는 이런 경쟁에서 이겨 좋은 점수를 얻어 명문대에 합격해야만 한다는 생각이 정신적으로 무거운 부담이 된다.

이렇게 열심히 강행군을 해나가는 도중에 조금이라도 차질이 생기면 불안·초조해지고 정상적인 생활에서 조금씩 이탈되어 가면서 심리적 변화가 일어나는 신경증세를 흔히 '고3병'이라고 말하고 있다. 고3병에 걸리면 공부가 잘 되지 않고 시험에 좋은 성적이 나오지 않게 되어 실망하게 되고, 의기소침해져 잡념이 많아지게 되고 정신적 갈등이 야기되어 공부에서 멀어지게 된다. 그래서 성적은 더욱 떨어지고….

이런 악순환의 연속을 슬럼프에 빠진다고 말하고 있다.

공부를 정복하라

보통사람이면 누구나 경험하는 일이지만, 수험생에게 있어 슬럼프는 적절하게 대응하지 않으면 식욕부진, 의욕상실, 노이로제, 우울증에 빠지게 되어 심신의 피로가 더해지고 끝내는 병원을 찾게 되는 소홀히 할 수 없는 증후인 것이다.

슬럼프는 다음의 비약으로의 발판

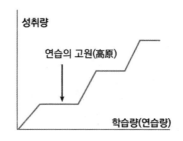

미국의 심리학자 브라이언은 학습한 양과 성취한 양의 관계는 정비례하지 않고, 그래프에서 보여주듯 누구에게나 꾸준히 공부한다 하더라도 학습효과가 오르지 않을 때-슬럼프-가 있다고 하였다.

이러한 상태를 심리학에서는 '연습의 고원(高原)'이라고 부르는데, 이것은 하급에서 상급으로 옮겨가는 일종의 도약대로서, 어떤 기술을 습득하는 데 피할 수 없는 장벽인 것이다. 이때 어떻게 대처해 가느냐에 따라서 슬럼프가 실패의 나락으로 떨어지는 계기가 될 수도 있지만, '다음의 비약을 위한 발판'이 될 수도 있으니, 초조해하거나 불안해하지 말고, 평소에 소홀히 할 수밖에 없었던 건강관리에 신경을 쓴다거나, 침체된 기분을 전환시키기 위한 변화를 적절히 취해나가는 슬기를 가져야 한다.

슬럼프 기간은 도약을 위한 준비의 시기이며, 슬럼프의 극복은 보다 밝은 미래를 약속한다는 사실을 의심하지 말아야 한다.

슬럼프 자각증상의 체크

슬럼프라는 것은 언제 온다고 예고하고 오는 것이 아니다. 어느 날 갑자기 오기도 하지만 자기도 모르는 사이에 서서히 빠져들기도 하기 때문에 평소에 자신의 상태를 점검하여 미리 예방하는 것이 중요하다. 그러면, 먼저 자신이 슬럼프에 빠져 있는 상태인지 아닌지를 체크해 보기로 하자. 다음의 항목에 대해서 현재 자기에게 해당하는 것을 체크해서 그 수를 합해보자.

1) 학습능률이 떨어졌다 (   )

2) 하찮은 곤란에도 기가 꺾인다 (   )

3) 멍한 채로 있거나 엉뚱한 일을 생각하곤 한다 (   )

4) 자신이 없어졌다 (   )

5) 공부에 대해 견디는 힘이 없어졌다 (   )

6) 금방 피곤해진다 (   )

7) 공부하는 것이 괴롭다 (   )

8) 공부하기가 귀찮다 (   )

9) 요즘 왜 그런지 초조하다 (   )

10) 식욕이 부진하다 (   )

11) 진학하는 의미를 알 수 없게 되었다 (   )

12) 이런 짓을 하고 있으면 안 된다고 생각하곤 한다 (   )

13) 인내력이 없어졌다 (   )

14) 자기에겐 능력이 없다고 여기게 되었다 (   )

15) 마음이 약해졌다 (   )

16) 모든 것에 대해 소극적이 되었다 (   )

　　　　　　　　　　　　　　　　　　　공부를 정복하라

17) 사소한 일에도 초조해한다 (　　)

18) 경쟁심이 없어졌다 (　　)

19) 집착력이 없고 일을 중도에서 포기한다 (　　)

이상의 체크리스트(Check List) 가운데서 자기에게 해당되는 것이 15개 이상이면 현재 슬럼프에 빠져있는 상태이므로 곧바로 적절한 조치를 취할 필요가 있다. '10~14'개인 사람도 역시 장애에 충돌하고 있는 상태이므로 이것도 어떤 조치가 필요하다. '5~9'개의 사람은 성적이 좋은 상태에서 장애를 향하고 있는 경우와 장애를 통과해서 호조를 되찾는 과정에 있는 경우이다. '0~4'개의 사람은 현재 절호의 상태에 있는 사람이다.

슬럼프 극복법

슬럼프를 자연적인 현상으로 받아들이라

슬럼프는 치열한 입시경쟁 속에서 누구나 겪게 되는 자연적인 현상이다. 공부를 하다가 공부에 싫증을 느끼게 된다거나 성적이 떨어지는 것은 누구에게나 나타나는 현상으로 슬럼프 자체를 두려워해서는 안 된다. 슬럼프는 대부분의 사람들이 거쳐가는 하나의 시련이며 이런 시련을 통하여 인간은 단련이 되는 것이다. 마치 길을 걸으면 휴식이 필요하고, 낮에 일하고 밤에는 잠을 자야 하는 것처럼 공부에서 생기는 슬럼프는 자연현상이므로 곧 회복될 수 있다는 생각을 갖고 휴식과 안정으로 극복해 나가는 자세가 필요하다.

슬럼프에 빠졌을 때는 자신 있는 과목의 복습에 전력하라

한번 슬럼프에 빠지게 되면 아무래도 공부가 잘 되지 않고, 그런만큼 초조해지므로 더욱더 공부가 되지 않는 악순환에 빠지기 쉽다. 이럴 때는 자기가 가장 잘 집중할 수 있는 좋아하는 과목에 마음을

쏟아 초조한 기분을 털어버려야 한다. 그리고 새로운 부분을 예습하기보다는 이미 배운 부분을 복습하는 것이 좋다.

지금 당장 '공부가 되지 않는다'고 고민하지 말고, 이제야말로 잘하는 과목을 더욱 잘할 수 있는 기회라고 생각하고 자신 있는 과목의 학습에 매진하라. 슬럼프 해소는 물론 잘하는 과목을 더욱더 충실히 다짐으로써 새로운 자신감을 얻는 일석이조의 효과를 볼 수 있다.

성공적인 영상을 잠재의식에 심도록 노력하라

상상력은 의지력보다 강하다. 시험을 잘 보게 되어 칭찬받는 상상을 해보며 또 대입시험에서 좋은 점수가 나와서 평소에 염원하던 대학에 들어가 캠퍼스 안을 누비고 다니는 상상을 계속해 보라. 틀림없이 여러분의 상상대로 그렇게 될 것이다.

잠재한 불안의식을 유도해 내서 밖으로 표출시키고 긍정적인 이미지를 연상시켜 좋은 감정으로 기분을 유도한다. 좋은 결과를 예측

하면 자신도 모르는 사이에 자신감을 갖게 된다. 너무 완벽을 기대하지 말고 자기 자신의 좋은 이미지, 성공적인 영상을 심도록 항상 노력해야 한다.

일지(日誌)를 써라

일지(日誌)는 왠지 부담스러운 일기(日記)와는 달리 가벼운 마음으로 그날의 지내온 상황을 기록해두고 다음 날의 해야 할 일을 메모하는 것이기 때문에 가벼운 마음으로 쓸 수 있다. 예컨대, 내가 오늘 몇 시에 일어났고, 몇 시부터 몇 시까진 뭘 했는지에 대해 적고, 그 아래에는 시간을 어떻게 보냈는지 자기 나름대로의 간단한 평을 적는다. 유용하지 못한 시간이었으면 반성의 글로 자신을 채찍질하고, 알찬 시간이었으면 기쁜 마음으로 자신을 격려한다. 이렇게 하면 더더욱 시간을 쪼개서 계획적으로 쓸 수 있다.

빈틈을 주지 말고 계속 힘차게 밀어붙여라

바쁜 꿀벌은 슬퍼할 틈이 없다고 한다. '슬럼프는 배부르고 게으른 놈에게나 오는 것이지, 나같이 목표가 확실하고 갈 길이 바쁜 사람에게 슬럼프란 사치스런 존재이다.'라고 생각하면서 계속 밀어붙이는 것도 좋은 방법이 될 수 있다. 말하자면, 괴물이 비집고 들어올 틈을 주지 말고 시종일관 줄기차게 공부해 나가는 것이 슬럼프를 예방하는 최선의 방법일 것이다.

잡념퇴치법

잡념은 어떤 일이나 생각을 할 때 이를 방해하는 쓸데없는 잡다한 생각을 말하며, 이는 누구에게나 이따금 일어나는 것이다. 잡념은 물론 쓸데없는 생각이지만 우리 생각의 일부임에 틀림없다.

잡념은 이래서 생긴다

정신집중이 필요할 때 왜 쓸데없는 생각이 기승을 부리는 것일까? 이것이 심리의 묘한 점이다. 정신집중이란 어떤 한 가지 대상에 정신을 쏟는 것을 말한다. 이에는 정신적 에너지가 필요하다. 다른 곳에 할당되었던 정신적 에너지가 한곳으로 동원되어야 한다. 그러기 위해서는 긴장이 요구되고 그런 긴장은 우리의 몸과 마음에 다소의 불안과 불쾌감으로 작용한다. 긴장하면 우리의 사지나 내장 등이 수축된다. 다시 말해 굳어지는 것이다. 이런 긴장이 오래 지속되면 심신은 피로를 느끼게 되고, 심신의 여러 기능이 제대로 기능을 발휘할 수 없게 된다.

우리의 심리 밑바탕에는 현실이 불안하고 긴장이 요구될 때에는 현실을 도피하고 쾌락을 향하려는 마음이 작용한다. 그러기에 시험이라는 현실이 닥치면 이에 따른 긴장이나 불쾌감을 기피해 볼 양으로 졸음이 쏟아지거나 시험이라는 현실을 잊기 위해서 여러 가지 잡념이 떠오른다.

강박의 끈을 놓아라

잡념을 없애려는 마음은 누구에게나 있다. 하지만 없애려는 데 너무 집착하면 강박의 끈에 매달리는 꼴이 된다. 강박의 끈을 놓아야만 잡념은 줄이 끊긴 풍선처럼 공중으로 날아 사라지는 것이다. 잡념이 떠올라서 공부를 못 하는 경우엔 잡념을 쫓으려 안간힘을 쓰지 말고, 떠오르는 대로 내버려 두는 것도 한 방법이다. 처음엔 물론 바로 효과를 보지 못할지도 모른다. 아니 잡념이 더욱 기승을 부려 초조·불안이 더할지도 모른다.

그러나 잡념이란 쓸데없는 생각에 집착하는 마음이니 강박증세를 없애면 없어지는 것이다. 잡념을 떠오르는 그대로 놓아두면 끝내는 제풀에 사라진다.

울적 감정을 승화시켜라

잡념을 퇴치하는 데는 심신의 컨디션도 중요하다. 심신의 컨디션을 좌우하는 데에는 공부환경의 문제, 졸음과 피곤의 문제, 그 밖에 억압되어 있는 미해결의 갈등문제 등이 있을 것이다.

첫째, 환경문제의 경우 공부하는 분위기를 조성하는 것이 급선무다.

공부하는 환경은 물론 조용하고 쾌적해야 하겠지만 경우에 따라서는 반드시 그렇지만도 않다. 혼자일 때 능률이 오르는 사람도 있지만 때로는 음악을 틀어놓는다든지 약간의 사람들이 드나드는 환경 속에서 오히려 잡념이 떠오르지 않고 주의집중이 되는 사람도 있다. 각자 개성에 따라 알맞은 환경을 고르면 된다.

둘째, 졸음이나 피곤은 확실히 정신집중을 방해하는 요소의 하나다.

목표를 관철하려는 수험생이라면 다소의 피곤과 수면부족은 예상할 수 있다. 다만 그런 피곤과 졸음을 적절히 처리하기 위해서는 평소의 생활리듬을 잃지 말아야 한다. 벼락치기식으로 며칠간 밤샘을 한다든지 무리한 목표설정 때문에 언제나 짓눌린 기분으로 공부한다면 잡념뿐 아니라 기억력감퇴 등으로 인해 정신집중이 방해받게 마련이다.

셋째, 성적 욕구의 지나친 억압도 권태나 우울감을 야기할 수 있다.

이런 성적 욕구를 합리적인 방향, 예를 들어 운동이나 레크레이션 또는 음악감상 등으로 승화시키는 것이 보다 바람직스럽지만, 이 밖에도 적절한 방법으로 성적 욕망을 처리한다는 것은 체내의 울적 감정을 발산시키고 좀 더 거뜬한 마음으로 공부에 임하게 할 수 있다.

> "교만은 패망의 선봉이요
> 거만한 마음은 넘어짐의 앞잡이니라"
> - (잠언 16:18)

제11장

숙면을 취하는 방법

"잠을 지배하는 자만이 인생을
성공으로 이끌 수 있다."

—

잠잔 시간은 영원히 잃어버린 시간이다.
그것은 다시 돌이킬 수 없는 시간들이다.
황금 같은 시간을 수면의 강에 헛되이 버리
지 마라!
단시간 숙면을 취하는 수면법!
그것은 천재들 중에서 천재를 선택해 내는
가장 확실한 하나의 방법이요, 승리의 길이다.
만일 이 책에서 얻은 새로운 지혜로써 공부
한다면, 수많은 경쟁자를 물리치고 어려운
시험지옥을 돌파할 수 있을 것이며, 그대에
게 내일의 행복과 영광이 깃들 것이다.

잘못된 수면상식

하루에 8시간을 자지 않으면 건강에 해롭다?

"하루 8시간을 자지 않으면 건강에 해롭다."는 것은 근거 없는 낭설이다. 수면은 양보다도 질이 중요하다. 수면의 질이 좋지 않으면 하루 종일 이부자리 속에서 뒹굴어도 충분히 잤다는 생각이 들지 않지만, 수면의 질을 매우 좋게 한다면 3~5 시간의 짧은 수면으로도 상쾌한 심신의 상태를 얻을 수 있다.

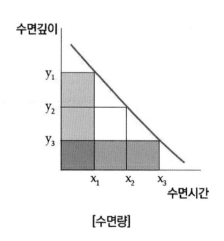

[수면량]

그래프와 같이 수면의 깊이가 깊을수록 수면시간이 짧아도 충분한 수면을 취하게 된다. 그러나 수면의 깊이가 낮으면 수면시간을 아무리 늘린다 해도 충분한 수면을 취하기가 어려워진다.

그러므로, 잠들고 있는 시간만은 그야말로 육체의 모든 신경이 휴식을 취하여 마치 죽음과 같은 경지에 들어가야만 좋은 것이다. 비록 수면시간이 짧아도 완전수면 즉, 죽음과 같은 아주 깊은 숙면(熟眠)이 이루어진다면 질이 좋지 않은 수면보다 몇 갑절이나 피로의 회복이 빠르다.

배가 불러야 수면이 잘 된다?

"배가 불러야 수면이 잘 된다."는 것은 엄청난 잘못이다. 왜냐하면 위와 뇌는 불가분의 관계에 있기 때문에 위가 힘든 일을 하고 있을 때에는 뇌도 마찬가지로 일을 하고 있다. 그래서 잠들 무렵에는 반드시 '공복'상태를 유지하는 것이 수면의 질을 높이는 가장 기본적이면서도 필수불가결한 요소이다.

그러나 배가 너무 고파서도 숙면을 취할 수 없다. 배가 고플 때는 혈액 중의 영양분의 양이 저하해서, 그 경고신호가 뇌로 올라가 교감계의 활동을 끌어내려 흥분시킨다. 밤중에 배가 고프면 두유나 스프, 죽(깨죽·잣죽·호박죽 등) 등과 같이 유동적이며 영양가가 많은 음식을 적당하게 먹는 것이 좋다. 양이 많지 않으면 금방 잠자리에 들어도 자동적으로 위장이 소화시켜 준다. 과자·빵·초콜릿·커피 등은 먹지 않는 것이 좋다.

푹신한 침구에서 푸근한 잠을 잘 수 있다?

"푹신한 침구에서 푸근한 잠을 잘 수 있다."는 것은 신체의 역학적인 구조에 대한 지식의 결여에서 나온 망설이다. 지나치게 부드

공부를 정복하라

럽고 푹신푹신한 요를 깔고 자게 되면 배골(背骨)의 만곡이 심해짐은 두말할 나위 없다. 사람은 잠들고 있는 동안 욱혈이나 피로를 자연 교정하기 위하여 하룻밤에 20~30회, 많을 때는 40~50회 몸을 뒤집고 또 모로 눕는 습성이 있다.

수면이 인체의 건강에 필수불가결의 요소인 만큼, 침구는 평생 동안의 건강관리에 필수적인 중요조건이다. 숙면을 위해 이상적인 침구의 조건을 살펴보기로 한다.

첫째, 침대에서 자는 것보다 바닥이 따뜻한 온돌에서 자는 것이 더 좋다. 요는 목화솜으로 만들되 너무 두껍지 않게 한다. 침대생활에 익숙해진 사람은 온돌바닥에서 자는 것이 익숙해질 때까지 쿠션이 거의 없는 침대를 사용하거나, 온도 조절이 가능한 돌침대를 사용한다.

둘째, 이불은 가볍고 보온이 잘 되는 것이 좋다. 겨울에는 솜이나 오리털 이불, 여름에는 면이나 삼베 이불이 좋다.

셋째, 베개는 눌러서 6~8cm의 높이가 적당하고, 약간 넓은 것이 좋다. 최근에는 한방베개·물베개·고무베개·오리털베개 등 각종 건강베개가 시판되고 있으나, 메밀껍질을 넣은 전통적인 베개가 가장 우수하다는 연구결과가 있다.

"너희 중에 누구든지 지혜가 부족하거든 모든 사람에게 후히 주시고
꾸짖지 아니하시는 하나님께 구하라 그리하면 주시리라"
-(야고보서 1:5)

성공적인 수면 기술

하루를 얼마나 충실히 보내는가는 전날의 수면의 상태에 의해 결정되어진다고 할 수 있다. 활기차고 의욕적인 학습생활을 위해서는 질 좋은 숙면이 필수불가결의 요건인 만큼 성공적인 수면기술을 익히는 것은 어떤 공부방법을 익히는 것보다 기본적이며 중요한 일이다.

성공적인 수면이란, 어떠한 장소에서든지 가기가 자고 싶을 때 빨리 그리고 깊이 잠들 수 있는, 말하자면 수면을 자신의 마음대로 조절할 수 있는 능력을 말한다. 성공적인 수면 기술의 목표는 앞에서 지적하였듯이, 두뇌와 육체 및 자율신경을 동시에 휴식시키는 것이다.

신체활동 도표를 이용해서 수면을 설계한다

시간은 황금이며 운명을 좌우하는 귀중한 재산이기에, 한정된 시간 내에 가장 효과적인 수면을 취하지 않으면 안 된다. 이를 위해서 우선적으로 여러분들이 해야 할 것은 자신의 신체활동의 도표를 만들어 하루 중에서 어떤 때가 가장 활동능률이 오르며, 어떤 때가 가장 능률이 저하되는가를 잘 살펴보는 것이다. 그리하여 일찍 자는

공부를 정복하라

형인가 늦게 자는 형인가 그리고 어떤 잠의 형을 가지고 있는가를 종합해 본다.

신체활동 도표를 이용해서 효과적인 깊은 수면을 가져오는 기술의 기본은 다음의 세 가지로 요약된다.

첫째, 신체활동의 도표를 잘 살펴서 신체활동이 저하되어 가는 때와 맞추어서 수면을 설정한다.

둘째, 잠자리에 드는 시각에 신체활동 수준이 아직 높은 경우에는 될 수 있는 한 신체활동 수준이 낮은 곳까지 끌어내린다. 이것은 수면의 형을 고쳐나가는 방법이다.

셋째, 전면적으로 신체활동 도표를 개조하거나 바꾸어간다. 늦게 자는 사람은 빨리 자는 형으로 바꾼다든지, 하루의 생활 중에서 낮잠을 적극적으로 취한다든지 해서 생활을 둘로 나누기도 한다. 이것은 수면시간을 보다 적극적으로 단축시키려는 목적을 가진 사람들을 위한 방법으로 신체활동의 도표를 특수형으로 만드는 방법이다.

수면형을 일찍 자고 일찍 일어나는 밤형으로 전환한다

수면의 기본적인 형에는 '아침형'과 '밤형'의 두 가지가 있다. 소리·빛·기타 여러 가지 자극을 잠이 든 후에 여러 가지 시간 간격을 두고 가하면서 잠이 깰 때까지에 투입된 자극의 양으로 수면의 깊이를 조사한 결과 그림에 나타는 두 가지 형이 있음을 알아냈다.

밤형은 잠이 든 후 3~4시간까지의 사이에 가장 깊은 시기가 오며 그 후에는 점점 얕아지는 형이고, 아침형은 그 반대로 잠이 들어서 훨씬 늦게 되어야 깊은 잠에 드는 형이다.

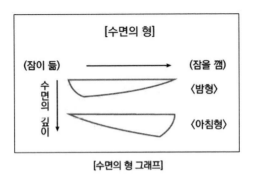

[수면의 형 그래프]

밤형은 일찍 자고 일찍 일어나는 형-새벽에 공부하는 형이며, 아침형은 밤늦게 자고 아침 늦게 일어나는 형-밤에 공부하는 형이다. 학습 효과와 능률면에 있어서 다음과 같은 이유로 밤형이 더 유리하다.

첫째, 아침에 일찍 일어나는 것은 하루의 활동을 능률적으로 행하는 데 중요하다. 밤형은 일찍 자고 일찍 일어나기 때문에 하루를 일찍 상쾌하게 시작할 수 있고, 또 일반 사람들의 생활리듬과 일치하므로 다른 사람들과의 생활과 엇갈리는 데서 오는 장해나 저항감이 적다.

둘째, 밤늦게 공부하는 형은 아침에 기분 좋게 일어날 수 없으며, 낮의 수업시간 중에 졸음이 오기 쉽다. 수업은 학습의 중심이 되는 것이므로 그것을 효과적으로 활용할 수 없게 된다면 커다란 손실이다.

셋째, 대학입시를 비롯한 모든 시험은 낮에 행해지는 것이므로, 밤늦게 공부를 계속한 사람은 시험 중에 두뇌의 컨디션이 나빠 맘껏 실력을 발휘할 수가 없다.

규칙적인 운동을 하여 육체를 적당히 피로케 한다

하루 종일 논과 밭에서 일한 농부에게 '불면'이란 단어는 없다.

공부를 정복하라

체육시간이 있는 날이나 운동경기를 한 날, 또는 등산이나 소풍 등을 다녀온 날엔 매우 달콤한 잠을 자게 된다는 경험은 누구나 갖고 있을 것이다. 완전한 숙면 즉, 건강하고 질 좋은 수면에 필수적인 것이 마음과 육체의 적당한 피로감이다. 빨리 깊이 잠들 수 있을 정도만큼의 적당한 피로가 필요한데, 이를 위해서는 열심히 살아야 함은 물론이며, 짧은 시간이나마 매일 햇볕을 쬐고, 규칙적으로 운동을 해야 한다. 또한 일주일에 한 번 정도는 땀을 흠뻑 흘릴 수 있는 운동을 하는 것이 좋다.

자율신경을 쉬게 한다

완전한 숙면을 취하기 위해서는 두뇌 및 육체의 휴식뿐만 아니라 신체의 각 부분에 뻗어있는 모든 자율신경을 쉬게 하는 것도 중요하다. 자율신경은 인간의 의지와 관계없이 반응하는 기관-호흡기계·순환기계·소화기계-을 지배하는 신경으써 교감신경과 부교감신경이 길항적으로 작용한다.

첫째, 호흡기계의 휴식에는 산소의 충분한 공급 즉, 맑은 공기를 호흡하는 것이 중요한데, 이를 위해서는 방 안의 공기를 유통시켜야 한다. 산소와 음이온을 발생시키는 에어클리너를 설치하는 것도 좋은 방법이다.

둘째, 순환기계가 쉬기 위하여 적당한 체온이 유지될 수 있도록 방의 보온에 신경을 써야 한다. 너무 춥거나 너무 더우면 순환기계가 쉬지 못하기 때문에 숙면을 취할 수 없다.

셋째, 소화기계의 휴식을 위해서는 위가 공복 상태가 되도록 한다. 따라서 취침 2시간 전부터는 물 이외의 음식물은 섭취하지 않는 것이 좋다.

수면환경을 조절한다

편하고 깊은 잠을 자기 위해서 빼놓을 수 없는 것이 수면환경이다. 수면의 생리상태는 환경 속의 자극으로 예민하게 반응한다. 자극이 많으면 그만큼 수면은 얕아지게 된다. 환경을 고려하지 않으면 지금껏 서술해 온 여러 가지의 수면기술이 모두 소용없는 것이 되어버린다. 완전한 숙면을 취할 수 있는 훌륭한 수면환경은 어떠한 것인지 구체적으로 살펴보기로 하자.

1) 조용해야 한다

사람의 말소리나 발자국소리, 라디오나 TV 소리 등 모든 소리가 차단되어야 한다. 될 수 있는 한 벽은 두껍게 만들고, 창문은 이중유리를 끼우고 두꺼운 스티로폼을 붙이거나, 이중 삼중의 덧문을 만들며, 두꺼운 커튼을 침으로써 밖으로부터의 소음을 차단시켜야 한다. 또 책꽂이라든가 옷장 등의 가구를 소리가 많이 나는 쪽에 놓는 것도 효과가 있다.

2) 어두워야 한다

빛을 차단하여 방이 깜깜해야 한다. 빛을 차단하는 것은 소리를 차단하는 것보다는 훨씬 쉽지만 극히 조그만 틈만 있어도 새어 들어오므로 주의해야 한다. 창문에 이중커튼을 친다면 빛을 차단할 뿐만

공부를 정복하라

아니라 소리를 차단시키는 효과도 있고, 침실의 분위기도 아늑하게
할 수 있다.

3) 온도와 습도가 적당해야 한다

적당한 체감온도는 계절과 날씨에 따라 조금씩 차이가 있는데 보통 $18°C~25°C$가 적당하다. 사계절의 변화가 뚜렷한 우리나라에서는 계절별로 기온의 차이가 심하기 때문에 적당한 온도를 유지하기 위해서는 노력이 필요하다. 습도는 40~60%가 좋은데 실내에 수족관이나 화분 등이 있으면 습도가 자연스럽게 조절될 뿐만 아니라 정서에도 도움이 된다.

4) 온돌방(돌침대)에서 잔다

요즈음에는 침대가 많이 보편화되었지만, 우리의 문화는 온돌문화이다. 온돌은 수천 년 동안 내려온 우리 조상들의 지혜와 슬기가 집약된, 보존할 가치가 있는 우리의 전통문화이다. 따끈한 온돌에서 자는 것이 수면의 질을 높여줄 뿐 아니라 건강에도 도움이 된다. 온돌바닥에서 자는 사람에게 요통이나 디스크 환자는 없다. 밤에 잘 때 이불을 펴고 아침에 일어나면 창문을 활짝 열고 이부자리를 개는 것을 귀찮게 여겨서는 안 된다. 침대에 익숙해진 사람은 바닥을 따끈하게 할 수 있는 돌침대를 이용하는 것이 좋다.

5) 잠옷을 입고 잔다

잠옷을 입고 자는 데는 두 가지 목적이 있다. 하나는 땀의 흡수요,

또 하나는 보온이다. 때문에 잠옷은 반드시 '잠옷'이어야 할 필요는 없으며 더더구나 화려할 필요도 없다. 잠옷은 흡습성(吸濕性)과 통기성(通氣性)이 좋으면 된다. 또한 잠옷은 그 옷만 입으면 저절로 자고 싶어지고 또 잠이 오게끔 해야 한다. 잠옷과 잠 사이에 일종의 조건반사가 일어나도록 하라는 것인데 이를 위해서는 그 잠옷을 입고 잠자는 것 이외의 행동을 해서는 안 된다.

6) 좋은 베개를 베고 잔다

베개는 가장 무겁고 귀중한 머리를 받치는 중요한 침구이다. 외국에서는 여행할 때 베개를 갖고 다니는 사람이 있을 정도로 관심이 높다. 중요한 신체의 일부인 머리와 목을 보호하기 위해 올바른 베개의 선택이 중요하다.

좋은 베개의 조건은 첫째, 너무 높거나 딱딱하지 않아야 한다. 옛말에 고침단명(高枕短命: 베개를 높이 베면 오래 살지 못함), 고침단면(高枕短眠: 높은 베개를 베고 자면 잠이 얕음)이라는 말이 있듯이 베개는 높아서는 안 된다. 높은 베개는 머리 부위의 정맥류를 압박함으로써 순조로운 혈행을 막아 뇌출혈·뇌졸중 등을 일으킬 수 있다.

좋은 베개의 두 번째 조건은 베갯속, 즉 내용물이 좋아야 한다는 것이다. 가장 좋은 것은 메밀 베개인데, 메밀은 한방에서도 풍을 제거하는 작용을 가진 식물로 통한다. 그리고 왕겨는 땀을 흡수하는 기능이 있기 때문에 왕겨 베개는 잠잘 때 흐른 땀을 잘 흡수하여 수면상태의 뇌기능의 정상화에 도움을 줄 수 있다. 국화나 각종 약초를 넣은 베개는 약초 고유의 방향(芳香)을 이용한 정신건강상의 이로

공부를 정복하라

움과 이를 통한 한방약리적인 효과를 거두기 위해서 고안되었다. 녹차찌꺼기를 말린 것도 매우 훌륭한 베갯속이다.

7) 수면양말을 신고 잔다

발을 따뜻하게 해주면 체온이 평균 0.6~1°C 가량 올라간다. 잠잘 때 신는다고 해서 이름 붙여진 '수면양말'을 신고 자면, 체온이 상승하여 혈액순환이 잘되고, 자율신경계를 조절-이완시켜 숙면할 수 있게 도와준다. 필자는 365일-한여름에도 수면양말을 신고 잠으로써 숙면을 취하는 데 도움이 되고 있다.

기분 좋게 깨는 방법을 터득한다

성공적인 수면을 위해서는 자는 것 못지않게 깨는 것도 매우 중요하다. 취침시간과 기상시간을 규칙적으로 함으로써 수면을 습관화시키는 것이 가장 좋은 방법이다.

1) 스마트폰의 알람 기능을 활용한다

수면시간의 습관화를 위해서 스마트폰의 알람 기능을 이용하면 매우 유용하다. 알람 시간을 여러분의 취향에 맞게 5~30분 간격으로 2~3개로 정해놓는다. 첫 알람 벨소리는 좋아하는 조용한 음악으로 설정하여 가볍게 청각을 자극시킴으로써 서서히 일어날 준비를 한다. 두 번째 알람은 조금 더 활력이 있는 노래로 정해놓고 알람이 울리면 기지개를 펴고 두 손을 비벼서 눈과 얼굴을 가볍게 마사지를 해주고, 위아래 어금니를 대여섯 번 부딪친 다음, 누워서 스트레칭을 하면서 일어날 준비를 한다. 좀 더 활력 있는 벨소리로 설정한 세 번째 알람 벨소리를 들으면서 잠자리에 대한 미련을 떨쳐버리고 이부자리를 박차고 일어난다.

필자는 첫 알람을 "Amazing Grace", 둘째 알람은 "낮엔 해처럼 밤엔 달처럼", 셋째 알람은 "오늘을 위한 기도"로 하고 있다. 여러분도 들으면 마음이 편해지면서 의욕이 샘솟는 좋아하는 음악을 찾을 때까지 시도해 볼 필요가 있을 것이다.

2) 두 번 잠을 자지 않는다

알람이 울릴 때 벨을 끄고 또 자지 않아야 한다. 이것은 정말 어리석은 행동이다. 소변을 보기 위해 좀 일찍 일어났다면 내친김에 세면까지 끝내버릴 일이지, 또다시 이불 속을 파고들지 마라. "두 번 잠을 잔 후에 후회하지 않은 적이 있었던가" 곰곰이 생각해 보라. 비록 휴일일지라도 처음 잠에서 깼을 때를 일어나는 때로 정하라. 그만큼 여러분의 인생은 여유있고 풍요로워질 것이다.

3) 기상시간은 철저히 지켜라

기상시간은 철저히 지킬 것을 권한다. 전날 밤에 비록 늦게 잤다 할지라도 기상시간만큼은 절대로 파괴해서는 안 된다. 기상은 하루의 시발(始發)이기 때문에 시발이 잘못되어 버리면 하루는 망치게 되고, 하루하루가 망쳐진다면 그 인생 또한 잘못되어질 수밖에 없는 것이다. 이를 위해서는 취침시간도 일정하게 지킬 것이 요구된다.

공부를 정복하라

졸음을 쫓는 방법

1) 강한 지각 자극을 준다

뇌를 흥분시키는 데 가장 효과가 있는 것이 지각 자극이다. 즉, 빛·소리·피부감각·근육감각 등이 그것이다.

❶ 빛 : 인간은 시각의 동물이라고 불릴 정도로 정신 가운데서도 시각이 갖는 힘이 강하다. 그래서 특정 부분보다는 방 전체를 밝게 하는 것이 정신의 활동을 훨씬 높여준다.

❷ 소리 : 단조롭고 무의미한 소리나 음악은 도리어 졸음을 재촉하는 결과를 주니 주의하자. 음향에 변화가 있고 흥미를 일으킬 수 있는 것이 좋다.

❸ 피부 감각 : 머리를 찬 수건으로 싸매거나 손발과 얼굴을 찬물로 씻는 것은 매우 효과적이다. 날씨가 춥지 않으면 찬물로 샤워를 하는 것도 좋다. 추운 겨울이라면 따스한 욕탕에 3~5분 정도 잠깐 몸을 담근다든지, 샤워를 하는 것도 좋겠다. 다만 목욕은 오래 하면 피부 자극 효과보다는 열기에 의한 전신의 반응이 도리어 졸음을 불러 일으키므로 잠깐 들어갔다 나오는 것이 요령이다.

❹ 근육 감각 : 근육 감각을 자극한다는 것은 몸을 움직이는 것이다. 졸음이 오면 기지개를 실컷 켜거나, 크게 하품을 하며 가슴을 쫙 펴는 것이 좋다. 이외에 팔굽혀펴기, 스쿼트(기마자세로 앉았다 일어나기), 윗몸일으키기, 맨손체조, 무릎 꿇고 앉아 목검으로 상하 내려치기, 산보 등 그때그때 각자의 환경과 취향에 맞게 전신운동을 하면 졸음을 쫓을 수 있을 뿐 아니라, 체력단련의 효과도 볼 수 있다.

2) 몸에 이로운 각성 효과가 있는 음료를 마신다

커피나 녹차·홍차·보이차 등의 차에는 뇌를 각성시켜 주는 카페인이 들어 있다. 카페인의 작용은 주로 뇌의 정신활동을 높이며, 교감계를 활발하게 하는 동시에 강한 이뇨작용을 한다.

찻잎에는 카페인과 결합해서 체내의 동화속도를 낮게 하는 폴리페놀이나 타닌, 비타민, 아미노산과 같은 유효성분이 다량 함유되어 있기 때문에 인체에 매우 좋은 효과를 나타낸다. 졸음이 올 때는 깨끗한 물을 알맞게 끓여 정성스럽게 녹차를 달여 마시면 효과적이다.

설탕과 프림을 넣지 않은 원두커피도 매우 유용한 음료이다. 설탕과 프림이 잔뜩 들어있는 봉지커피는 마시지 않는 것이 좋은데, 어쩔 수 없이 마셔야 한다면 설탕과 프림을 최소한으로 덜어내고 알커피만을 마시는 게 좋다.

3) 다크초콜릿을 섭취한다

초콜릿의 원료인 카카오에는 카페인, 데오브로민, 폴리페놀, 카테킨, 타우린 등의 성분이 들어 있다. 카페인과 데오브로민은 정신을 맑게 하고, 이뇨 작용에 효과적이다. 카테킨은 위산을 조절하고, 알코올을 분해한다. 항산화물질인 폴리페놀은 세포의 유해한 활성산소를 없애 세포의 노화를 막고, 심혈관계 질병을 예방한다고 한다.

초콜릿의 카카오 함유비율이 높을수록 건강에 더 좋다. 화이트 초콜릿이나 밀크 초콜릿 등은 건강상 이점이 없으니, 오직 다크초콜릿, 그것도 코코아 70% 이상을 고수하라. 하루 평균 6.7g 정도의 양이면 충분하다. 자기 전에는 다크 초콜릿을 먹지 마라. 카페인이 들어있으므로 숙면을 취하지 못할 수 있다.

공부를 정복하라

불면의 원인과 퇴치법

불면의 원인

불면의 원인은 매우 많다. 몸에 병이 있어서 신경계통에 이상이 생긴 결과 불면이 되는 경우, 축적된 걱정거리 때문에 불면이 된 것, 어떤 기호약품의 남용에 의한 것, 특별한 이유 없이 그저 잠 못 이루는 것, 잠들고 있으면서도 잠을 못 자고 있다고 생각하는 것 등 일일이 헤아린다면 꽤 많은 원인이 있을 것이다. 만약 여러분이 불면에 시달리고 있다면 먼저 그 원인을 정확히 밝혀내야 한다.

1) 몸에 병이 있을 때

몸의 어딘가에 아픔이나 가려움이 있거나, 기침이 나거나 코가 막혀 답답하거나 하면 잠을 이룰 수 없는 것은 당연하다. 그것들의 신경신호가 뇌로 올라가서 뇌를 전체적으로 흥분시키면 불면이 되는 것이다. 고혈압, 결핵, 위장·간장·신장 등의 만성 기능저하, 호르몬계의 실조(失調) 등도 불면의 원인이 된다. 일생에 두 번 있는 호르몬

변조기인 청춘기와 갱년기에 불면이 많은 것은 그 때문이다.

그러므로 불면상태가 계속되면 우선 몸에 병이 있는가를 검사해야 한다. 어떤 병이 불면의 원인이라면 그 병만 치료해 주면 불면은 깨끗이 치유되기 때문이다. 정확한 진단도 하지 않고, 불면이라면 당연히 노이로제라고 속단하여 수면제를 복용하는 것은 잘못이다.

2) 정신적인 원인이 있을 때

신체를 검사해 보고 아무런 이상을 발견하지 못했을 때는 정신적인 원인을 생각해야 한다. 정신적인 원인에는 여행을 가기 전날의 들뜬 마음이나 시험을 치르기 전날의 불안 같은 단순하고 일시적인 원인도 있으나, 매일 계속되는 불안과 걱정거리로 인한 복잡하고 지속적인 원인도 있다. 고민과 불안 걱정의 원인을 면밀히 관찰해야 한다.

3) 몸에 병도 없고 정신적 원인도 찾아낼 수 없을 때

이렇다 할 원인은 모르지만 단지 잠을 자려고 하면 잠이 오지 않는다는, 불면이라는 그 자체가 원인이며 결과인 것 같은 기묘한 경우도 있다. 이러한 상태는 조그만 심리적 원인이 오랜 세월 동안 축적된 노이로제가 원인이거나, 정신적으로 활기가 없어지며 머리의 회전이 느리고 사물을 나쁜 쪽으로만 관찰하는 일종의 우울증이 원인일 수 있다.

4) 잠을 자지 않으면 안 되겠다는 강한 욕망에서 비롯된 자기관찰

공부를 정복하라

'나의 수면은 부족하니 일찍 잠자리에 누워 잠을 자지 않으면 안 된다'고 하는 강박관념에 사로잡혀, 잠자려고 노력하면 할수록 머리는 예민해지고 눈은 멀뚱멀뚱해서 좀처럼 잠들지 못하는 경우이다. 특히 기분 나쁜 일이나 슬픈 일이 있었던 날은 그 기억이 머리에 눌어붙어서 잠을 못 잤지만, 한두 시간 지나면 그보다는 오히려 잠 그 자체를 못 자는 것이 걱정이 되어서 점점 불면이 되어버린다. 졸음이 왔을 때 자연스런 기분으로 그것을 받아들이면 수면은 자기의 것이 되지만, 그것을 억지로 거머잡으려고 하면 도리어 잠은 달아나 버린다는 것을 명심하기 바란다.

5) 섬세하고 신경질적이며 향상심이 강한 성격일 때

사람의 성격에 따라 불면증에 걸리기 쉬운 사람이 있다. 좋게 말하면 마음이 부드럽고 섬세한 사람이고, 안 좋게 말하면 신경질적이어서 무엇 하나 면밀히 처리하지 않으면 속이 풀리지 않는 사람이다. 이러한 사람들은 향상심이 강하고 타인에 대해서도 까다롭게 비평하는 편이며, 자기에 관해서는 특히 강한 반성을 하는 사람들이다. 요컨대 남에게 지기 싫어하고, 자기에 대해서조차 지기 싫은 성실하고 완고한 고집쟁이라고 할 수 있다. 이러한 마음은 노이로제를 기르는 양분이 되는 것이다.

불면증을 고치는 방법

1) 규칙적인 생활은 불면증의 최고의 치료제

사람은 습관을 만들어내는 동물이다. 무의식 중에서도 습관은 하나의 명령상태가 되어 인체에 작용한다. 따라서, 규칙적인 생활이 습관이 되면 일정한 시간에 잠이 오게 되고, 또한 잠이 깨는 시간도 기계적으로 일정하게 되어가는 법이다. 습관은 곧 규칙적인 생활의 산물이며, 규칙적인 생활만이 사람을 아름답게 성장시켜 나가, 건강하고 풍요한 삶을 창조할 수 있게 만든다. 아무리 원대한 이상, 불타는 야심도 무절제한 생활습성과 불규칙한 수면생활에서는 결코 이루어질 수 없다.

2) 적당한 피로는 수면의 보약

깊은 수면을 취하기 위해서는 신체 각 부분의 신경을 안정시켜야 한다. 말하자면 잠들 수 있을 정도만큼 신체활동의 곡선을 낮추어야 하는데, 그러기 위해서는 무엇보다도 적당한 피로가 필요하다. 몸 전체의 조화가 잡힌 적당한 피로는 수면에 보약과 같은 역할을 한다. 학생을 비롯한 정신노동자에게는 몸과 마음의 피로에 '언밸런스'가 있다는 것은 누구나 다 아는 사실이다. 근육계통은 별로 쓰지 않는 데 비해, 정신은 너무 많이 쓰기 때문에 균형이 깨져 신체적 이상이 생긴다. 따라서, 머리를 많이 씀과 동시에 육체의 운동도 게을리해서는 안 된다. 우리의 생활 속에서 손쉽게 할 수 있는 운동을 몇 가지 예로 들겠다. 각자 개성과 환경에 맞는 운동을 택하여 규칙적으로 한다면 생활에 활력소가 될 뿐 아니라 불면에 시달리는 불행은 없을 것이다.

* 맨손체조·팔굽혀펴기·스쿼트·윗몸일으키기·물구나무서기·달리기
* 줄넘기·아령·역도·평행봉·철봉·엑스반도
* 족구·농구·축구·배구·테니스·배드민턴·라켓볼
* 단전호흡·검도·태권도·합기도·수영·사우나

3) 수면시간을 짧게 갖도록 한다

수면은 양보다 질이 더 중요하다. 질이 좋은 수면은 질이 나쁜 수면보다 몇 갑절 빨리 피로를 회복시킨다. 불면증에 시달리는 사람들 중에는 수면시간을 너무 넉넉히 잡고서 그 시간만큼은 반드시 잠을 자야 된다는 강박관념에 사로잡혀 오히려 잠을 못 이루는 경우가 많다. 수면시간을 짧게 하라. 수면시간을 짧게 하면 불면이란 있을 수 없게 된다. 졸려서 눈꺼풀이 저절로 감겨질 때까지 자지 말고 열심히 공부하라. 도저히 참을 수 없을 때 잠자리에 들라.

단, 몇 시에 잠자리에 들었건 아침 기상시간은 철저히 지키도록 한다. 만일 늦게 잠을 자서 낮에 졸립더라도 낮잠은 자지 말고, 잠자리에 들 때까지 악착같이 깨어있어야 한다. 이런 사람에게 어찌 불면이란 단어가 있을 수 있겠는가?

4) '될 대로 되어라'고 하는 역설적 방법을 써본다

불면증이란 것이 대부분 정신적인 긴장에서 비롯되는 것이므로 무엇보다도 마음을 안정시키고 불안이나 초조감을 다스리는 것이 제일이다. '까짓것 잠 좀 못 자면 어때' 하고 마음을 편하게 먹거나,

'얼마나 잠들지 않고 견딜 수 있는가 보자', '될 대로 되라! 죽기밖에 더하겠느냐' 하고 배짱을 부리며 체념 비슷한 태도를 갖는 것은 간단하면서도 퍽 효과가 있다.

불면증은 몸과 마음이 다 같이 지칠 만큼 진지한 생활을 보내지 않았기 때문에 즉, 낮잠을 자는 등 수면과잉을 했거나 열심히 공부를 하지 않았기 때문에 생기는 것으로서, 일종의 사치병이라고 할 수 있다. 굶주린 거지나 막노동자에게 그리고 하루 종일 논과 밭에서 힘들게 일한 농부들에게 '불면'이란 단어가 있는가?

'나는 참으로 그렇게 자지 않으면 안 되는가?'를 생각하고 잠이 쏟아질 때까지 열심히 공부하라!

> "이 세상에 잠을 못 자서 죽은 사람은 없다.
> 그리고, 낫지 않은 사람도 없다."

5) 수면제의 안전하고 효율적인 사용

수면제는 마취의 효과가 있어 몸의 기능을 몹시 저하시키고 수면에 의한 피로회복의 효과도 얻을 수 없을뿐더러, 그다음 날에도 몸에 약기운이 남아서 일어나 앉아있어도 멍하니 기분이 좋지 않고 일에도 능률이 오르지 않아 도리어 역효과를 나타내기 때문에, 가급적 사용하지 않는 것이 가장 좋다.

그러나, 어쩔 수 없는 경우, 예컨대 어떤 원인에 의해 정신적으로 흥분되어 몸은 피로할 대로 피로한데도 정신활동이 안정되지 않은 상태, 내일의 시험에 대비해서 오늘은 푹 잠을 자려고 하는데 도리어 눈은 말똥말똥한 상태, 여행 중에 여관방에 머무르는데 수면환경이 나빠서 잠을 이룰 수 없지만 내일을 위해 꼭 잠을 자야 할 사정이 있을 때 등에는 일시적으로 소량의 수면제를 사용하는 것이 더 나을 수도 있다. 또 일주일 동안 쌓인 피로를 풀기 위해 일요일 하루는 푹 잠을 자야겠다고 생각하여 토요일 밤에 소량의 수면제를 먹고 마음껏 잠을 자서 피로를 완전히 회복시키는 것도 다음 일주일을 대비하기 위한 좋은 방법이라고 할 수 있다.

그러나, 이러한 경우를 제외하고 몸에 어떤 병이 있어서 불면증인 경우나 노이로제에 의해 매일 수면제를 복용하여야 할 경우에는 의사나 약사의 처방에 따르는 것이 안전하다.

"여호와께서 집을 세우지 아니하시면 세우는 자의 수고가 헛되며,
여호와께서 성을 지키지 아니하시면 파수꾼의 경성(警醒)함이 허사로다.
너희가 일찍이 일어나고 늦게 누우며 수고의 떡을 먹음이 헛되도다
그러므로 여호와께서 그 사랑하시는 자에게 잠을 주시는도다."
- (시편 127:1-2)

"Unless the Lord builds a house, the work of the builders is wasted.
Unless the Lord protects a city, guarding it with sentries will do no good.
It is useless for you to work so hard from early morning until late at night,
anxiously working for food to eat, for God gives rest to his loved ones."
(Psalm 127:1-2)

제12장

시험을 잘 보는 법

"知彼知己百戰不殆"
지피지기백전불태

"상대를 알고 나를 알면
백 번 싸워도 위태롭지 않다."

—

수험생에게 시험은 전쟁이다. 치르고자 하는 시험이
어떤 시험이든지, 여러분의 상대인 그 시험에 대해 정
확히 알고 만반의 준비를 해야 위태롭지 않을 것이다.
특히, 일생일대의 시험인 대학입시를 앞둔 수험생들
은 더욱 철저히 준비해야 한다.
본 장에서는 여러분이 어떤 시험에서도 최고의 능력
을 발휘하여 승리할 수 있는 비장의 전략과 무기들을
소개한다. 열심히 익혀서 습관이 되게 하라. 아무리
좋은 무기일지라도 쓰지 않으면 무용지물.

시험의 목적

모든 일이 그러하듯 시험에 대하여도 긍정적·적극적 태도를 갖게
되려면 우선 그것의 목적과 기능을 명료하게 이해할 필요가 있다.
시험의 목적부터 고찰해 보자.

시험은 총 복습의 기회를 제공한다

시험이 없다면 몇 달 동안 배운 내용 전체를 복습하지 않을는지도
모른다. 총 복습을 통해서 그 과목의 기본적 구조(structure)를 이해할
수 있다.

시험은 나의 약점이 무엇인지를 알 수 있게 한다

시험 결과를 분석하여 보면 어떤 부분이 약점이고 잘못 전달되었
는지를 알 수 있다. 그래서 선생님은 선생님대로 그 점을 보완할 수
있도록 교육내용을 개선할 것이며, 학생은 학생대로 학습방법을 수
정할 수 있다.

시험은 학습동기를 유발·유지시킨다

"오늘 할 일을 내일로 미루지 마라."는 격언을 잘 알겠지만, 사실은 이런저런 핑계로 그것을 미루기 쉽다. 그런데 시험은 이러한 나태성을 방지해 준다. 평소에는 공부를 하지 않다가도 시험이 임박해서는 공부를 할 수밖에 없고, 억지로라도 공부를 하다 보면 공부에 재미를 느낄 수도 있게 된다.

시험은 개인의 장래 진로지도에 도움이 된다

시험을 통하여 자기 자신을 분석해 봄으로써, 장래의 진로를 결정하는 데 큰 도움이 된다. 때문에 시험성적이 나쁘면 실망하거나 자신을 잃어버리기 전에, '지적 능력이 낮은가, 학습의욕이 저조한가, 학습방법이 적당하지 않은가, 학습환경이 나쁜가' 등의 문제를 면밀히 검토해서 자신의 장래 진로를 결정해야 한다. 그리고 시험공부를 단지 대학에 합격하기 위한 '마음 내키지 않는 공부'라고 생각할 것이 아니라, 장래를 위한 초석을 다지는 것이라고 생각해야 한다.

시험은 젊었을 때의 인격형성에 도움이 된다

무슨 일이든 성취하기 위해서는 고통이 따르게 마련이다. 젊었을 때 즉, 청춘 시절은 불안과 기대가 뒤섞인 정신적으로 매우 불안정한 시기이다. 즐겁게 지내야 할 그런 시절을 시험공부라는 고통스러운 작업에 쫓겨야 하니 불행한 일이라고 생각할 것이 아니라, 자신의 인격을 갈고 닦는 인격 형성의 시기로 생각해야 한다.

시험은 인격 전체의 적응행위이다

시험은 결코 인간의 머리만으로 할 수 있는 것이 아니다. 그것은 신체·감정·의지 등 인격 전체의 적응행위가 아니면 안 된다. 이와 같은 시험준비는 하룻밤이나 이틀 밤의 벼락치기공부로 되는 것이 아니다. 평소의 학업에서 조직적이고 잘 조화된 공부 계획을 세워서 능률적인 학습법을 체득하는 것이 중요하다.

"두려움에 의해서 통제를 받는 것과 자신의 자유로운
의사에 의해서 통제를 하는 것과는 엄청난 차이가 있다.
전자는 인간을 제한하고 속박하고 파멸시킨다.
그러나 후자는 인간을 해방하고 강화시키는 것이다."

시험준비 요령

시험준비는 '시험 때 최고의 능률이 발휘될 수 있도록 신체·감정·지능 등의 상태를 조정해서 복습 프로그램을 만들고 이것을 실행하는 것'이다. 그런고로 시험준비에는 이른바 시험공부 외에 신체적 준비, 정서적 준비 등이 중요한 문제로서 포함된다.

[1] 시험을 준비하는 올바른 마음가짐

시험을 두려워하지 말 것

시험성적은 경제활동에서의 작업향상과 마찬가지로 향상되어질 수 있는데 여기에는 두 가지 기술이 필요하다. 하나는 '지식'이요, 또 하나는 '실습'이다.

그런데, 다른 모든 결정적 경쟁에서와 마찬가지로 시험에도 항상 직면하고 극복해야 할 큰 적이 하나 있으니, 그것은 바로 '두려움'이다. 두려움은 시험에서 여러분을 절망에 빠뜨린다.

공부를 정복하라

그러므로 여러분이 어떤 종류의 시험이건 숙달하는 데 있어서 준비해야 할 첫걸음은 항상 이러한 질문을 하는 것이다.

"시험 볼 때 나를 두렵게 하는 게 무엇인가?" 대답은 두 가지이다.

ⓐ 시험 볼 내용에 대해 잘 모른다는 것.

ⓑ 시험 형태와 과정을 잘 모른다는 것.

이 두 가지의 시험공포 가운데서 하나라도 여러분이 갖고 있다면, 그것은 여러분으로 하여금 갖고 있는 능력의 30%를 발휘할 수 없게 하는 요인이 된다. 여러분은 이러한 손실을 예방해야 한다. 실험을 거쳐 입증된 세 가지 방법은 다음과 같다.

1) 준비

무엇보다 중요한 것은 '준비'이다. 시험과목의 내용을 전반적으로 아는 것, 그것을 중심개념으로 요약하는 것, 그러한 중심개념을 올바른 논리적 규칙에 맞추어 나열해서 다른 사람에게 자동적으로 제시하는 것, 그러한 개념들을 마음속에 영구히 기억해서 필요로 하는 순간 즉시 그 개념들이 입과 손을 통해 튀어나올 수 있게 하는 것 등, 최종 시험을 위한 이러한 준비는 여러분이 수업에 들어간 첫날 바로 시작한다.

2) 익숙함

여러분이 그 과목의 내용을 숙달한 후라면, 그 강의내용에 대해 받을 질문형태에도 숙달되어야 한다. 시험이란 그 자체만으로도 여러분을 놀라게 한다. 낯설고 새로운 방식의 질문은 학생들로 하여금 완전히 잘 알고 있는 것도 대답을 못 하게 하는 원인이 될 수 있다. 여러분이 시험에 대한 두려움을 없애기 위하여 해야 할 일은 여러분이 시험 보는 교실에서 문제를 대하기 전에 그 문제에서 있을 수 있는 속임수를 끄집어내는 일이다.

이것은 시험에서 받을 질문형태를 미리 알아야 할 것을 요구하고 있다. 어떻게 해서 이런 문제들이 만들어졌으며, 어떻게 그것을 판독해서 풀어야 하는지, 그리고 문제 자체가 어떻게 문제를 푸는 데 도움을 줄 수 있는가를 알아야만 한다. 그리고 나서 자기 이름을 쓰는 데 익숙해져 있는 것과 마찬가지로, 해답을 내는 방식에도 익숙해질 때까지 두 번, 세 번, 네 번 혹은 그 이상 더 많은 똑같은 형태의 질문을 되풀이해서 풀어보아야 한다.

3) 연습

내용을 일단 알고 그것에 대해 받을 질문형태도 알았으면, 두 가지를 함께 계속해서 연습해야 한다. 매번 문제를 풀며 자신을 시험하고 숙제에서 잘못된 부분을 바로잡으며 스스로를 시험한다. 매일 계속되는 질문을 받는다. 질문이 여러분에게 제2의 천성이 될 때까지, 그리고 멀리 떨어진 인쇄된 시험지의 문제를 냄새 맡을 수 있을 때까지. 그러면 그때 여러분은 최고 득점이라는 빛나는 영광을 누릴 수 있게 될 것이다.

시험공부도 억지로 즐겁다고 생각하면 자연히 즐거워진다

시험공부라면 누구나 괴롭고 고통스러우리라 생각하지만, 과연 그토록 괴롭고 고통스럽기만 할 것일까? 미국의 심리학자 윌리엄 제임스는 "인간의 속성 속에는 그렇게 되고 싶다고 습관적으로 생각하면 그렇게 되는 경향이 있다."고 지적했다. 즉, 괴롭다고 생각하면 괴로워지고 즐겁다고 생각하면 정말 즐거워진다는 것이다.

어차피 해야 할 공부라면 즐거운 마음으로 하는 편이 백 번 낫다. 그러기 위해서는 괴롭다고 생각하지 말고, 우선 자기 잠재의식에 '공부는 즐겁다'는 생각을 갖게 하는 것이 중요하다. 억지로라도 즐겁다는 말을 들려주는 동안에 자연히 즐거워진다.

합격 후의 '즐거운 생활'을 생각하라

사람은 즐거운 일, 재미있는 일 등 긍정적인 이미지가 있는 것에 대해서는 남이 강요하지 않아도 적극적으로 하고 싶어 한다. 따라서 정신을 집중하여 해나갈 수 있게 되기 때문에 같은 작업을 해도 억지로 하기보다는 훨씬 좋은 결과를 얻게 된다. 시험공부도 마찬가지이다. 긍정적인 이미지를 심는 것이 중요하다. 이를 위해 가장 간단히 할 수 있는 것이 "합격하면 마음껏 여행을 할 수 있다. 좋아하는 영화와 비디오도 실컷 볼 수 있다. 이성의 친구도 떳떳하게 사귈 수 있다."는 식으로 합격 후의 '즐거운 대학생활'을 떠올리는 것이다. 괴롭고 힘든 작업도 그에 걸맞는 보수만 주어진다면 누구나 견디고

해낼 수 있다는 것이 심리학에서 말하는 보상효과이다. 합격 후의 '즐거운 생활'은 말하자면 시험공부에서 받게 되는 달콤한 보수이다. 보수를 상기시킴으로써 시험공부의 고통을 떨구어버리자.

시험이 중요하다는 사실을 깨달을 것

시험을 치르는 것이 매우 중요하다는 사실을 깨닫는 것은 학생들이 시험을 대비하여 열심히 공부하도록 하는 자극제가 된다. 시험의 주요 목적은 지식과 능력을 측정하는 것이다. 학생들의 능력에 대한 올바른 평가는 매우 중요하다. 선생님과 학교 당국에서는 학생들의 진급, 앞으로의 학습과정, 학습계획을 짜는 데 학생들의 점수를 감안한다. 대학에서는 시험점수 또는 학생들의 학업수준을 고려하여 학생들을 입학시키며 또 기업에서는 학생들을 선발한다. 시험성적이 타당하게 측정만 된다면 시험점수는 학생의 자질과 재능을 잴 수 있는 척도가 된다.

공부를 정복하라

[2] 효율적인 시험준비 요령

필요한 정보를 수집하라

우선 가장 기본적인 정보는 시험과목과 시험시간표 및 시험장소이다. 우스운 얘기지만 시험 전날까지도 그 과목을 시험 치는지 안치는지도 모르는 학생이 있는가 하면, 시험시간을 잘못 알고 허둥지둥대는 학생도 있다.

또한, 시험범위, 문항의 형태(주관식·객관식·논술식 등), 반드시 읽어야할 문헌 등에 대해서 알아두어야 한다. 이런 것들은 시험계획을 짜는 데 필수적인 정보이기 때문이다. 이런 것들은 선생님에게 질문함으로써 알 수 있겠는데, 가능하다면 선생님에게 시험에 대한 기본적의도나 방향에 대해서도 물어본다면 공부하는 데 중요한 시사를 얻을 수 있다.

시험준비 계획을 짜라

시험에 필요한 정보 수집이 완료되는 시점에서 시험준비 계획을 짜야 한다. 그런데, 시간계획을 절대로 무리하게 짜면 안 된다. 무리한 계획은 실패를 자초하며 그 계획은 무용지물이 되기 때문이다. 무리를 피하기 위해서는 공부하는 시간보다 먼저 공부 안 하는 시간을 설정하는 것이 좋다. 수면·등하교시간·식사·휴식·운동·수업시간 등을 우선적으로 계획표에서 지워버린다. 그러면 나머지가 공부가능한 시간이다. 그 시간을 가지고서 각 과목별로 공부해야 할 분량을 고려하여 합리적으로 시간을 할당·배정한다.

시험문제를 예상하라

예상문제를 찍는다고 하면 마치 도박을 하는 것처럼 생각하여 기피하는 사람이 있지만, 그것은 너무 좁은 소견이다. 실력을 쌓으면 쌓을수록 어느 대목이 중요하며 출제자가 어느 대목을 물어보고자 하는지 알게 되어 자연히 예상이 맞게 된다. 극단적으로 얘기한다면 예상문제를 뽑아낼 수만 있다면 합격하는 데 아무런 문제가 없다고까지 할 수 있다.

기초적인 공부를 전혀 하지 않은 사람이 시험 때마다 문제를 예상하여 하룻밤 사이에 급조 공부를 할 경우에는 거의 효과가 없다. 그러나 어느 정도 기초실력이 있고 평균점수 정도는 딸 수 있는 학생이 어떻게 해서든 그 이상의 단계로 성장하고 싶을 때는 문제를 예상해 보는 연습을 하라. 스스로 문제를 예상해서 푸는 연습을 하다 보면 출제자의 의도를 알 수 있게 되어 실력양성에 도움이 된다. 반대로 말하면, 예상문제를 효과적으로 뽑아내지 못하는 학생은 아직 진짜 실력이 붙지 않았다는 이야기이다.

이와 같이 시험준비를 하는 데 있어서 문제를 예상해 보는 것은 대단히 중요하다. 문제를 예상하는 요령은, 알고 있는 시험에 관한 정보와 연관 지어서 해야 하는데 구체적으로 다음과 같이 하는 것이 좋다.

❶ 주관식이라면 개념·원리·전체적 흐름에 대한 문제를 만들어본다.
❷ 수업 도중에 선생님이 특히 강조했던 것이 있다면 그것을 예상문제에서 빼놓아서는 안 된다.

❸ '연구해 두라, 이 부분을 읽어두라'고 숙제로 주어졌던 것을 체크한다.

❹ 교과서에서 굵은 글자로 된 것, 단원 끝머리의 종합 또는 주(註)가 붙는 대목, 새로 나온 단어 등에 주의한다.

❺ 선배들의 체험을 바탕으로 한 급소를 가르침 받는다.

❻ 그룹학습을 하는 친구들과 같이 예상문제를 서로 출제해 본다.

❼ 자신이 출제자라면 과연 어느 부분을 어떻게 출제할 것인가를 생각한다.

❾ 출제 선생님이 과거에 출제했던 기출문제를 검토해 본다.

건강에 특별히 유의하라

시험준비기간이나 시험기간에는 건강에 특별히 유의해야 한다. 잠을 너무 적게 자면 대뇌작용이 저하되므로 수면시간은 가능한 한 평소와 같게 유지하는 것이 바람직하다.

시험일이 다가올수록 불안이나 긴장이 증가한다. 그 강도는 개인마다 다르다. 어떤 사람은 불안을 감소시키려고 신경안정제를 복용하기도 하는데 이것은 절대 금물이다. 안정제는 대뇌의 활동을 저하시키므로 공부나 기억에 장애를 줄 수 있기 때문이다. 시험불안이 심한 사람은 상담을 통해서 근본적인 치료를 시도하는 것이 바람직하다.

준비는 지나칠 정도로 면밀하게 하라

시험 당일에 대한 준비는 아무리 꼼꼼하게 해도 결코 지나치지 않다. 아무것도 빠뜨린 것이 없다고 확인하는 것만으로도 마음이 상당히 안정된다.

잊어버리는 것을 방지하기 위해서는 미리 체크리스트를 만들어 전날 밤 총 점검을 해보는 것이 가장 확실하다. 시험장까지의 교통수단은 세심하게 주의하여 미리 조사해 두어야 한다. 지하철이나 버스의 소요시간도 여유 있게 잡아 두어야 한다. 시험시간에 지나치게 박두(迫頭)하여 도착하면 긴장감이 심한 날인만큼 심리적으로 부담을 주게 된다.

각 과목의 주요 요점을 정리해 두라

비유하자면, 활활 불타오르는 집 안에서 어떤 가재도구건 들고 나와야 하겠는데, 평소에 중요한 물건들을 잘 챙겨놓은 사람은 꼭 필요한 물건만을 들고 나오지만, 그렇지 못한 사람은 허둥지둥대다가 중요한 물건은 남겨두고 쓸모없는 물건만 움켜쥐고 나오게 된다.

마찬가지로 평소에 공부할 때 시험을 위해 꼭 필요한 주요 요점을 정리해 두면, 시험에 임박해서 시험에 나오지도 않을 것들에 시간과 신경을 빼앗기지 않고 매우 효율적으로 마지막 정리를 할 수가 있다. 물론 요점정리집이 없는 것은 아니지만 여러분이 힘들게 공부하면서 손수 작성한 요점정리만큼 여러분의 기억의 보존과 재생에 큰 효과를 발휘하는 것은 없을 것이다.

여러분의 시험공부의 최종 목표는 '시험 보기 전날 모든 과목의 주요사항을 정리할 수 있게끔 요점정리를 잘 해놓는 것'이라고 할 수 있다.

평소부터 시간감각을 갖고 문제를 풀라

시험을 치르다가 골치가 쑤시는 어려운 문제에 시간을 빼앗겨 쉬운 문제를 놓치는 일이 많다. 그런 어처구니없는 일이 실제 시험에서 벌어졌다가는 그야말로 도로아미타불이다. 실력 못지않게 주어진 시간을 어떻게 효과적으로 배분하는가가 시험작전의 중요한 포인트가 된다. 그러기 위해서는 평소부터 시간감각을 익혀두어야 한다.

예를 들어, 문제마다 소요시간을 지정한 문제집을 통해 시간감각을 기르는 것도 하나의 방법이 된다. 또한, 평소에 문제를 풀 때 한 문제에 몇 분 정도를 소비해야 하는지 스스로 생각해 보면서 문제를 풀면, 그것이 습관이 되어 실제로 시험을 치를 때 도움이 된다. 이를 위해서는 평소 공부를 할 때 실전이라 가정하는 훈련이 필요하다. 스스로 정한 시간 내에 풀지 못하면 그 문제는 일단 접어두어야 한다. 다른 문제를 다 푼 후에 풀지 못했던 문제로 되돌아가면 되는 것이다. 그럼으로써 문제에 대한 고찰능력도 향상된다.

주어진 문제는 반드시 다 풀어야 한다고 생각하기 쉽지만 주어진

시간 안에 어느 정도 문제를 풀 수 있는지를 테스트하는 것이 말하자면 시험이다. 평소부터 시간을 분할하여 문제를 해결하는 습관을 철저히 익혀두어야 진짜 시험에서 시간이 모자라 자신이 갖고 있는 실력을 완전히 발휘하지 못하는 사태를 방지할 수 있다.

시험 30일 전부터 실제 시험시간표에 맞추어 공부하라

사람은 무슨 일을 하려 할 때, 그 대상의 정체를 모를 경우에는 생리적·심리적으로 불안해진다. 시험에 대한 불안의 원인 중의 하나가 그 대상을 정확히 모르기 때문이다. 따라서 실제 시험과 조금이라도 가까운 상황을 만들어 예행연습을 하는 것은 그 불안을 제거하는 효과적인 방법이 된다. 즉, 수능시험 당일의 시험시간표대로 계획표를 짜놓고 시계를 보면서 공부를 하거나 직접 시험문제를 풀어보는 것이다. 그렇게 하면 실제 시험에서의 시간 배분, 제한 시간의 길이를 피부로 느낄 수 있을 뿐 아니라 한정된 시간 내에 정신을 집중시키는 습관도 붙게 된다.

시험 30일 전부터 공부하는 과목의 순서를 실제 시험의 순서대로 공부하는 버릇을 들이면 과목이 바뀔 때 사고의 전환이 부드러워 매우 효과적이다.

당일치기의 요령

평소에 꾸준히 공부해 온 사람이라면 시험 전날 공부하려고 허둥대지는 않을 것이다. 그러나 과목이 한두 과목도 아니고 또 공부 이외의 일도 많이 있기 때문에 어쩔 수 없이 당일치기를 하게 되는 경

우가 있다. 어차피 할 수밖
에 없는 당일치기라면 좀
더 효율적인 방법을 모색해
보는 것이 좋을 것이다.

1) 당일치기라도 잠은 자 둬라 !

당일치기를 할 때 밤을 꼬박 새워가며 공부하는 사람들도 있다.
물론 그렇게 하지 않을 수 없는 처지는 이해가 가지만 밤을 꼬박 새
우는 것은 득(得)보다 실(失)이 많다. 당일치기를 해야 할 때에도 최소
한 2~3시간 정도는 자두는 것이 좋다.

2) 가장 중요한 것부터 공략하라 !

처음에는 의욕이 강해 집중도 잘 되고 머릿속으로 잘 들어온다.
그러나 시간이 흐를수록 집중력이 떨어져 뒷부분은 못 보거나 대충
하기가 쉽다. 그러므로 주어진 한정된 시간을 가장 효율적으로 보내
기 위해서는 머리가 맑고 의욕이 강할 때 즉, 공부를 시작할 때 중
요한 것부터 먼저 공부해야 한다. 설사 끝까지 공부하지 못하더라도
중요한 부분은 끝냈기 때문에 크게 걱정하지 않아도 된다.

3) 아침 복습으로 다시 한번 확인을 하라 !

전날 밤에 거의 밤을 새워가며 다급하게 암기한 것을 허무하게 잃
지 않으려면, 잠깐 잠을 자고 난 후 다시 한번 복습을 해야 한다.

[3] 시험 직전에 유의할 사항

응용문제보다도 기초문제에 대한 복습을 철저히 하라

시험일이 다가오면 실제로 출제될 듯싶은 응용문제에 무턱대고 매달리는 사람이 많다. 그러나 이는 그다지 현명한 방법이 아니다. 응용문제는 헤아릴 수 없이 많기 때문에 그것으로 다소 실력이 늘었다는 느낌이 든다고 한들 별 차이는 없다. 그러기 보다는 기초적인 문제에 초점을 맞추어 공부를 하는 것이 현명한 방법이다.

또한, 이것저것 문제집을 모아놓고 씨름하는 것은 좋지만 응용문제의 경우에는 벽에 부딪치는 때가 많아진다. 수많은 문제들 중에서 한두 개 틀린다 한들 크게 문제될 것은 없지만, 시험을 얼마 남기지 않고 있다는 심리적인 초조감 때문에 오히려 불안감만 커질 우려가 많다. 이런 때야말로 이미 몇 번씩 풀어본 기초문제집을 다시 복습하는 것이 바람직하다. 기초적인 문제는 가장 기본적이고 핵심적인 내용을 이해하기 위한 것이므로 그것이 완전히 이해되지 않는 한 진짜 실력은 향상되지 않는다.

시험범위 중 뒷부분을 중점적으로 보라

인간의 심리상 처음에는 의욕이 대단하여 책의 첫머리를 착실히 공부해 머릿속에 잘 기억되지만, 뒤로 갈수록 소홀히 하는 경향이 있다. 그런데 어떤 과목이든 뒷부분에 가까워질수록 앞의 내용을 종합적으로 내포하고 있는 문제가 많아진다. 때문에 시험문제를 내는 출제자로서도 그쪽을 중요시하지 않을 수 없다. 따라서 시험을 치르기 직전에는 출제의 확률이 높은 뒷부분에 중점을 두고 공부하는 것이 현명하다.

새로운 것을 암기하려 하지 마라

시험이 다가오면 '이것도 외워야 하고, 저것도 외워야 하는데…' 하며 미처 공부하지 못한 것들이 눈에 아른거리며 마음을 불안케 한다. 그러나 무턱대고 새로운 지식을 집어넣기만 하는 것은 절대로 좋은 방법이 아니다. 인간이 가진 기억은 새로운 자극이 강한 인상으로 들어오게 되면 그때까지 저축되었던 기억이 희미해지는 특성을 가지고 있다. 심리학에서는 이렇게 새로운 기억이 낡은 기억을 희미하게 하는 것을 '기억의 억제효과'라 한다. 시험 직전에 이것저것 새로운 지식을 머리에 담다 보면 꼭 필요한 기초 지식을 오히려 생각해 낼 수가 없어 실제 시험에서 불리해지는 경우가 생긴다. 시험 직전에는 새로운 것을 기억하려 하지 말고, 이미 알고 있는 것들을 다시 한번 확인하는 것이 현명하다.

[4] 시험 당일 유의할 사항

시험 당일에는 익숙하지 못한 일은 피하라

시험을 보는 날은 누구나 긴장하기 마련이다. 그래서 평소에 별로 안 하던 행동을 하기도 한다. 예컨대, 평소에는 먹지 않던 찹쌀떡이나 엿 등을 먹었다가 배탈이 나는 경우가 있다. 평소에 하지 않던 행동을 하는 것은 마음의 긴장을 높여줄 뿐 아무런 도움이 되지 못한다. 그렇지 않아도 긴장하게 되는 시험날에는 되도록 평소 생활과 같은 기분으로 임하는 것이 긴장을 완화시키는 가장 좋은 방법이다.

시험 당일에는 새 옷을 입지 마라

또한 시험을 치러 갈 때는 새 옷을 입지 말아야 한다. 긴장할 우려가 있는 때야말로 늘 입던 옷을 입으면 심리적으로도 안정이 되고 흥분방지에도 효과가 있다. 내의는 전날 밤 간단한 목욕을 한 후 편안하고 깨끗한 것으로 갈아입고 자고, 겉옷은 늘 입던 옷 중에서 가장 좋아하는 옷을 미리 깨끗이 빨아두었다가 시험 보는 날 입으면 더욱 좋을 것이다.

시험장에는 늘 쓰던 필기도구를 가지고 가라

새 연필이나 지우개 등은 새로 맞춰 입은 옷처럼 마음이 안정되지 않는다. 시험장에서 어쩐지 불안했는데, 자기가 늘 쓰던 지우개를 만지면서 보았더니 마음이 안정을 찾는 경우도 있다. 늘 써서 익숙하기 때문에 편리할 뿐 아니라 오랜 시험공부를 함께해 왔으므로 마음을 안정시켜 주는 효과가 있다. 따라서 시험장에 갈 때는 평소에 쓰던 필기도구를 그대로 가지고 가는 것이 가장 바람직하다. 너무 오래 써서 낡았다면 새것을 구입하여 시험 한 달 전부터 길을 들이는 방법도 좋다. 그리고 한 개씩만 갖고 갈 것이 아니라 여러 개를 준비하여 필통에 담아가도록 한다.

공부를 정복하라

시험장에는 가능한 한 빨리 착석하라

시험장에서의 착석시간이 빠르면 시험장의 분위기·넓이·밝기 등이 파악된다. 그리고 자기가 앉은 의자가 삐걱거린다든가 책상이 흠 투성이어서 쓰기 힘들겠다는 등 문제점을 미리 체크할 수 있다. 일찍 자리에 앉는 만큼 컨디션 조절을 위한 정보를 많이 얻을 수 있고, 남보다 먼저 임전태세를 갖출 수 있다. 시험시간에 임박해서 허겁지겁 시험장에 들어온다면 안정된 마음으로 시험에 임할 수 없다. 일찍 자기 자리를 찾아 앉고, 시험이 시작되기 전에 화장실에도 다녀오는 여유를 가져야 한다.

시험장에서의 규칙은 아무리 사소한 것이라도 지켜라

학교에서의 정기적인 시험과는 달리 대입고사 때에는 여러 가지 세밀한 주의사항이 주어진다. 책받침은 사용할 수 없다든가, 어떤 펜은 안 된다든가, 짐은 어느 쪽에 놓아야 한다든가, 핸드폰 등 통신 제품은 소지할 수 없다든가 하는 별로 대단치 않은 것들이다. 그런데 개중에는 그 사항을 지키지 않았기 때문에 감독관으로부터 주의를 받게 되고, 그래서 불안해진 경우가 얼마든지 있다. 사소한 사항일수록 세심한 주의를 기울여 지키도록 하라. 왜냐하면 그것을 통해 실제 답안을 써야 할 때 부주의로 인한 실수를 방지하는 심리적 기반을 만들어 줄 수가 있기 때문이다.

시험을 잘 치르는 요령

[1] 시험 칠 때의 마음가짐

정신을 집중할 것

"정신일도하사불성(精神一到何事不成)." 시험장에 입장해서는 산만한 마음을 버리고 시험에만, 바로 그 시간에 치를 과목에 대해서만 정신을 집중해야 한다. 다른 시험과목을 공부해야 한다는 마음, 집안

공부를 정복하라

의 문제, 친구와의 갈등 등 모든 잡념을 버리고 오로지 문제를 읽고 정확하게 응답하는 일에만 몰두해야 한다.

자신만만한 자세를 갖출 것

인간은 암시에 따라 상식으로는 도저히 생각할 수 없는 능력을 발휘할 수 있다. 좋은 쪽으로만 생각하고 '나는 시험을 잘 치를 수 있다'고 믿음으로써 자신 속에 숨겨져 있는 능력을 마음껏 끌어낼 수 있다. 그러나 '나는 시험에 성공할 수 없다', '난 틀렸다', '에라 될 대로 되라'하는 부정적이고 패배적인 생각을 하면 자신이 지닌 능력마저 안으로 숨어버린다. 최선을 다하고 적극적으로 생각하라. 강한 신념을 가지면 도저히 풀 수 없는 문제에서도 해결의 열쇠를 찾아낼 수 있다.

지나치게 긴장하지 말고 여유 있게 시험을 치를 것

인간은 누구나 유사시에 어떻게 해서든지 그 곤경을 헤쳐나가려는 마음과 몸의 준비를 하게 마련이다. 따라서, 시험을 치를 때 정서적으로나 육체적으로 약간 긴장이 되는 것은 당연한 것이다. 요컨대 긴장이라는 것은 이제부터 해야 하는 큰일에 대해 심리적으로나 생리적으로 준비하는 것을 의미하기 때문에 긴장되어서는 안 된다는 강박관념에서 벗어나는 것이 필요하다. 그러나 지나친 긴장은 정신적인 혼란을 야기하며, 혼란한 정신상태는 불안감과 좌절감을 갖게 한다.

과도한 긴장상태를 극복하는 방법의 하나는 너무 서두르지 말고, 시험 치르기 전에 수험생들이 해야 할 사전 준비를 충분히 하는 것이다. 또한 시험시간과 장소를 미리 확인해 두었다가 지각을 하지 않도록 시간적 여유를 가지고 시험장에 가있어야 한다. 이것은 불안과 긴장을 가라앉히는 데 매우 필요하다.

시험 시작을 기다리는 동안에는 혼자서 요약된 노트나 오답노트를 훑어보는 것이 가장 좋다.

시험 감독관은 학생들의 편임을 이해할 것

시험장에서 감독관에 대해 좋은 마음가짐을 갖는 것이 좋다. 시험 감독관에 대해 부정적인 생각을 갖고 임하게 되면 마음이 안정될 수 없다. 감독관은 여러분이 최선을 다해 시험을 볼 수 있도록 분위기를 정숙하게 할 것이며, 시험에 필요한 각종 필기도구나 문제지·답안지 등을 배부하여 줄 것이다. 또한 실내 온도나 광도 등도 신경을 써줄 것이며, 답안작성에 필요한 참고사항을 설명해 줄 것이다.

자신을 파멸로 이끌 부정행위는 하지 말 것

이 책을 열심히 볼 정도의 수험생이라면 그럴 리 없겠지만, 만의하나라도 부정행위를 해서는 안 된다. 자신의 양심과 인격을 팔아서점수를 몇 점 더 얻는다고 한들 그것이 무슨 의미가 있겠는가? 학교정기시험이건 모의고사건 실제 대입고사건 어떤 시험을 막론하고부정행위를 할 생각은 아예 싹부터 잘라버려야 한다.

학창시절부터 부정행위를 하다보면, 대학에 들어간 후에도 또 사회에 진출한 후에도 역시 부정행위를 일삼는 사기꾼이 되어 교도소를 수없이 들락날락하는 인간쓰레기가 될 것은 뻔하다.

공부를 정복하라

[2] 출제방식에 따른 유의사항

│ 객관식 시험의 응시 요령
│ ## 1) 시험의 일반 원리를 기억할 것 !

첫째, 시간을 현명하게 이용하라.

한 문제에 너무 많은 시간을 빼앗겨서는 안 된다. 아주 어려운 문제나 쉬운 문제나 점수의 배점은 똑같다. 모든 문제를 착실히 풀 수 있도록 현명하게 시간을 배분하여야 한다.

둘째, 지시사항과 질문을 주의 깊게 읽어라.

잘못 읽거나 잘못 해석한 단어 하나가 오답을 초래한다는 사실을 알고, 핵심용어에 특히 주의하면서 문제의 끝까지 주의 깊게 읽어야 한다.

셋째, 모든 질문을 시도하라.

복잡하고 뒤얽힌 것처럼 보이는 문제들도 일단 문제를 파고들면 그렇게 어려운 문제가 아니라는 사실을 잊지 말아야 한다.

넷째, 질문을 통해 적극적으로 판단을 내려라.

정답이 금방 나올 것이라는 기대하에 문제를 수동적으로 읽는 것은 잘못이다. 문제의 각 부분에 대한 사고가 적극적이고 지속적일 때 정확한 대답이 가능하다.

2) 출제자가 의도하는 대답을 고를 것 !

문제를 읽을 때 시험출제자가 의도하지 않는 조건이나 해석을 포함시킨다면 여러분만 손해다. 설사 여러분이 알고 있는 지식이 출제가가 물어본 수준 이상일 경우라도 출제자의 의도를 파악하여 그 의도에 맞는 답을 골라야 한다. 객관식 시험에서는 비록 완전히 만족스럽지 못할지라도 항상 가장 옳다고 생각되는 답지를 고르면 된다.

3) 모든 답지를 고려한 후에 답할 것!

첫 번째 답지가 여러분이 기대하는 모든 특징을 가진다 하더라도, 모든 답지를 끝까지 다 읽고 판단해야 한다. 학생들은 습관적으로 처음 나오는 그럴듯한 답을 덥석 선택하는 경향이 있기 때문에, 시험출제자들은 흔히 가장 매혹적인 미끼를 첫 번째 위치에 놓는다. 한 문제에 대해 모든 것이 사실일지 모르나 최선의 답은 하나뿐이다. 유보되는 판단의 이 절차는 특히 최선의 답을 가려내는 다지선다형 문제를 다룰 때는 필수적이다.

4) 답을 문제와 관련시켜 볼 것!

만약 내가 생각한 정답이 보기 중에 없을 때는, 신속하게 처음에 기대하던 답을 포기하고 제시된 항목을 살펴 질문과 얼마나 잘 맞

공부를 정복하라

는가를 체계적으로 고려해 본다. 답들을 질문과 관련시키지 않고 답 자체로만 고려한다면 그 자체로서는 옳은 것이지만 질문에 대한 답으로는 적합하지 않을 수가 있다. 나열된 답 모두가 옳은 문장일 가능성도 있지만, 그들 중 하나만이 질문에 대한 올바른 답이기 때문이다. 옳은 문장이 어떤 질문에 대해서는 정답이 아닐 수 있고, 또 그릇된 문장이 어떤 질문에 대해서는 정답이 될 수도 있다.

주관식(논술식) 시험의 응시요령

주관식 문제에는 짧은 문장으로 개념이나 용어를 설명하는 단문형과 장문의 글로써 견해를 피력하거나 어떤 이론을 설명하는 논문형이 있다. 이 두 가지 형태가 다소의 차이는 있으나 기본적으로는 같기 때문에 둘 다 대략 다음과 같은 점에 유의하는 것이 바람직하다.

1) 먼저 문제를 다 읽어볼 것!

첫 문제에 대한 답을 쓰기 전에, 어떤 문제가 출제되었는지 한번 전체를 훑어보는 것이 필요하다. 그렇게 하면, 답안 작성의 전략이 대체적으로 떠오르고, 선택 문제가 있으면 대답할 수 있는 것을 고를 수 있고, 시간을 적절히 배당해서 쉬운 문제를 먼저 할 수 있으며, 점수 할당이 큰 문제에 좀 더 많은 시간을 배정할 수 있고, 중복되지 않는 대답을 할 수 있다.

2) 문제가 무엇을 요구하는지 잘 이해하고 나서 쓰기 시작할 것!

주관식 문제에서 주로 나타나는 말들로서는 '기술하라, 비교하라,

설명하라, 예를 들어라, 정의하라, 비판하라' 등이 있다. 각 문제에서 출제자가 요구하는 것이 무엇인지 잘 파악하여 그 요구에 적합한 답을 써야 한다. 즉, 개요를 쓰라고 할 때는 개요만 쓰고, 조목을 나열하라고 하면 조목만 나열하면 된다.

3) 답을 쓰기 전에 약 5분간은 시간계획과 답안작성 계획을 짤 것！

답안작성 계획이란 답을 쓰기 전에 답안의 개요를 조직하는 것을 말하는데, 머릿속으로만 조직하는 것보다는 답안지의 한 부분에 깨끗하게 적어놓는 것이 좋다. 이것은 답안을 작성하는 시간을 적절히 조절할 수 있는 이점이 있을 뿐만 아니라, 답을 쓰는 도중에 중요한 내용을 빼놓는 실수를 막을 수 있다.

4) 시험답안을 쓸 때 유의할 사항

❶ 간결한 문어체로 쓴다. 문장이 간결해야 채점자가 쉽게 이해한다.

❷ 문제에서 요구하지 않은 내용은 쓰지 않는 것이 좋다.

❸ 조직적인 면이 보이도록 쓴다.

❹ 일인칭이나 이인칭 주어는 가능한 한 사용하지 말고 객관적인 입장에서 문장을 쓴다.

❺ 전문용어를 적절하게 구사한다. 그러나 이해하고 있지도 못하면서 단지 과시를 위하여 전문용어를 남발하는 것은 오히려 좋지 않다.

❻ 답을 모르더라도 백지로 남겨 두어서는 안 된다. 자신의 지식을 총동원해서 문제가 요구하는 바에 가까운 것을 도출해 내도록 애써야 한다.

❼ 존대어를 사용하지 않는다.

공부를 정복하라

❽ 글씨는 깨끗하고 알아보기 쉬우면 된다. 너무 멋을 부려 잘 쓰려고 하면 시간이 모자라서 다 쓸 수 없는 경우가 있다.

❾ 시간제한이 있다는 것을 명심하고, 머릿속에 너무 완벽하게 구상을 한 후 쓰려고 해서는 안 된다. 쓰다가 나중에 생각나는 것은 나중에 끼워 넣어도 되니 서론·본론·결론의 틀만 잡고 생각나는 대로 쓰는 것이 좋다.

❿ 글자 수에 제한이 있을 경우에는 대개 제한 글자 수의 90% 정도로 정리하는 것이 이상적이다. 만약, 글자 수가 너무 적으면 해답에 누락된 점이 없는가를 다시 한번 검토해 봐야 한다.

답안지 작성이 끝나면 제출하기 전에 자신이 쓴 문장을 주의 깊게 읽어보도록 한다. 혹시 잘못 사용된 용어가 없는지, 오자나 알아보기 어려운 글자가 없는지 등을 확인해 보아야 하기 때문이다.

면접시험 응시요령

1) 시험범위와 경향에 대해서 사전에 탐색할 것 !

막연하게 면접시험에 응하는 것보다, 사전에 미리 시험관의 질문 경향이나 범위 등에 관하여 알 수 있다면 면접시험 준비를 하는 데 큰 도움이 될 것이다.

2) 시험관의 질문을 경청할 것 !

시험관의 질문을 잘 듣는 것이 무엇보다 중요하다. 왜냐하면 질문을 경청하지 않으면 질문에 대해 잘못 해석하기가 쉬울뿐더러, 시험관에게 좋지 않은 인상을 줄 우려가 있기 때문이다. 경청하는 동안 중요한 질문 내용을 간단하게 메모지에 적고 답변할 내용을 머릿속에 기억하는 것은 좋은 방법이다.

3) 무엇을 묻는가를 분명히 파악하기 위한 질문을 할 것 !

시험관의 질문이 애매모호할 때는 어림짐작으로 대답을 하는 것이 능사가 아니고, 시험관에게 질문의 내용이 정확히 무엇인지, 어떤 답을 요구하는지에 대해 질문을 하는 것이 좋다. 질문의 내용을 모르고서는 정확한 답변을 하기가 곤란하기 때문이다.

4) 대답하기 전에 심사숙고해서 답할 것 !

질문에 대해 하고 싶은 말이 많더라도, 그 말을 정리할 수 있도록 여유를 갖는 것이 필요하다. 시험관은 여러분이 대답하기 전에 생각할 충분한 시간적 여유를 줄 것이다. 대답할 내용의 핵심 사항을 메모지에 적어두는 것도 매우 좋은 방법이다.

5) 전혀 모른다고는 대답하지 말 것 !

여러분이 질문에 대해 전혀 모르는 경우는 거의 없다. 질문에 대해 아는 것이 조금밖에 없다면, 아는 것만이라도 전부 말하라. 비록 여러분의 답변이 틀리더라도 아무것도 말하지 않는 것보다는 나쁘지 않다. 그렇다고 간단한 내용을 억지로 길게 늘려서 말하려고 해서는 안 된다.

6) 아는 체하지 말 것 !

공부를 정복하라

지나치게 겸손하게 굴 이유도 없지만, 너무 아는 체하는 것은 시험관의 기분을 상하게 할지도 모른다. 질문에 대해 대답할 수 있고 또 하고 싶은 내용이 많더라도 거두절미하여 압축된 내용을 간결하게 표현해야 한다. 시험관은 여러분 한 명만 상대하는 것이 아니라 수많은 수험생을 상대한다는 것을 상기해야 한다.

7) 예절을 갖출 것!

면접시험에서는 여러분이 무엇을 말하는가보다는 어떻게 말하고 행동하는가가 더욱 중요하다. 시험관은 여러분에 대한 평가를 하기 위해 질문에 대한 답변내용뿐 아니라 행동과 예절까지도 종합적으로 본다. 면접시험이 끝난 뒤 시험관은 여러분이 무엇을 말했는가에 대해서는 거의 잊어버리게 되지만, 여러분의 외모와 태도, 문제에 대한 해답의 접근방식은 오랫동안 기억한다.

부자연스럽게 앉아있거나 쓸데없는 대답을 함으로써 나쁜 인상을 주지 않도록 노력하라. 외모와 복장에 대해서도 신경을 쓰는 것이 좋다. 단정치 못한 복장이나 어수룩한 외모는 시험관을 무시하는 듯한 인상을 주어 낮은 점수를 얻기 쉽다. 일단 시험이 시작되면 여러분의 행동이 예의바르고 깨끗하다는 인상을 주게끔 노력하는 것이 최선의 방법이다.

[3] 시험을 잘 치는 테크닉

시험을 치는 데도 일종의 기술이 필요하다. 똑같은 시간, 똑같은 노력으로 공부를 해도 점수에는 차이가 난다. 실력은 분명히 있는데도 그 실력을 충분히 발휘하지 못하고 시험에 실패하는 것을 흔히 보게 된다. 반면, 어떤 감추어 둔 비결이 있는지 실력 이상의 점수를 따는 사람도 있다. 이러한 차이는 시험을 치는 데도 기술이 필요하다는 것을 보여주는 것이다. 상당한 실력을 가진 사람도 출제형식에 따라 기술적으로 답을 쓰지 못하면 불합격의 쓴잔을 마실 수밖에 없다.

먼저 답안지에 수험번호와 이름을 천천히 쓰라

어느 시험장에서나 100명에 1명 정도의 비율로 수험번호를 잘못 쓰거나 이름을 빠뜨리는 사람이 있다고 한다. 그것은 처음부터 너무 서둘렀거나 당황했기 때문인데, 이것을 잊는다면 곤란할뿐더러 그런 상태로는 충분한 실력을 발휘할 수도 없다.

수험번호와 이름을 쓴다는 행위는 가장 단순한 작업이며 또한 초조감을 가라앉혀 주고 마음을 편하게 해주는 효과가 있다. 대체로 시험을 칠 때 가장 흥분하기 쉬운 시간은 시험 개시 직후의 5분간과 마지막 5분간이다. 침착하게 되도록 천천히 수험번호와 이름을 쓰면서 필승을 다짐하기 바란다.

첫 5분간은 시험문제의 윤곽을 파악하라

문제를 풀이하기 전에 먼저 시험문제 전체의 윤곽을 파악해야 한다. 얼마나 많은 문제가 출제되었는지 또 어떤 유형의 문제가 출제되었는지 사전에 훑어보지 않으면, 질문에 어떤 속도로 대답해야 하는지를 알지 못한다. 따라서 첫 5분간은 문제 전체의 개략적 읽기 시간으로 사용하여, 시험문제가 배치된 모습을 재빨리 파악해야 한다. 단순히 문제를 읽으며, 제일 먼저 풀어야 할 문제가 어떤 것일까를 골라서는 안 된다.

쉬운 문제부터 풀어 나가라

전체를 일단 훑어보고 난 다음에 한 문제씩 읽어나가는데, 복잡하고 어려운 문제에는 일단 표시를 하고 짐작만 해놓고 지나가고, 간단한 문제나 알기 쉬운 문제부터 풀기 시작한다. 시험은 굳이 첫 번째 문제부터 풀 필요는 없다. 시간은 한정되어 있고 또 모든 문제를 다 푼다는 것은 거의 불가능하기 때문에, 아는 문제부터 빨리빨리 풀어나가야 한다. 처음부터 어려운 문제에 매달리다 보면 당황하다가 결국은 자신을 잃게 되고, 시간을 많이 빼앗겨 다른 문제에 적절한 시간배분을 할 수 없어 쉬운 문제도 풀지 못하는 경우가 있으니 각별히 유의해야 한다.

쉬운 문제부터 하나 둘 해치우다 보면 마음도 가라앉게 되고, 심리적으로 플러스 요소가 생기게 되어, 그것이 다음 플러스를 불러일으키고 또 그 플러스가 또 다른 플러스를 유도하는 등 연쇄적으로 플러스가 발전하여 자신이 가진 실력 이상을 발휘하게 되는 것이다.

문제의 뜻을 정확히 파악하라

문제를 내는 사람은 지시사항과 문제를 통하여 시험 치르는 사람의 어떤 특정한 분야에 있어서의 이해와 지식 그리고 능력이 어느 정도인가를 알아보려고 하며, 시험을 치르는 여러분은 정확한 답안을 고르고 요령 있는 답을 써서 여러분이 알고 있는 바를 나타내고자 한다. 시험을 치르는 사람이 해야 할 일은 두 가지가 있다.

첫째, 시험문제를 낸 사람이 무엇을 원하는지를 정확히 이해할 수 있어야 한다.

둘째, 자신이 아는 것을 바로 전달할 수 있어야 한다.

그런데 학생들은 지시사항과 문항을 주의 깊게 읽으려 하지 않는 경향이 있다. 출제자가 무엇을 원하는지를 아는 것 즉, 문제의 뜻을 이해하는 것이 가장 중요하다. 답을 구하기 전에 지시문을 자세히 살피는 것이 좋다. 아깝게 점수를 잃게 되는 원인으로서 공통점이 있다면, 문제를 읽으면서 잘못된 해석을 한다는 사실이다. 문제해석을 잘못하게 되면 그로 인한 손실은 불가피한 것이다.

문제의 잘못된 해석으로 인한 실점을 피할 수 있는 방법은 평소 학습하는 과정에서 문제를 바르게 해석하는 연습을 하는 것이다. 평소의 학습 도중에 문제해석에 대한 연습을 의도적으로 꾸준히 해왔다면 그런 습성이 몸에 배어, 시험을 볼 때에도 문제를 정확히 읽고 이해하는 데 오랜 시간이 걸리지 않는다. 그러나 평소에 중요한 문제가 아니라는 생각에 덤벙거리며 문제를 푸는 습관을 들이면, 중요한 시험에서 실수하게 될 것은 뻔하다.

"집에서 새는 물바가지, 밖에서는 안 새랴!"

공부를 정복하라

미리 질문의 지시사항에 익숙해지도록 하라

시험을 실제로 치르기 전에 치르고자 하는 시험의 경향분석 자료나 예상문제 자료에 익숙해지는 것은 매우 중요하다. 시험에서 이미 출제된 문제의 유형을 충분히 아는 것은, 평소의 학습의 방향을 잡아주고 시간절약도 될 뿐만 아니라, 문제의 지시사항에 익숙해져서 시험을 치르는 데 있어서 잘못될 것을 막아준다. 시험에서 지시사항에 익숙하지 않으면 시험을 치를 때 잘못될 가능성이 있다.

확신과 정확성을 가지고 가능한 한 빨리 시험문제를 풀기 시작하라

육상 선수들이 출발이 빠르면 효과적인 것처럼 시험을 칠 때도 시작이 빠른 것이 매우 중요하다. 준비단계에서 많은 시간을 허비하지 마라. 시험지침이 주어지면 분명히 지침을 이해해 두어야 한다. 시험에 실패하는 사람들의 대부분은 시험을 보는 첫 단계에서 우물쭈물 귀중한 시간을 소비하고 만다. 예컨대, 샤프펜슬의 연필심이 떨어졌다거나, 시험 치기 전에 미리 알았어야 할 지침들을 다시 알아보는 등 귀중한 시간을 허비하는 경우다.

모든 문제를 진지한 마음을 갖고 풀라

복잡하고 혼란하게 보이는 문제라고 피하지 마라. 시험을 잘 치는 학생과 그렇지 못한 학생과의 차이점 중의 하나는 복잡한 문제를 풀려고 하는 마음가짐에 있다. 정규 수업시간에 배우지 않은 내용이나 여러분에게 낯선 문제라고 해서 포기하는 것은 좋지 않다.

물론 어떤 한 문제에 너무 많은 시간을 낭비하는 것은 옳지 못하다. 실마리가 풀리지 않을 것 같으면 다른 문제로 넘어가라. 그러나 포기하기 전에 문제에 대한 답을 내기 위해서 진지하게 노력하는 것이 필요하다.

문제의 포인트가 되는 곳에 밑줄을 쳐라

문제를 잘 읽고 출제의 의도를 확실하게 파악하여 문제가 요구하는 답을 쓰는 일이 중요하다. 그러므로 문제를 읽으면서 무엇을 요구하고 있으며, 어떻게 답할 것인가 하는 곳에 밑줄을 쳐두는 것은 매우 효과적이다.

자신이 문제를 만들어보면 알 수 있지만 해답자로 하여금 하나의 답을 내게 하기 위해서는 그 답 주변에 있는 것을 비교적 문제 속에 담아야 한다. 그렇게 하지 않으면 출제의 의도가 분명해지지 않기 때문이다. 그래서 문제 속에는 문제의 해법을 짐작할 수 있는 힌트와 그 사항을 끌어내 주는 무엇인가가 있다. 따라서 깜박 잊었던 사항이라도 문제를 다시 잘 읽는 동안에 단서를 발견하게 되는 수가 있다.

재검토를 할 때는 생각의 패턴을 바꾸어서 하라

답안을 쓴 다음에 검토를 해보는 것은 시험의 상식이다. 그런데 여러 차례 검토를 해보고도 문제의 잘못을 발견하지 못하다가 시험이 다 끝난 뒤 엉뚱한 잘못이 있음을 발견하고는 안타까워하는 경우가 종종 있다. 같은 방법으로는 같은 길을 더듬듯이, 동일한 방법으로는 아무리 검토를 해도 답안의 잘못을 발견할 수 없기 때문에 이

공부를 정복하라

런 어처구니없는 일이 일어나는 것이다. 이는 심리학적으로는 '습관화' 또는 '익숙함'이라는 말로 설명할 수 있다. 같은 자극이 되풀이되면 이에 대한 반응이 자동적으로 일어난다. 특히 단순한 계산문제를 검산할 때는 문제 자체를 검토하고 확인하기보다는 자신이 낸 답에 대해 안심을 하기 위한 검토가 되기 쉬운 것이다.

이렇듯 사소한 잘못으로 저지르는 실수를 막기 위해서는 생각의 패턴을 바꾸어 검토를 하는 자세가 필요하다. 구체적으로는 순서를 바꾸어 보거나 논리를 거꾸로 더듬어 보는 등, 다른 각도에서 살펴보는 것이다. 또한 답을 재검토할 때 답만을 가지고 할 것이 아니라 문제부터 다시 자세히 읽는 습관을 평소부터 익혀두는 것도 중요하다.

마음에 걸리는 것은 즉시 해결하라

한 문제를 풀고 다음 문제를 푸는 도중에 문득 앞 문제의 답이 과연 옳은 것인지 마음에 걸리는 때가 있다. 엉뚱한 미스를 범하는 것이 바로 이런 때이다. 앞 항에서 설명했듯이 메모해 두었다가 나중에 생각하는 것도 한 방법이지만, 마음에 걸리는 것이 있으면 그 시점에서 바로 해결해 버리는 것도 좋은 방법이다.

시험종료 벨이 울릴 때까지 시험장을 나오지 마라

시험장에서는 할당된 시간을 끝까지 잘 활용해야 한다. 일찍 시험장을 나오는 학생들은 자신이 일찍 퇴장함으로써 다른 학생들에게 감동을 줄 것이라는 생각을 하게 된다. 그러나 그것은 정말 어리석은 생각이다. 순간적인 영웅심 때문에 큰 희생을 치를 수도 있다. 시간이 허용하는 최후의 순간까지 문항을 일일이 점검하여 미진한 부분이나 잘못된 것을 고쳐야 한다. 이렇게 시험에 끝까지 진지하게 임하는 태도는 평소의 시험에서부터 몸에 배도록 습관을 들여야 한다.

첫 과목에서 좋은 성적을 받지 못했더라도 비관하지 마라

시험의 첫 과목이 끝났을 때 이미 틀렸다고 비관해 버리고, 두 번째 시간부터는 아예 시험을 포기해 버리는 사람이 있다. 그러나 시험이라는 것은 종합점수로 평가되므로 한두 과목의 점수가 좋지 않았다고 하여 비관하고 포기까지 하는 것은 지나치게 경솔한 생각이다.

오히려 '좋은 점수가 나오지 않겠다'고 자신의 성적을 객관적으로 판단할 수 있다는 것은 그만큼 실력도 있고 냉정하다는 증거이므로 남은 시험에 기대를 걸 수가 있다. 첫 시간에 '잘했다, 다 풀었다'고 기뻐하는 사람일수록 성적은 의외로 저조한 경우가 많다. 첫 시간에 저조했으니 다음 시간부터는 최선을 다해서 첫 시간에 잃은 점수를 조금이라도 더 만회해야겠다는 각오로 시험에 임해야지, 이미 치러

버린 시험에 대해서 연연해하는 것은 현명한 사람의 태도가 아니다.
이미 지난 것은 깨끗이 잊어버려라.

"절망(絶望)이란 이미 선취(先取)된 패배(敗北)이다.
인간이 아직 무엇인가를 할 수 있는 동안은
절망이란 용납(容納)되지 않는다."

정답은 몰라도 점수는 딸 수 있는 방법

정답을 알 수 없을 때의 갖가지 사고방식이나 공략법에 대해 알아보자. 출제자 역시 인간이므로 어딘가 인간다운 단서를 남겼을 것이 틀림없을 것이다.

틀렸음이 분명한 것부터 제거해 나간다

여러 개의 답 중에서 정답을 골라야 하는 경우에는 우선 척 보기에도 틀렸음이 분명한 답은 반드시 눈에 띈다. 이런 때 우선 틀렸음이 분명한 것부터 제거한 후, 최종적인 결론은 내리지 않은 채로 두었다가 나중에 남은 시간을 이용하여 차분히 검토하면 결국 정답을 포함하여 2, 3개밖에 남지 않게 되어 정답에 훨씬 가까워진다.

이렇게 일단 그 문제에서 완전히 떠났다가 심리적인 안정을 되찾은 다음 다시 돌아와 풀게 되면 심리적으로 여유가 있기 때문에 그때에는 생각하지 못했던 새로운 관점에서 문제 해결을 하게 될 가능성도 있다. 따라서 정답을 생각하고 결정하기도 쉬워진다. 특히 지문이 긴 문장일 때는 정답의 범위를 줄여두지 않으면 다시 긴 문장

공부를 정복하라

을 여러 번 읽어야 하기 때문에 시간적으로도 손해이다.

정답에는 형태가 고운 것 또는 간단한 것이 많다

복잡한 사고와 계산의 과정을 거쳐 다다른 답이 간단한 것이라면 정답이라고 생각해도 틀림이 없다. 이것은 답이 간단하면 헷갈리지 않는다는 출제자 측의 생각과 시험의 목적이 복합적으로 작용되기 때문이다. 즉, 어떻게 원리를 이용하여 해결 프로세스를 바르게 진행해 가는가를 판단하는 데 시험의 목적이 있다. 따라서 매우 복잡한 숫자나 식이 정답이라고 생각될 때는 어딘가 실수가 없었는지 반드시 다시 검토를 해보아야 한다.

'아리송'한 것 중에 정답이 있는 경우가 많다

예컨대, 다음과 같은 화학 문제에서 정답이 아리송할 때 문제만 보고 정답을 알 수 있다면 거짓말이라고 생각할 것이다. 그러나 가능하다.

실제로 대학입시에 출제되었던 문제를 예로 든다면,

「… 다음 중 정답을 고르시오.

㉠ 염화제2철 ㉡ 초산니켈 ㉢ 유산동 ㉣ 염화제2동 」

이라는 사지선다형의 문제가 있다. 잘 보니 염화제2**라는 형식이 ㉠, ㉣의 2개가 있다. 아무래도 정답은 그들 중에 있을 것 같다고 판단된다. 다음에는 염화제2 '철'이냐 '동'이냐를 결정해야 한다. 그것을 결정할 수 있는 열쇠를 찾아보니 '동'자는 ㉢에도 있다. 그렇다면 정답은 ㉣인 염화제2동이 아닐까 생각되고, 바로 그것이 정답이다.

황당무계한 얘기 같지만 출제자는 되도록 정답을 숨기려 하고, 그래서 아리송한 것끼리 모아 그 속에 정답을 포함시키게 된다. 말하자면 그런 단서를 찾자는 것이다.

모르는 단어가 나와도 문장 속에 그것과 대조되는 말이 있으면 유추할 수 있다

국어나 영어 등에서 모르는 단어가 나왔을 때는 쉽게 포기하지 말고 문장 속에서 대조되는 말을 찾아보는 것도 하나의 방법이다. 세상 모든 것에 음과 양이 있듯이 말의 개념도 항상 정반대 또는 대조를 이루면서 한 쌍을 만드는 것이 일반적이다. 삶과 죽음, 밤과 낮, 남자와 여자, 사랑과 미움 등 그 예를 들자면 한이 없다. 대개 어느 한쪽을 말할 때, 그것을 보다 정확하게 전하기 위해 정반대의 개념을 비유로 드는 때가 매우 많다. 영어의 이런 예를 들 수 있다.

"As to marriage or celibacy whichever course you may take you will be sure to feel sorry."라는 문장 속의 'celibacy'는 어려운 단어이다. 그러나 그 대조어가 'marriage'라는 것을 알게 되면 '결혼과 독신의 그 어느 쪽을 택해도 틀림없이 후회할 것이다.'라는 의미의 문장임을 알게 된다.

모르는 부분이 있으면 그 부분은 생략하고 아는 것만이라도 답을 써 본다

영어나 고문의 해석문제가 나왔을 때 문장 중에 모르는 단어나, 뜻을 잊어버린 단어에 부딪칠 경우, 문장 전체의 해석을 체념해 버리는 사람이 있는데 그것은 잘못이다. 비록 상당히 중요한 부분을 알 수 없다 하더라도 일단 그 부분을 생략하는 셈치고 답을 써 보는 것이다. 그 단어를 빼고 번역해도 뜻이 통하는 경우가 있고, 또한 그런 작업을 통해 명확하지 않던 부분을 알게 되는 수도 있다. 그렇지 않다 하더라도 '최선을 다한' 답안은 될 것이다.

모르는 단어나 낱말이 나왔을 경우에 여러분이 세울 대책에는 다음과 같은 것이 있다.

첫째는, 문장의 앞뒤 관계나 그 단어와 전체와의 관련성을 미루어 유추하는 방법이다. 단어 그 자체는 알 수 없더라도 일반적인 상식으로 전체적인 판단을 해 보면 알 수 있는 경우가 참으로 많다.

둘째는, 모르는 단어나 술어가 문제 안에서 다른 말로 표현되어 있는 경우가 있다는 것을 이용하는 방법이다. 시험문제에 나오는 어려운 문장에는 반드시 다른 말로 설명된 표현이 있게 마련이며, 의미가 전달되도록 잘 배려되어 있는 것이 일반적이다.

순서를 맞추는 문제에서는 우선 시작과 끝을 찾아내면 풀기 쉽다

역사상의 사건이나 논설문·시·영어 문장 등의 차례를 바르게 놓는 형식의 문제를 푸는 요령은, 처음 것과 나중 것을 빨리 찾아내는 데 있다. 그것만 찾아내면 나머지도 찾기가 쉬워진다. 왜냐하면 기억이나 논리의 연결은 처음과 맨 마지막이 명확하기 때문이다. 즉, 기억의 실마리는 첫인상과 최후의 인상에서 시작되며 이들 두 포인트가 확실해지면 나머지 중간 요소는 논리적으로 따져보면 덩굴이 뽑혀 올라오듯 쉽게 풀린다.

지시어가 가리키는 내용을 알 수 없을 때는 그대로 둔다

국어 문장 속에서의 '그것', 영문 해석문제에서의 'It' 등 지시대명사는 무엇을 가리키는 것인지 알기가 힘들 경우가 많다. ○○를 가리키는 것 같기도 하고, ××를 가리키는 것 같기도 할 때 어림짐작으로 썼다가 틀려버리는 경우가 의외로 많다. 그러므로 자신이 없을 때는 그대로 '그것'으로 얼버무려 두는 것이 오히려 무난하다. 어림짐작으로 분명히 밝혔다가 틀릴 바에는 차라리 그대로 두는 편이 낫다. 그것이라 쓰면 정답은 아니더라도 명확히 틀린 것은 아니므로 감점대상이 안 될 수도 있기 때문이다. 자기가 확실하게 알지 못하는 것은 쓰지 않는 것이 시험에서 이기는 하나의 비결이다.

낯선 문제도 벗기고 보면 기초적인 것이 많다

낯선 문제라 해서 반드시 어려운 문제는 아니다. 수험생을 심리적으로 동요시키기 위해 새로운 옷을 입혔을 뿐, 옷을 벗기고 보면 기

공부를 정복하라

초적인 지식으로도 풀 수 있는 쉬운 문제가 적지 않다.

출제자의 심리작전에 말려들지 않도록 낯선 문제에 부딪치면 우선 침착하게 그것을 벗겨보려는 노력을 해야 한다. 즉, 새로운 문제가 나왔을 때는 '이 문제는 지금까지 공부한 것 중 어느 기초사항과 관계가 있는가'를 가늠하는 것이 중요하다. 포인트만 파악되면 의외로 쉽게 풀릴 때가 많다. 예컨대, 수학이나 물리 등은 공식의 일람표, 국사나 세계사라면 그 연표를 머릿속에서 더듬으며 출제의 포인트를 찾아내야 한다.

전혀 알 수 없을 때는 짐작으로라도 답을 써 둔다

채점에서는 답을 쓰지 않아도 0점이고, 전혀 틀리는 답을 써도 0점이다. 같은 0점을 받을 바에는 조금이라도 점수를 받을 수 있는 쪽, 짐작으로라도 답을 써두는 것이 바람직하다. 맞지 않더라도 밑져야 본전이고 맞으면 횡재다. 특히 객관식 테스트에서는 OX식인

경우 50%의 확률이 있다. 따라서 오랜 시간 연구하여 얻은 답이나 단순한 짐작으로 낸 답이나 같은 점수가 될 수 있다는 아이러니한 면도 우리의 시험제도에는 있는 것이다.

확신이 가지 않는 한, 첫 번째 고른 답을 바꾸지 않는다

답이 두 개 이상 떠올라 어느 것이 옳은지 망설이게 될 때가 있다. 이런 때는 '첫 번째 느낌' 즉, 처음에 생각난 답이 옳은 경우가 많다. 왜냐하면 우리가 무엇을 외우거나 다시 생각할 때는 '쓰는 버릇'이나 '입버릇'이라는 말과 같이 자신이 평소에 쓰거나 말하던 때의 습관이 무의식 중에 나오기 때문이다. 즉, 그 답이 옳다는 확신이 없더라도 습관적으로 써왔기 때문에 그것이 먼저 나왔다고 보아야 한다. 따라서 나중에 생각나는 것은 그 어떤 다른 이유로 따라온 것이다. 특히 한자나 영어의 스펠링 등 시각적인 것에 그런 경향이 강하며 십중팔구 먼저 생각난 것이 옳은 답이다.

또한 백지나 빈칸을 앞에 놓고 생각하기보다는 무엇이든 사고를 회전시킬 자료가 있는 쪽이 생각하기 쉬운 법이다. 잘못되었다고 생각되는 답일지라도 정답을 찾을 가능성이 있을 때까지 그대로 지우지 않고 놓아두면 그것이 사고력을 회전시키는 자료가 되어 '어디가 잘못되었는가'를 검토하는 단서가 된다.

공부를 정복하라

모의고사 활용법

[1] 모의고사의 의의

　모의고사는 입시가 가까워 올 무렵에, 지금까지 쌓아온 실력을 테스트하고 정리하기 위해서 또한 실전력을 키우기 위해서 전 교육과정의 문제가 종합적으로 골고루 수록된 시험으로 다음과 같은 특징과 목적이 있다.

　첫째, 교과과정의 전 범위를 대상으로 종합적인 문제가 출제된다.

　모의고사는 월말고사나 기말고사와는 달리 학교의 진도와는 관계없이 교육과정의 처음부터 끝까지 즉, 전 범위를 대상으로 종합적인 문제로 구성되어 있어서 대입고사와 그 형식이나 출제경향이 가장 비슷한 시험이라고 할 수 있다.

　둘째, 자신의 실력을 정확히 평가할 수 있다.

　모의고사를 통하여 나온 성적은 그때까지 자기가 닦아온 실력을 비교적 정확히 평가할 수 있어, 지원 대학과 학과를 선택하는 중요한 자료로 활용할 수 있다. 특히 선지원 후시험제도에서는 전국적인 규모로 실시되는 모의고사의 중요성이 더욱 가중된다. 또한 각 과목의 여러 부분 중, 어느 부분의 실력이 부족하며 어떤 결함과 약점이 있는지를 알 수 있어, 모의고사를 통하여 자신의 부족한 학습내용과 결함 및 약점을 최종적으로 보완할 수 있는 것이다.

셋째, 실전력을 키울 수 있다.

모의고사를 통하여 수험생은 실제 대입시험을 치르는 연습을 할 수 있다. 과목별 문항수와 배점비율, 시험시간 등을 수능시험과 꼭 같게 함으로써, 문제를 푸는 요령, 답안작성 요령, 시간의 과부족 등을 연습할 수 있다.

[2] 모의고사 준비요령

수험생에게는 모의고사를 준비하기 위한 별도의 시간이 정해져 있지 않다. 공부하고 있는 하루하루가 바로 모의고사 준비시간이요, 나아가 입시 준비시간이다. 그러므로 자기 나름대로의 전반적인 입시계획과 모의고사를 위한 계획을 잘 조화시켜야 한다.

모의고사 1개월 전부터 시험을 의식한 계획을 세워라

수험생의 일상적인 공부는 흔히 일정한 부분으로만 편중되어 종합적인 실력을 양성할 기회가 별로 없다. 물론 자세한 부분이 쌓여서 종합적인 실력이 붙게 되는 것이 공부이기는 하지만, 그것을 의식하여 지식체계를 종합적으로 파악해 볼 기회는 별로 없다. 말하자면, 나무는 보되 숲을 보지 못하는 입장에 빠질 우려가 많다. 그런 의미에서 모의고사가 지니는 의미는 크다. 종합적인 실력을 묻는 테스트를 눈앞에 두었다면 그것을 계기로 하여 평소 소홀해지기 쉬운 지식의 종합적인 점검을 도모해야 한다.

그러기 위해서는 모의고사 1개월 전부터 의식적으로 그때까지 공부한 것에 대한 약점을 추출하여 공부하고, 기본적인 지식이나 응용도가 높은 것을 중점적으로 공격해야 한다. 그렇게 되면 시험을 계기로 하여 일정 기간마다 지식의 종합화가 이루어지고, 아울러 시험 성적도 좋아져 자신감이 생기게 된다.

정기시험보다 모의고사를 중요시하는 학습법은 위험하다

범위를 한정해서 실시하는 정기시험 성적은 좋지 않지만 모의고사에서는 상당히 좋은 점수를 따는 학생이 있다. 그러한 타입의 학생이 '실력파'로 보이지만, 반드시 그렇다고만 할 수 없다. 왜냐하면, 모의고사 점수는 잘 나오는데 정기시험의 성적이 매우 나쁜 사람은 대체로 머리회전이 빠른 편이나, 기초적인 것을 꾸준히 하기보다는 응용적인 부분에 손을 대는 경향이 있다. 그런데 정기시험은 한정된 범위 내에서 자세한 내용을 묻는 시험이므로 수비를 단단히 굳히는 수비형 공부가 아니면 좋은 성적을 얻을 수가 없다.

또한 대학입시에서 학교 내신성적이 차지하는 비중이 날로 높아가고 있다. 그러므로 모의고사를 너무 경솔히 다루어도 안 되지만, 지나치게 중시한 나머지 정기시험을 소홀히 하는 우를 범해서는 안된다.

◆ 어느 과목의 전체 범위를 ⓐ, ⓑ, ⓒ, ⓓ, ⓔ의 5파트로 나눈 다음 각 파트를 다음 모의고사까지 완결해 나간다. 그 전체 범위는 1년 동안에 완성한다.

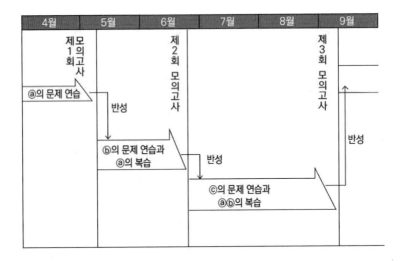

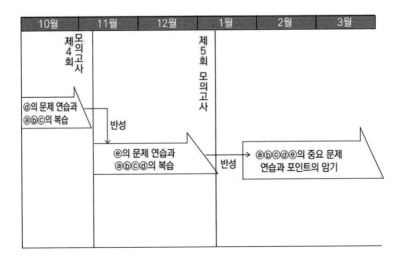

공부를 정복하라

[3] 모의고사를 잘 치는 방법

실전에 임하는 자세로 임하라

모의고사는 실제 대입고사와 출제형식 및 시험시간이 똑같기 때문에, 모의고사를 치는 요령은 바로 대입고사를 치는 요령이라고 말할 수 있다. 그러므로 실전에 임하는 자세로 진지하게 시험을 쳐야 진정한 의미의 모의고사가 될 수 있다.

우선 사용되는 필기구를 여유 있게 챙겨놓고, 답안지를 작성하는 요령도 정확히 알아두어 실수가 없도록 한다. 수험번호·성명·문제지의 유형표시(A·B표시)·과목표시 등을 차분히 기재하고, 시간배정을 적절히 하여 최선을 다하는 자세를 가진다면, 실제 대입고사에 임해서도 당황하지 않고 자신의 실력을 십분 발휘할 수 있다.

매 교시마다 특징을 파악하라

 좀 더 효율적으로 시험을 치르려면 매 교시마다 특징을 파악해 두는 것이 좋다. 특히 1교시가 가장 중요한데, 1교시는 시험의 첫 시간이니만큼 그날 시험에 상당한 영향을 미친다. 따라서 이 시간을 잘 보내야 이후의 시험에서도 자신의 실력을 충분히 발휘할 수 있게 된다. 첫 시간부터 실수를 저질러서는 곤란하므로 무엇보다도 마음을 진정시키고 침착하게 시험에 임해야 한다. 또한 첫 시간을 못 보았다고 해서 절대 자포자기해서는 안된다. 나에게 어려운 문제는 다른 사람에게도 어려운 것이다. 자신을 갖고, 이후의 시간에 최선을 다하겠다는 각오로 남은 시험에 최선을 다해야 한다.

쉬는 시간을 잘 활용하라

 쉬는 시간이 몇 분이 되든 간에 헛되이 보내는 일이 없어야 한다. 시험이 한 교시 끝나면, 우선 화장실부터 다녀오도록 한다. 시험시간은 평소의 수업시간과 달리 매 교시마다 1시간이 넘으므로, 화장실에 가고 싶은 마음이 별로 없더라도 쉬는 시간에 반드시 다녀와야 한다. 시험 중에 용변을 보고 싶어지면 큰 낭패가 아닐 수 없다. 시험 도중에는 나갈 수 없으니 미리미리 처리를 해두는 것이 현명하다.

 용변을 보고 온 후에는 친구들과 어울려 답을 맞춰본다든지 잡담을 하는 것은 가급적 삼가야 한다. 이미 치른 시험에 대해서는 그날의 모든 시험이 끝날 때까지는 왈가왈부하지 않아야 한다. 이미 지나간 버스이니, 후회한들 아무 소용이 없고, 마음만 상할 뿐이다. 자기 자리에 앉아, 손때 묻은 요점정리 노트나 책 등을 대강 훑어보든지, 아니면 눈을 감고 단전호흡을 하며 다음 시간을 위해 마음을 차분히 가라앉히는 것이 좋다.

끝까지 물고 늘어지는 습성을 들여라

모의고사는 실전에 대비한 훈련인 만큼, 모른다거나 귀찮다고 해서 도중에 나와버려서는 안 되며, 한 문제라도 더 맞추려고 끝까지 앉아서 물고 늘어져야 한다. 완전히 다 풀었다 해도 다시 한번 문제를 점검해보고 답안지에는 오기(誤記)가 없는지 확인해 보도록 한다. 그래도 시간이 남으면 설사 문제는 더 풀지 못해도 어떤 문제가 어려웠고, 나의 취약점이 무엇인지 진단하여 시험지에 자세히 체크해 놓아야 한다. 그것이야말로 여러분의 실력 향상을 위한 가장 확실한 백신(vaccine)이 될 것임을 믿어 의심치 않는다.

참고 견디어 끝까지 물고 늘어지는 자만이 좋은 결과를 거둘 수 있다. 도중에 나오는 버릇을 들이면 실제 대입고사에서도 도중에 나오고 싶어 못 견디게 된다.

[4] 모의고사 결과의 분석

모의고사를 보는 것 이상으로 중요한 것이 그 결과의 분석이다. 모의고사는 어디까지나 실제 시험을 잘 치르기 위한 연습으로서, 그 결과를 얼마나 철저하게 분석하고 또 대책을 세우느냐에 의미가 있는 것이지, 단지 실제 시험을 치르는 기분만을 내려고 하는 것이 아니다. 특히 전국 규모의 모의고사는 전국에서 자신의 위치를 가늠할 수 있는 절호의 기회인 것이다. 지겨운 시험이 끝났다는 해방감에 젖어, 사후처리를 게을리하면 모처럼의 좋은 기회를 잃게 된다.

모의고사 시험지는 복사하여 과목별로 모아두라

어떤 시험지이든지 여러분이 합격의 영광을 얻기까지는 함부로 버려서는 안 된다. 특히 모의고사 시험지는 절대 버려서는 안 되고, 각 과목별로 순서대로 차곡차곡 모아두어야 한다. 보통 시험지는 양면에 인쇄가 되어있으니 깨끗하게 복사를 해서 각 과목별로 철해두라. 실력향상에 엄청난 위력을 발휘하는 무기가 될 것이다.

모든 문제를 철저하게 분석하여 표시를 해두라

시험이란 '얼마나 알고 있는가'를 테스트함과 동시에 '얼마나 모르는가'를 알기 위한 뛰어난 수단이다. 특히, 모의고사는 '얼마나 모르는가'와 '어떠한 것을 모르는가'를 정확히 진단하여, 실제 시험에서 큰 성공을 거두려는 데 목적이 있다. 즉, 시험은 평소의 공부로는 판단할 수 없는 결점이나 잘못을 객관적으로 지적해 준다. 따라서 점수보다는 사후조치가 더 중요하다.

시험이 끝나면 대개 선생님들이 정답과 해법을 가르쳐 준다. 자신 있게 풀어서 맞은 문제는 선생님의 설명을 한 번 듣는 것으로 족하지만, 문제는 틀린 문제와 요행으로 맞은 문제이다.

첫째, 실수해서 틀린 문제가 있을 때는 실수를 한 원인을 빨갛게 표시해 놓고 다음에는 그런 실수를 하지 않도록, 침착성과 문제를 정확히 읽는 습성을 기르려고 노력한다.

둘째, 몰라서 틀린 문제는 모르는 내용을 기초부터 확실하게 이해해 둔다.

셋째, 요행으로 맞춘 문제, 해답은 맞았으나 그 해답에 이르는 과정이 틀린 문제는 그 해답이 나오게 되는 과정을 확실하게 이해해서 소화시켜야 한다.

모의고사로 많은 수련을 쌓은 사람의 정신은 자신이 서지른 수많은 실수와 오답으로 상처투성이일 수밖에 없다. 그러나 입학시험에서 승리를 거두는 순간 그 해묵은 상처는 아물게 된다. 싫은 일은 다시 생각하고 싶지 않은 것이 사람의 심리이다. 그러나 상처는 그대로 내버려 두면 결국은 곪아 돌이킬 수 없게 된다. 마지막 정리 단계에서 그 상처만 철저히 치료해 두면 상처의 치유는 시간문제인 것이다.

시험에서 틀렸던 문제야말로 기억의 찬스임을 명심하라

한 번 끝난 시험지는 들쳐보기도 싫은 것이 사람의 마음이다. 더구나 틀린 문제는 더더욱 보기 싫기 마련이다. 그러나 시험이야말로 기억을 정확하게, 그리고 깊게 할 수 있는 다시없는 기회다. 모의고사에 출제된 문제들은 중요한 포인트인데 만일 틀린 문제가 있다면 그것은 이해가 부족했거나 잘못 기억하고 있었기 때문이다.

모의고사 결과를 앞으로의 공부에 효과적으로 살릴 수 있는가, 아닌가에 모의고사를 치르는 의미가 있다. 한마디로 시험에서 틀린 점을 어떻게 내 것으로 만드는가에 따라 실력의 차이가 시간이 흐를수록 크게 난다. 그럼에도 대부분의 학생들은 모의고사에서의 작은 미스들을 그냥 지나친다. 모의고사의 범위는 당연히 매우 넓은 영역에 이른다. 따라서 그 안에서의 작은 오류란 빙산의 일각이고, 그 속에는 커다란 결함이 포함되어 있는 때가 많다. 말하자면, 이 작은 잘못의 주변을 철저히 복습함으로써 빙산 전체를 건지는 커다란 수확을 얻을 수 있는 것이다.

공부를 정복하라

시험 성적을 과목별로 도표를 만들어 두라

 모의고사는 한 번으로 끝나는 것이 아니라 여러 번 본다. 위와 같이 각 문제를 철저히 분석했다면 일단 숲 속의 나무는 파악이 된 것이지만, 아직 전체 숲은 파악이 되지 않은 것이다. 숲을 파악하기 위해서는 모의고사를 볼 때마다 도표를 만들어 두는 것이 좋다. 매번 과목별로 도표를 만들어 기록해 두면 성적의 향상 내지 퇴보를 진단하고, 약한 과목을 찾아내어 효율적인 학습계획을 세울 수 있다.

허점노트를 작성하라

 모든 시험문제의 원인분석이 끝났으면 곧바로 허점노트를 작성해야 한다. 허점노트란 틀린 문제를 기록하는 오답노트이다. 바인더식 노트에 각 과목별로, 교과 진도순으로 틀린 문제와 실수로 맞은 문제를 써 넣는 것이다. 자신이 틀린 원인과 정답의 풀이를 동시에 적어두는 것이다. 이렇게 함으로써 무엇이 왜 틀렸는가 하는 자기의 취약점을 한눈에 알 수 있어 일망타진을 할 수 있다. 〈제8장 노트정리법〉의 '오답노트의 필요성과 작성요령'을 참조하시라.

"연습은 실전같이, 실전은 연습같이!"

"훈련할 때는 경기처럼 임하고
경기할 때는 편하게 즐기면서 훈련하는 것처럼 임한다."
-조현우(월드컵 축구 국가대표 골키퍼)

| 참고문헌 |

본서를 집필함에 있어 많은 도움을 받은 참고 서적을 제시하면 다음과 같다.
일일이 출처를 밝히지 못한 점은 이해 바란다.
특히 그 분야에 관심이 있는 분들에게는 도움이 될 줄로 믿는다.

| 학습방법

* 이용호 편저 《척척 공부법》 1975. 백조출판사
* 이용호 편저 《거뜬 受驗法》 1975. 백조출판사
* 홍기봉 著 《공부 잘 하는 길》 1978. 부민문화사
* 李誠彦 編著 《완전학습비결》 1979. 文明社
* 김용락 著 《나도 공부를 잘 할 수 있다》 1983. 유림사
* E.M. 슈바르쯔 著 《자녀의 성적을 두배로 올리는 법》 1984. 정신세계사
* 朴道淳 譯 《시험을 잘 치르는 방법》 1984. 敎育科學社
* 金筌園 譯 《一流大學에 입학하는 秘訣》 1984. 明文堂
* 이강백 著 《기억법》 1984. 두뇌개발원
* 편집부 편저 《공부하는 방법을 알자》 1985. 대완도서
* 유완상 譯 《쉽게 공부하는 비결 175》 1985. 상서각
* 유완상 譯 《쉽게 공부하는 비결 191》 1985. 상서각
* 박래창 편저 《시험을 잘 치는 비결》 1985. 아이템플
* 박래창 지음 《공부를 잘 시키는 비결》 1986. 아이템플
* 김진수 著 《공부를 잘 하려면 마음을 먼저 챙겨라》 1986. 신영출판사
* 미쓰기 고우이찌로 著 《대학입시에 합격하는 공부기술》 1986. 보이스사
* 아자끼 히사시 著 《고교생의 과학적 공부법》 1986. 보이스사

* 신동욱 譯《자면서 배우는 법—Sleeping Learning》1986. 고려문화사

* 김진수 著《초능력 학습기억법》1986. 신영출판사

* 편집부 편저《우등생의 학습법》1986. 서림문화사

* 편집부 편저《당신도 천재가 된다》1986. 서림문화사

* 편집부 편저《스파르타식 필승합격술》1986. 서림문화사

* 편집부 편저《자녀의 IQ 개발법》1986. 을지출판사

* 朴武嗣 著《입시준비와 올바른 학습요령》1987. 형설출판사

* 진장춘 엮음《88 대학입시 고득점 학습전략》1987. 큰샘

* 김진수 회 14인 공저《나도 1등을 할 수 있다》1987. 아이템플

* 강상재 譯《기적의 집중력》1989. 고려문학사

* M. 로즈 지음 최진영 옮김《공부를 잘 하는 법》1989. 평단문화사

* 윤명중 지음《누워서 대학가기》1989. 프레지던트社

* H.C.엘리어트 지음 이일남 옮김《나도 1등 할 수 있다》1989. 여명

* 출판국 편저《대학입시 홀로서기》1990. (주)을유문화사

* 편집부 편저《합격의 길 영광의 길》1990. 도서출판 又善

* 양대철 저《공부는 이렇게 할 때 가장 효과적이다》1990. 문양사

* 편집부 編《구몬식 학습의 비밀》1990. 공문교육연구원

* 김용락 著《공부, 공부는 정말 싫다!!》1991. 도서출판 고글

* 황병철 저《일등과 꼴찌는 공부방법 차이》1991. 키출판사

* 홍유선 옮김《더이상 특별한 시험공부는 없다》1992. 우리시대사

* 문정목 지음《대학가는 길》1992. 영광사

* 박순봉·조병용 共著《족집게 대학수학능력시험》1993. 보성출판사

* 진태원 지음《공부 못하는 것도 병이다》1997. 백송

* 원동연 지음《5차원 전면학습법》2000. 김영사

* 박주현 지음《하버드 감동시킨 박주현의 공부반란》2005. 동아일보사

* 임성호 지음《이렇게 해야 특목고 갈수있다》2007. (주)황금부엉이

* 김은실 지음《전교1등 핵심 노트법》2009. (주)서울문화사

* 박승아 저《월드클래스 공부법》2009. 김영사

* 최인호 지음 《1등급 공부 습관》 2011. 21세기북스

* 방용찬 지음 《공부의 모든 것》 2014. 도서출판 행복미디어

* 고영성·신영준 지음 《완벽한 공부법》 2017. 로크미디어

* 권혁도 지음 《꿈을 이루는 공부습관》 2010. 지상사.

* 김경모 지음 《입시공부법의 정석》 2018. 미다스 북스

| 합격수기

* 강문원 외 著 《대학에서 만납시다》 1985. 신화당

* 조재구 編著 《이것이 합격이다》 1986.

* 고복순 외 著 《어머니의 내신성적》 1987. 삼중당

* 김효연 외 10인 著 《나는 이렇게 공부했다》 1987. 민예사

* 구맹회 편 《아 서울대학교》 1989. 열음사

* 윤길순 외 공저 《고3엄마》 1989. (주)작은기획

* 한확 외 22인 공저 《그래도 내일은 찬란히 밝으리니》 1991. 감초

* 최지환 외 25인 공저 《합격은 필수 수석은 선택》 1994. 도서출판 공부방

* 배호필 외 20인 공저 《나는 이렇게 공부하여 대학에 합격했다》 1994. 선영사

| 논문·월간지·간행물

* 신영식 《입시 준비활동의 피로에 관한 연구》 1969. 우석대 박사

* 편집부 《입시에 이기는 길》 1971.5. 여성동아 부록. 동아일보사

* 권혁내 《大學入試를 중심으로 한 고등학교 학생지도에 관한 연구》 1971. 성균관
  대학원

* 서울大學校 學生指導研究所 《效果的인 學習方法》 1973. 서울大學校

* 중앙대 《대학입시생의 건강생활에 관한 연구》 1984. 중앙대 석사

* 서울대학교 학생생활연구소 《대학생활의 길잡이》 1987. 서울대학교

공부를 정복하라

* 月刊《大學入試》1976.10～1992.8

* 月刊《進學》1985.1～1992.8

* 月刊《대학으로 가는 길》1988.5～1993.8 (주)한샘출판사

* 月刊《대입정보》1992년 1월호-1993년 8월호 (주)제일대입정보사

*《大學修學能力試驗 解說》1992. 敎育部 國立敎育評價院

| 인생관과 세계관

* HLKY 編《瞑想의 時間》1970. 文學社

* 曺貞植 編著《眞理를 追求하는 마음》1970. 美林出版社

* 朴南洙 譯《運命의 별이 빛날 때》1971. 無等出版社

* B. 프랭클린 著 최종고 譯《後悔없는 生涯》1974. 삼성문화문고

* 헨리 디이슨 著《組織神學講論》1975. 생명의말씀사

* 채필근 著《哲學과 宗敎의 對話》1976. 대한기독교서회

* 徐京保 著《禪이란 무엇인가》1980. 明文堂

* 金大隱 著《彼岸의 메아리》1982. 三藏苑

* 제임스 사이어 지음《기독교 세계관과 현대사상》1985. IVP

* 釋 智賢 著《禪으로 가는 길》1985. 一志社

* 엄두섭 著《修道生活의 香氣》1992. 보이스사

* 스티븐 코비 지음《성공하는 사람들의 7가지 습관》1995. 김영사

* 방건웅 지음《신과학이 세상을 바꾼다》1997. 정신세계사

* 폴 데이비스《현대 물리학이 발견한 창조주》1998. 정신세계사

* 안점식 지음《세계관을 분별하라》1998. 죠이선교회출판

* 박영덕 지음《차마 신이 없다고 말하기 전에》1999. IVP

* 스티븐 코비 외 2인 공저《소중한 것을 먼저 하라》2000. 김영사

* 하이럼 스미스 지음《성공하는 시간관리와 인생관리를 위한 10가지 자연법칙》
  2000. 김영사

* 릭 워렌 지음 고성삼 옮김 《목적이 이끄는 삶》 2005. 디모데

* 강헌구 지음 《아들아 머뭇거리기에는 인생이 너무 짧다》 2006. (주)한언

* 백기찬 《하나님의 감추어진 의도》 2007. 꿈과의지

* 제임스 사이어 《기독교 세계관과 현대사상》 2007. IVP

* 낸시 피어시 지음 홍병룡 옮김 《완전한 진리》 2008. 복있는 사람

* 한근태 지음 《잠들기 전 10분이 나의 내일을 결정한다》 2008. 랜덤하우스

| 건강과 수면법

* 古閑永之助 著 윤요섭 譯編 《短時間睡眠法》 1978. 한일출판사

* 정치근 著 《학생과 건강》 1980. 耕心社

* 酒井 洋 著 염재용 譯 《5분 가면법》 1985. 太學堂

* 이철호 著 《수험생의 건강관리》 1988. 기린원

* 안현필 지음 《불멸의 건강진리》 1990. 書筆社

* 홍문화 박사 著 《허준 동의보감》 1990. 둥지

* 노성갑 編著 《장이 깨끗하면 머리가 맑다》 1995. 청산

* 최명삼 편저 《피를 맑게 하는 건강 장수법》 1999. 청산

* 박승만 지음 《혈액순환이 운명을 좌우한다》 2000. 느림

* 허봉수 지음 《밥으로 병을 고친다》 2000. 동아일보사

* 린다 베리 지음 이효실 옮김 《장(腸) 청소 혁명》 2000. 집사재

* 닥터 월렉 강연 박우철 번역 《죽은 의사는 거짓말을 하지 않는다》 2009. 꿈과의지

* 최경송 지음 《사람을 살리는 해독요법》 2009. 창해

* 이시하라 유미 지음 박경옥 옮김 《내 몸을 살리는 하루 단식》 2013. (주)살림출판사

* 자우 페이 첸 박사 지음 정가진 박사 옮김 《세계 최고의 의사 당신 몸 안에 있다》
  2015. 꿈과의지

[성공적인 삶을 위한 나의 다짐]

"나 는"

- 나는 위대한 창조물이다.
- 나는 오늘부터 새로운 삶을 시작하겠다.
- 나는 하루하루를 충만한 사랑으로 맞이하겠다.
- 나는 오늘을 내 인생의 마지막 순간처럼 살겠다.
- 나는 오늘부터 주어진 모든 것에 감사하겠다.
- 나는 건강한 삶을 영위하기 위해 매일 몸과 마음을 닦겠다.
- 나는 다양한 지식을 끊임없이 습득하여 나의 가치를 최고로 키우겠다.
- 나는 지금부터 좋은 생각, 좋은 말, 좋은 행동만 하겠다.
- 나는 날마다 웃으면서 기쁜 마음으로 살겠다.
- 나는 유연한 사고, 명랑함, 미소, 유머를 갈고 닦아서 빛나게 하겠다.
- 나는 어떤 상황에서도 마음의 평정을 잃지 않겠다.
- 나는 감정의 노예가 아니라 지배자가 되겠다.
- 나는 즉시 실천하겠다. 성공할 때까지 도전하겠다.
- 나는 단기적인 처방보다는 장기적인 결과를 위해 행동하겠다.
- 나는 다른 사람의 성공을 중심으로 도와서 세상을 행복하게 만들겠다.
- 나는 멋있다. 나는 친절하다. 나는 설득력이 있다.
- 나는 용기가 있고, 배짱이 있고, 신념이 있다.
- 나는 성공할 수 있는 뛰어난 재능과 능력이 있다.
- 나는 모든 점에서 점점 좋아지고 있다.
- 나는 성공하기 위해서 이 세상에 태어났다.
- 나는 반드시 성공하고 기어코 승리한다. 참으로 자신 있다.

공부에 끌려다니지 말고 공부를 정복하라!

권선복
도서출판 행복에너지 대표이사

많은 수험생들이 고생을 합니다. 수능을 준비하는 고등학생뿐만은 아니겠지요. 사법시험, 행정고시, 외무고시, 각종 어학자격증 등등…. '공부는 평생 하는 것'이 그냥 하는 말이 아닌 세상입니다. 시험에 합격한 후에도 꾸준히 실력을 갈고 닦기 위해서는 공부를 늘 곁에 두어야 하는 게 진리이자 일상인 세상이라고 봐도 될 듯합니다.

그런데 공부가 정말 재밌다, 하다못해 공부가 너무 좋고 하고 싶다고 하는 사람은 찾기 힘듭니다. '공부' 하면 막연히 하기 어려운 것, 귀찮은 것, 마지못해 하는 것이란 생각이 떠오르지 않나요?

왜 그럴까요? 바로 공부를 어떻게 정복하는지 그 방법을 알지 못하기 때문이라고 작가는 말하고 있습니다. 효율적, 능률적으로 공부를 하는 방법을 모르기 때문에 두렵고, 귀찮고, 피하고 싶은 것이 당

공부를 정복하라

연하겠지요.

운동선수에게도 운동계획이 있고 식단조절 방법이 있습니다. 공부를 하는 데 있어서 체계적인 방법 없이 무작정 덤비는 식으로 하면 효과가 있을까요? 처음엔 반짝 성적이 올라가는 것 같겠지만 같은 공부를 하더라도 효율성 있게 공부 방법을 정해놓고 하는 사람보다는 들어가는 노력은 배가 되고, 성과는 낮을 확률이 높습니다.

이 책은 그러한 '공부의 생리'를 알고 어떻게 하면 공부를 잘할 수 있고 정복할 수 있을 것인지 매우 체계적이고 자세하게 알려주고 있습니다. 단순히 동기부여를 해주기 위한 추상적인 이야기를 하지 않고 적극적인 실전 전략서로서 빛을 발합니다. 책의 어느 쪽을 펴도 당장 공부방법으로 적용시킬 수 있는 황금 같은 팁들이 가득합니다.

공부, 분명 실체를 알기 전에는 뿌연 안개 속을 헤집는 것 같고 막막하고 긴장되고 두려운 것입니다.

하지만 안개가 걷히고 공부의 실체를 알게 되면 두려움은 사라지고 스트레스는 승부욕으로 변하고, 두려움은 할 수 있다는 자신감으로 변하게 됩니다.

이 책은 수능 수험생들은 물론이고 각종 시험공부를 하는 모든 사람들, 더불어 직장을 다니면서 꾸준히 자기계발을 하는 분들에게도 큰 도움이 될 것입니다.

공부의 정체와 전략을 세심히 알려주는 본 도서를 통해 수많은 이들의 머릿속에 반짝이는 백열전구가 팡팡팡!! 켜지는 쾌거를 이룩하길 바랍니다!

배세일움 사용서

문홍선 지음, 서성례 감수 지음 | 값 20,000원

『배세일움 사용서』는 씩씩하게 그리고 힘차고 즐겁게 인생을 살아가는 '다섯 명 패밀리'에 대한 이야기이다. 책 속 일상에서 마주치는 이런저런 깨달음이나 생각은 때로는 큰 의미로, 때로는 별 것 아닌 장난으로 다가온다. 나침반처럼 일상을 안내하고 손전등처럼 삶의 수수께끼를 비추는 이 '사용서'를 통해 독자들은 삶이라는 요리에 양념을 더하듯 작가의 유쾌한 철학을 전달받을 수 있을 것이다.

2주 만에 살 빼는 법칙

고바야시 히로유키 지음 방민우 · 송승현 번역 | 값 17,000원

진정한 다이어트를 위해서는 자신의 몸, 특히 몸과 마음의 건강 전체를 총괄하는 '장'을 이해하고 돌보는 것이 최우선이 되어야 한다는 것이 이 책이 제시하는 '2주 만에 살 빼는 법칙'이다. 특히 이 책은 자신의 몸을 이해하고 돌보는 방법으로 최신 의학 이론에 기반한 '장활'과 '변활'을 제시하며, '장 트러블' 해결을 통해 체중 감량을 포함한 다양한 문제를 해결할 수 있도록 돕는다.

내 사랑 모나무르(MON AMOUR)

윤경숙 지음 | 값 15,000원

이 책 『내 사랑, 모나무르』는 가난 속에서도 희망을 잃지 않고 자신이 꿈꾸는 방향으로 계속 걸어 나간 끝에 가족과 세상으로부터 받은 사랑과 행복을 더 많은 사람들과 나누려고 하는 모나무르 윤경숙 대표의 에세이다. 윤 대표의 진심을 담은 이 책은 거창하게 뒷짐 지고 서서 내지르는 일장 연설이 아니라, 조용하지만 진심을 담은 따뜻한 속삭임을 통해, 지금 지치고 힘든 이들에게 조금이라도 희망을 주고 싶은 마음을 담은 책이다.

내 손안의 1등 비서 스마트폰 100배 즐기기

박용기 외 8인 지음 | 값 25,000원

이 책은 스마트 사회에서 사각지대에 놓이기 쉬운 실버 세대들이 현대 사회의 필수 도구인 스마트폰을 쉽게 익혀 생활에 활용할 수 있도록 안내하고 있다. 스마트폰의 가장 기본적인 기능과 어르신들에게 꼭 필요한 앱을 중심으로 다루고 있으며 사진과 함께 큰 글씨로 쉬운 설명을 곁들여 누구나 금세 손에 익힐 수 있게 구성되어 있다. 특히 실버 세대의 니즈에 맞춘 스마트폰 기능에 초점을 두고 있는 것이 특징이다.

국회 국정감사 실전 전략서

제방훈 지음 | 값 22,000원

이 책 『국회 국정감사 실전 전략서』는 저자 제방훈 보좌관이 자신의 경험과 지식을 기반으로 엮어 낸 국회의원과 보좌관들의 국정감사 전략, 공무원들의 피감기관으로서 갖춰야 할 자세, 그리고 더 나은 국정감사를 위해 국회와 정부, 기업에 던지는 미래 제언을 담고 있다. 특히 정치에 관심을 가진 일반 국민들에게는 의회민주주의의 꽃이라고 할 수 있는 국정감사의 본질과 생생한 면모를 보여줄 수 있는 책이 될 것이다.

당질량 핸드북

방민우 지음 | 값 13,000원

이 책 『당질량 핸드북』은 수많은 다이어트법 중에서도 최근 주목받고 있는 '키토제닉 다이어트'에 기반한 저당질 식이요법을 돕는 가이드북으로서 전작 『당질 조절 프로젝트』의 후속작 개념의 책이다. 실제 저당질 식단을 실천하려는 사람들을 위한 기본 개념, 우리가 먹는 주요 식재료와 음식에 포함된 당질량 수치, 저당질로 맛있는 음식을 즐길 수 있는 요리 레시피 등을 풍성하게 소개하여 당질 조절 다이어트를 실천하는 데에 실질적 도움을 준다.

국가 大 개조 국부론

최익용 지음 | 값 35,000원

최익용 저자는 이 책을 통해 대한민국이 선진강국이 되기에 충분한 역량을 소유하고 있음에도 국가 리더들의 리더십 부재와 국민들의 인성문화 부재로 위기를 맞이하고 있다는 점을 비판하고 있다. 또한 저자는 절실한 애국심으로 대한민국을 선진강국으로 키워내기 위한 해법을 제시하는 한편 정신혁명, 교육혁명, 물질혁명을 중점으로 전개되는 저자의 '21세기 대한국인 선진화혁명'의 실천 방안을 논리적이면서도 체계적으로 전개한다.

인생 후반전 두려움 없이 서두름 없이

최주섭 지음 | 값 15,000원

이 책은 신체 건강이나 재산 관리, 여가나 인간관계 등 외부적 요인보다 노후의 마음건강과 자아실현과 같은 내적 요인을 핵심 주제로 다루고 있다는 점에서 남다른 가치와 차별성이 있다.

특히 세월이 지나면서 자연스럽게 내적 변화를 받아들이고 성숙해지는 지혜가 필요함을 역설하는 저자는 나이가 듦에 따라 우리 모두에게 생겨나는 자연스런 질문을 통해, 차근차근 육체의 노화와 더불어 마음의 진화를 이루어 가는 방향을 자세히 설명한다.

리스토러티브 요가

최다희 지음 | 값 25,000원

이 책은 요가의 다양한 관점과 체계 중에서도 아헹가 요가, 소마틱스, 알렉산더 테크닉을 융합한 다각적 관점을 통해 '휴식요가'라 불리는 리스토러티브 요가를 소개하고 있는 책이다. 『리스토러티브 요가』는 신비적 관점보다는 인간 신체의 해부학적 구조를 기반으로 요가 이론과 실제를 녹여내고 있다는 점이 특징이다. 또한 다양한 요가 도구를 적극적으로 활용하여 누구나 더 쉽게 리스토러티브 요가의 세계를 탐구할 수 있도록 도와준다.

'행복에너지'의 해피 대한민국 프로젝트!
〈모교 책 보내기 운동〉

대한민국의 뿌리, 대한민국의 미래 **청소년·청년**들에게 **책**을 보내주세요.

많은 학교의 도서관이 가난해지고 있습니다. 그만큼 많은 학생들의 마음 또한 가난해지고 있습니다. 학교 도서관에는 색이 바래고 찢어진 책들이 나뒹굽니다. 더럽고 먼지만 앉은 책을 과연 누가 읽고 싶어 할까요? 게임과 스마트폰에 중독된 초·중고생들. 입시의 문턱 앞에서 문제집에만 매달리는 고등학생들. 험난한 취업 준비에 책 읽을 시간조차 없는 대학생들. 아무런 꿈도 없이 정해진 길을 따라서만 가는 젊은이들이 과연 대한민국을 이끌 수 있을까요?

한 권의 책은 한 사람의 인생을 바꾸는 힘을 가지고 있습니다. 한 사람의 인생이 바뀌면 한 나라의 국운이 바뀝니다. **저희 행복에너지에서는 베스트셀러와 각종 기관에서 우수도서로 선정된 도서를 중심으로 〈모교 책 보내기 운동〉을 펼치고 있습니다.** 대한민국의 미래, 젊은이들에게 좋은 책을 보내주십시오. 독자 여러분의 자랑스러운 모교에 보내진 한 권의 책은 더 크게 성장할 대한민국의 발판이 될 것입니다.

도서출판 행복에너지를 성원해주시는 독자 여러분의 많은 관심과 참여 부탁드리겠습니다.

도서출판 **행복에너지** 임직원 일동

하루 5분, 나를 바꾸는 긍정훈련

행복에너지

'긍정훈련' 당신의 삶을
행복으로 인도할
최고의, 최후의 '멘토'

'행복에너지
권선복 대표이사'가 전하는
행복과 긍정의 에너지,
그 삶의 이야기!

인터파크
자기계발 분야 주간
베스트 1위

권선복 지음 | 15,000원

권선복

도서출판 행복에너지 대표
영상고등학교 운영위원장
대통령직속 지역발전위원회
문화복지 전문위원
새마을문고 서울시 강서구 회장
전) 팔팔컴퓨터 전산학원장
전) 강서구의회(도시건설위원장)
아주대학교 공공정책대학원 졸업
충남 논산 출생

책 『하루 5분, 나를 바꾸는 긍정훈련 - 행복에너지』는 '긍정훈련' 과정을 통해 삶을 업그레이드하고 행복을 찾아 나설 것을 독자에게 독려한다.

긍정훈련 과정은 [예행연습] [워밍업] [실전] [강화] [숨고르기] [마무리] 등 총 6단계로 나뉘어 각 단계별 사례를 바탕으로 독자 스스로가 느끼고 배운 것을 직접 실천할 수 있게 하는 데 그 목적을 두고 있다.

그동안 우리가 숱하게 '긍정하는 방법'에 대해 배워왔으면서도 정작 삶에 적용시키지 못했던 것은, 머리로만 이해하고 실천으로는 옮기지 않았기 때문이다. 이제 삶을 행복하고 아름답게 가꿀 긍정과의 여정, 그 시작을 책과 함께해 보자.

『하루 5분, 나를 바꾸는 긍정훈련 - 행복에너지』